百年中国记忆·实业巨子

刘未鸣　詹红旗　主编

荣氏兄弟：为天下人布芳馨

中国文史出版社

百年中国记忆·实业巨子

主　编：　刘未鸣　詹红旗

编　辑：　（按姓氏笔画排序）

牛梦岳　刘　夏（统筹）　赵姣娇

胡福星　梁玉梅　程　凤

荣宗敬（1873—1938）

荣德生（1875—1952）

1920年建造的上海茂新福新申新总公司办公楼全景图

1922年建造的武汉申新第四纺织厂门楼

上海福新第七面粉厂皮带运粉机

无锡申新第三纺织厂早年使用的粗纱机，1922年英国制造。1995年经国家文物局鉴定，列为国家一级文物，现陈列于无锡中国民族工商业博物馆。

荣氏企业的面粉、纱布名牌商标

1901—1949年荣氏企业概况表

类别	序号	地点	厂 名	概 况
面粉	1	无锡	茂新一厂	原名保兴面粉厂，1901年创办，1902年投产，1903年改名茂新。抗战时被毁，1947年重建，1948年恢复生产。
	2		茂新二厂	1916年租办惠元面粉厂，1918年购买产权自办。
	3		茂新三厂	1919年创办，专磨苞米粉，四年后停办，后茂三附设于茂一。1947年租办顺丰德面粉厂称茂三。
	4	济南	茂新四厂	1919年创办，1921年建成投产。
	5	上海	福新一厂	1912年底与王氏兄弟、浦氏兄弟合资创办，1913年投产。1922年失慎被毁，将毗邻的福三与福六合并为福一。
	6		福新二厂	1914年2月创办，同年建成投产。
	7		福新三厂	1914年6月筹备，1916年6月建成。1922年改为福一，1926年购买兴华制面厂，补福三之缺。
	8		福新四厂	1913年5月租办中兴面粉厂，1915年购买产权，改称福四。
	9	武汉	福新五厂	1918年集资创办，1919年建成投产。抗战时期内迁，在重庆、成都、宝鸡、天水设立分厂。
	10		福新六厂	1917年租办华兴面粉厂，1919年购买产权自办，称福六。1922年与福三合并改福一后，福六仍保留其名。
	11		福新七厂	1919年创建，1920年投产。
	12	上海	福新八厂	1919年创建，1921年6月开机生产。
	13		鸿丰面粉厂	原为大中华面粉厂，1946年12月标购，改名鸿丰面粉厂。
	14		建成面粉厂	抗战时期创立于成都，1946年11月购日资三兴面粉厂，成立建成面粉公司上海厂。
纺织	1	上海	申新一厂	1915年春创办，同年11月投产。
	2		申新二厂	1917年购买恒昌源纱厂，改为申新二厂。
	3	无锡	申新三厂	1919年筹建，1921年建成，1922年1月正式开机生产。
	4	武汉	申新四厂	1921年创建，1922年2月投产。抗战时期内迁，在重庆、宝鸡、成都设立分厂，并在宝鸡、重庆附设铁工厂。
	5		申新五厂	1925年购买上海德大纱厂，改为申新五厂。
	6		申新六厂	1925年6月租办常州纱厂，称申新六厂，1931年归还原主，同年10月购买上海厚生纱厂，正式成立申六。1947年购得国光印染厂，成为申新系统唯一的纺织印染全能厂。
	7	上海	申新七厂	1929年购买上海东方纱厂，改为申新七厂。
	8		申新八厂	1930年在申一旁新建申八，1937年被日军炸毁。
	9		申新九厂	1931年购买李鸿章创办、后由盛宣怀经营的三新纱厂，建立申九。原在杨树浦，1933年在澳门路建造新厂迁入。
	10		合丰企业公司	1938年创办，设有纺织、缫丝、铁工等厂。
	11		鸿丰纺织公司	设有一厂、二厂，1946、1947年先后开工。
	12	无锡	天元麻毛棉纺织厂	1947年创办，1948年开工。
	13	广州	广州第二纺织厂	1948年7月开工，由申新二厂、五厂拆迁部分机器建成。
	14	重庆	渝新纺织公司	1948年1月购得军政部纺织厂，改建成立。
	15	芜湖	裕中纱厂	1946年12月购得。
机器及造纸	1	无锡	公益铁工厂	1929年以原公益工商中学学生实习工场改建成立，1937年内迁重庆，次年6月开工。初名复兴，后分公协、公益二厂，1941年与重庆申四铁工厂等合并组建公益纺织面粉机器制造厂，1945年出售。
	2		开源机器厂	1948年创办，1949年开工。
	3	上海	宏文造纸厂	抗战时期创立于宝鸡，1946年秋购得上海纸器厂，扩建为宏文造纸公司上海厂。

第四章　创业之艰：面临困境与救济方案

第五章　发展壮大："面粉大王"与"纺织巨子"的形成

第六章　实业救国：荣氏兄弟谈商业

第七章 | **教育救国：荣氏兄弟教育办学**

第八章 | **亲友任职：荣氏家族成员成长记**

第九章 | **建设无锡：荣氏与无锡渊源**

第十章　荣氏家训：礼节当知　职业当勤　节俭当崇

4

第 一 章

荣氏简史：纺织与制粉企业发展史

荣家经营纺织和制粉企业六十年

李国伟

一

我开始参加荣家在汉口所办的福新企业组织，是在1918年。我原在唐山工学院学土木工程，毕业后，到陇海铁路任徐州分段的副工程师，后调陇海总工程局设计工程司。那时第一次欧战告终，英美帝国主义国家暂时放松了远东市场，还没有卷土重来。日帝乘战事机会，蓄意攫取东方霸权，而限于国力和机器设备的生产赶不上它国内的需求，一时还不能高速拓展。这样，就为中国民族工业创造了有利的条件，我国国内很多纺织和制粉工厂都是在这个时期创立的。无锡荣宗敬、荣德生兄弟在上海和无锡从事纺织和制粉事业，到那时已有将近20年的历史，且正在逐步向高峰发展：纺织工业方面，上海有申新一厂和二厂，还有第三厂设在无锡；制粉工业方面，上海已有福新一厂至四厂；此外，茂新还有三个厂，分设在无锡。荣家企业的轮廓，已大体形成，基础亦渐趋稳固。

汉口为长江中游汉水、湘江流域和豫省漯河以南等地区粮食的集中地，每年约有三四百万担的小麦在那里集中。那时荣家的事业还没有推广到汉口，当地有金龙、和丰、裕隆三家面粉厂，每日生产能力为12000包（每包49磅）；每年尚有200余万担的小麦运往长江下游，供应芜湖、南京、镇江、无锡、上海等地的面粉厂。因此，在汉口设厂不愁原料缺乏，福新五厂就是以这个有利条件为基础而从事计划设立的。这厂自1918年秋天开始筹备，到1919年10月全部完成，开工出粉，每日产量为6000包，此后逐渐加增为1.2万包。汉口申新四厂是1921年4月开始筹备的，其创设动机，原是为了供应福新粉厂袋布需要，求取自给自足。1922年2月开工，最初装置纱锭1.47万余枚，其后陆续增添设备，到抗战前夕，共有纱锭5万枚、布机1000台和日产2000匹的漂染整理机器全套。

在旧时代从事企业的人，对于用人方面，总是尽量采取保守态度，不是素所深知的人，不肯轻于托付重任，因此往往容易形成非亲即友的局面，从而也难于吸取社会上一般的人才；荣家资本集团自然也不能例外。荣德生在他的《乐农自订行年纪事》里面，似乎以"昔年老友，都为经理"而感到自豪，从这里也可以看出荣家企业里面的上层组织，是建筑在这个基础上面的。我是德生的长婿，所以在他和宗敬的敦劝和支持下，我放弃了我铁路工程师的地位，改行来办理工厂。我开始参加荣家的企业，是做汉口福新第五面粉公司的协理兼总工程师，后来申新四厂开办，我兼管两厂。那时任两厂经理的荣月泉，是宗敬、德生的族兄，其后他年老退休，我继任两厂的经理。

我是学土木工程的，对于纺织和制粉工业原是外行，而我从开始参加企业，所接受的任务，便是负责全部工程和装机计划；两厂开工之后，工务推进，也由我负领导的责任。我只好摸索前进，虽然后来得到一些知识和经验，但是走的弯路也很多。有些同事批评我，说是"拆拆装装，枉费许多人力物力"，我是应该竭诚接受的。工厂创办初期，还是沿袭着工头和粉师的陈旧制度，机器运转和工人进退由其把持，工人群众受着双重的剥削，封建把头的声势和气焰，更是日甚一日。厂方主持人包括我自己在内，既没有勇气也没有力量来彻底铲除这个根深蒂固的封建把头恶势力，有时还利用这种恶势力，与它勾结着，来加强对于职工群众的剥削。其后由于产量日落，无法与外界竞争，而从剥削方面来讲，工头和资本主之间，也根本存在着利害的冲突。以此，我们逐渐使用专科毕业生来管理车间，革除了工头制度，提高了生产，机器保全也获得了相当的保障。

我们汉口的申新四厂、福新五厂自抗战内迁，申新扩建为汉口、宝鸡、重庆、成都各厂，共四个厂，附有宝鸡的一个铁工厂；福新扩展为汉口、宝鸡、重庆、天水、广州各厂，共五个厂；又从而推广附属企业，在成都、上海办了两个建成面粉厂，在宝鸡、上海办了两个宏文造纸厂，在重庆标买了国民党政府的军纺厂（原是汉口日商泰安纺织厂的机器），改名为渝新纺织厂。

关于茂、福、申新各厂的发展过程，主管机关已在汇编历史资料，说明社会经济的演变过程，我今不再作冗长的叙述。

二

为了利害的正面冲突，由于生存竞争的关系，民族资产阶级自始以来，对于封建势力、外国帝国主义和官僚资本主义随时随地作着不断的斗争，而由于妥协性和自私自利的企图在支配着，又随时随地和这三种势力敷衍拉拢，发生不即不离的关系。我从事企业40年，其中在1949年前的30年，就是在这个环境中挣扎着度过来的。而追溯以前荣宗敬、荣德生先生开始创业，以迄荣家资本集团的形成，其间盛衰变化虽年有不同，而一息脱离不了这三大敌人的魔影跟踪。我今概括地叙述茂、福、申新企业在1949年前50年来悠长过程中一些突出的事例。

宗敬、德生从事于制粉事业，远在1900年。他们兄弟原来经营钱庄，获有盈余，因见办厂利厚，集资3.9万两，在无锡创设保兴面粉厂，荣氏兄弟各入股3000两，至1902年开工出粉。从那时开始，就受到地方封建势力的阻挠和摧残。保兴兴建厂房时，所谓地方绅士以破坏风水为理由，提出诉讼，几经奔走疏通，方得平息。外国厂家和买办阶级在机器供给和技术方面，又多方留难，百般要挟。封建势力和外国帝国主义的磨难，在荣家企业方始萌芽的时代，就已经形影不离，跟踪而来了。其后保兴于1903年拆股，成立茂新。到1905年又集资30万元，创办振新纱厂，荣氏兄弟各入股3万元，这是他们从事纺织工业的开端。振新建厂之初，也曾受到无锡当地封建势力的阻挠，借故兴讼，旋经和解了案。1906年，各帝国主义国家开始将货物运来中国倾销，统计全年全国进口棉布值银1.15亿多两，为过去未有的高额。此后一年，全年洋粉进口增至450万担，值银1400万两。自从鸦片战争以来，清朝政权昏庸无能，已为帝国主义国家所看透。经过甲午中日之战和辛丑辱国条约的订立，中国藩篱尽撤，由他们为所欲为。再加上1895年中日《马关条约》订立，准许外人在中国通商口岸从事"工艺制造"以后，英商老公茂、怡和、美商鸿源、德商瑞记各纺织厂先后在上海设立。1902年，日商在沪收买泰兴纱厂，改名上海纺织第一厂。外国纺织资本大量侵入中国，喧宾夺主，中国商人没有任何后盾，反处处居于挨打的地位，遭其宰割，而无可奈何。荣氏企业的诞生，正赶上这个不幸的时代。

其后清朝统治政权颠覆，中华民国成立，袁世凯和北洋军阀篡取了政权，国家积弱如故，当局的媚外也和清朝没有多大的区别。日商在沪设立了内外棉纱厂，进口纱支布匹同时源源而来，进一步垄断着中国纱布市场，中国厂家处境更是艰难。而制粉工业方面，虽有外粉进口，但压力比较轻松，故荣氏兄弟从这方面进取，于1912年又集资4万元创设福新第一厂于上海，日出粉1200包；1913年设福新第二厂，产量为4300包；1914年设第三厂；1915年又设第四厂。

1914年第一次世界大战爆发，英美帝国主义暂时退出了中国的市场，我国工业生产获得空前发展，面粉产量由输入国一跃而为输出国，纱布市场亦渐见供不应求。那年无锡振新纱厂拆股，宗敬、德生退出，在上海周家桥创设申新第一厂，装英机1.2万锭，日出纱30余件。从此年起，纱、粉各厂连年有余，即以盈余投入再生产。其后申新发展到九个厂，纱锭53.8万余锭，布机5000余台，全厂职员860余人，工人3.1万余人，年产纱30余万件，布200万匹；福新发展至八个厂，茂新发展至四个厂，年生产能力为3500万包至4000万包。

三

民族工业在封建势力和外国帝国主义的威胁压迫下，经常是处在多灾多难的气氛里面。民族资本家设厂的动机，主要是为了想赚大钱，而历年外货的倾销和外国在华工厂的竞争，使中国厂家无法喘息。为了挣扎图存，中国厂家不能不从各方面寻求出路，保本求利，因此，增加工人劳动强度自然成为各厂一致的政策。振新开办时，机器新（振新在当时国内纱厂中，是第一个用透平发电机，将单独电动机拖带纱机的），用人少，产量高，工资低，德生在他的《行年纪事》里面特别指出，表示乐观。在攫取劳动剩余价值、增加私人利润而外，各厂还是各有各的手法。宗敬时常对我们说，"茂、福、申新各厂得力于：造厂力求其快，设备力求其新，开工力求其足，扩展力求其多，因之无月不添新机，无时不在运转；人弃我取，将旧变新，以一文钱做三文钱的事，薄利多做，竞胜于市场，庶几其能成功"。我那时最佩服宗敬的话，当我们汉口厂开办时，我还曾在纱厂日夜两班清（花）、粗（纱）、精（纺）、摇（纱）四部，分别用"和、衷、共、济、力、求、进、步"八个字来做班名，表示拥护宗敬的经营作风。德生更有他独到的见解，他时常自诩说，他经营事业，得力在于选择原料。茂、福两厂从不收进次麦，汉口小麦掺混石砂，他经常雇人拣择，逐粒剔出，所产兵船牌和牡丹牌面粉，牌子常在其他各厂之上。记得有一年雨量特多，他偶然出外巡视，见多数仓库外墙泛潮，墙脚水痕有时高至一二尺。他就联想到因天时关系，仓库潮麦必多，便马上通知各庄收麦人员特别注意不收潮麦、坏麦。结果那年无锡各粉厂都受到烂麦影响，产品减色，独有茂新的兵船粉品质优良，从此做出牌子，和阜丰的车牌并驾，售价也相等了。辛亥无锡光复后，市面呆滞，各厂都不敢放手进货，有一大批川麦销售不出，货主急于回川，愿将货留交茂新磨粉售出，再行归还货价。茂新得此周转，颇获其益。这又是善于利用机会所得到的成果。后来茂、福、申新的局面越搞越大，都是本于这种精神，而几次陷入危机，濒于破产，也未始不由于此。

对于纱厂用棉方面，也是各有各的窍门。纱厂以前用两种棉花：一为土棉，统称粗绒，纤维粗而硬，自然捻度少，但是颜色白，相传它的花朵是向下的，天雨时花的托盘不积水，所以不会发黄；一为洋种，统称细绒，纤维细而软，自然捻度多，但是颜色白中带黄。那时为求纱支洁白，便利竞销关系，厂家都用粗细绒配合拼纺。我们汉口厂装的是美国萨克劳威尔机，对于粗细混纺不甚相宜，生活异常难做，产量极低，16支纱每日总在一磅以下。往常粗细搭配比例，总是对搭，有时4：6搭配。我在1924年黄梅季节时，因生活难做，减低使用粗绒，但是减低到1：9时，生活虽稍为好做，而产量仍不能超过一磅。我记得很清楚，那年端午节后，配花就不用粗绒，纯用细绒，两日后，16支纱产量就突然跃进到1.2磅。我从此以后，也就不顾营业处的批评，全用细绒纺16支纱，因之出数大增，每件工缴大见减轻，而纱支强力又自70余磅增到一百二三十磅。我体验出粗绒与细绒合纺所以不能有良果，是因为自然捻度不同，而软硬又各异，勉强拼在一起，互相缠捻，是和物质性能有抵触的，因之生产低落，纱支强度不能达到标准。后来申新汉口厂的棉纱极受各方欢迎，尤其是布厂用作经纱以后，增加了布的强度，又减少了废纱，因之减少每匹布的用纱量。还有申新汉口厂所出12磅细布不及裕华，我们经过多方研究，将每平方英寸经纬纱各减少十根，另出一种轻质布，售价减低3/10强，结果销路大畅，反超出裕华之上。这都是在资本主义经营时代所采取的策略，虽卑卑不足道，而在封建势力和外国帝国主义双重压迫之下，钩心斗角，挣扎求存，在当时也很是费了一番心力的。

四

我们汉口申新厂在经营初期，还受到过一次严重的经济打击，几乎遭到日本帝国主义的吞噬。由于花贵纱贱，申新汉口厂自开创以来，就受着市面不景气的影响，无日不在困苦挣扎之中。可是我们汉口厂具备着一个优越的经济条件，即是和福新汉口厂在同一领导之下推进业务，资金来源绝大部分同是荣家产业资本。福新年年有利，申新依赖福新财力常年挹注，虽在事业亏累之中，仍不断扩充生产设备，对外亦以福新关系，周转灵活。但是这样下去，资产负债不可能平衡，而且情况日趋严重，福新一些保守派股东和汉口厂少数高级职员认为照此局势，福新五厂早晚要被申四拖垮。他们就向上海总公司建议将申新四厂出卖，专办福新。那时日本帝国主义正在加强对中国的侵略，纱布削价倾销，同时到汉口开设泰安纱厂，虽然只有2万多锭的规模，而成为日货向内地深入倾销的桥头堡垒，操纵着华中的纱布市场。他们的纱厂，厂址与申新毗连，同在硚口，见到有机可乘，四出活动，图谋买进。申新多数职工觉悟到这不仅是一厂一业的问题，而是关系着整个民族工业前途的问题，坚决反对此项出卖民族利益的提议，推出代表到上海向宗敬陈说利害。结果此议总算没有成为事实。

对付反动官僚和逃避官僚资本的吞噬，也是一桩煞费心神的事。官僚们看到工厂有钱，总想来个黄雀在后，不劳而获。这情况，在北洋军阀时代比较容易应付。他们的办法也比较简单，一般是将各厂、各银行的主持人请去开会，却关上大门讲斤头，不满所欲，不让出来。如果事先看出苗头，可以托故不去，也可硬挺软磨，讨价还价。

1927年蒋介石势力达到长江下游的时候，上海方面由虞洽卿发起，号召各业捐款给国民党政权，表示拥戴。荣宗敬意有不愿，以为华厂独负此捐，将使更不能与外厂竞争，因之应允稍迟。这样，就招致其不满，声言要查封荣氏家产，而宗敬住在租界，无法下手，乃嗾使无锡县府派人持封条前往荣巷，将宗敬、德生住宅封门。经再三关说，留出德生一部分未封，仅封了东面宗敬家属居住部分。后来托人疏通，还是花了一些钱，才将事情缓和下来。

我还记得，当年国民党政府裁撤厘金，施行统税，按照税则规定，大大地便利了外国在华厂家，却增加了中国厂商的税负。申汉纱厂有人向国民党财政部部长孔祥熙申述企业的困难，说明新税则的施行将进一步造成中外厂家生产成本的悬殊，希望政府加以考虑。孔不问情由，开口便骂纱厂捣蛋，说："有困难，你们为什么不想法子克服？成本高了，你们为什么不让它降低？"这一番出乎人情之外的言辞，使对方无言而退，税则就此实行了。

五

还有1934年国民党政府怎样对待申新的经济危机，更是一个明显的事例。由于过分追求发展，荣家企业一贯地举办利债来从事基建，扩大再生产，所以经常陷在高利贷的拖累之中，经济基础是不稳固的，遇到金融有变动，或是市场不景气，便首先感到捉襟见肘，周转为难。自茂新、振新创业以来，遇到的经济危机，不止一次：第一次在1908年，因为宗敬在上海做面粉失败，牵动了他所办的广生钱庄的资本，各行庄不肯放款，以致开支无着。第二次在1912年，振新原棉告竭，各往来户无法再借，召集董事会请各董事垫款，各董事不应，以致新年不能开工。这两次风险，所差不过一二万元，通过情面关系，再拿出一些田单契据，都勉强渡过了难关。第三次是在1921年，那时茂、福、申新系统已发展到茂新一至四厂，福新一至八厂，申新一至四厂，所欠债务在300万元以上，结果还是在信用上取得了办法，未至摊牌。德生在他的《乐农自订行年纪事》上说："借款成功，人人安心，喜形于色"，足见当时紧张的状况。

第四次经济危机的发生，是在1934年，当时我曾为这事被召到上海，参加集会商议。自1931年下半年起，中国棉纺织工业开始陷入逆境，1932年情况更趋严重，但在这一年中，申新系统营业仍获得盈利，茂、福、申新各厂全年纯利共达到400万元以上。在1931年秋初，天津、河北一带和长江流域洪水为灾，农田大部浸没，非但当年秋收无着，而且因为积水不易疏泄，冬耕未能及时从事，以致1932年春收亦大为减少；春耕因缺乏种子，未能普遍播种，又从而影响秋收。农村三度歉收，食粮尚感极度不给，更未遑添补衣着。同时，沿江沿海城市因洋米、洋麦低价倾销，国民党政府不顾民命，勾结美帝，以重筑堤防为由，借进大量美麦，但是不运入灾区为工赈口粮，而在市场变价出卖，国内粮价被压低过甚，以致农民枭一石谷，尚不能做一套衣服。因之，到1933年，棉纱销路滞极，价格跌至民国元年以下的水平。申新更紧，调款为难，9月底开期，各行庄无一肯转，后见申新九厂开出，情况尚佳，才允转三个月。至1934年，不但纺织业遭到空前的灾难，面粉业也同时受着世界资本主义倾销的影响而无法周转，更加以美帝实行购买白银案，上海现银存底被抽去1／3，以致百物狂跌，市况萧条。挨到那年3月，中国、上海两银行不肯再做借款，16家往来钱庄亦坚决收回不放。6月底到期，应付款达500万元，没有头寸应付。当时托宋汉章居间，商得张公权同意，由中国、上海两银行及13家钱庄接受所谓"产余担保押款"500万元，以为可以度过这次风险。不料此项借款付至7月初，约支出了280万元的时候，中国、上海两行忽然停付，造成了无可挽回的搁浅局面。

那时国民党政府行政院长是汪精卫，陈公博做实业部长，派工业司长刘荫茀等会同财部及全国经委会派员到沪调查。照陈公博的说法，申新负债已达6300余万元，资不抵债，其无担保的债务达1000余万元，荣先生信用已失，若仍以荣氏为中心，无法维持。因此，他就以此作为理由，向行政院提议"由政府召集债权人组织临时管理委员会，经营该公司现有九厂，至多以六个月为限，六个月后，依整理所得结果，再定具体办法"。当时宗敬已辞去总经理职务，由王禹卿代理，纺织部事宜由李升伯代理；事业搁了浅，王登报声明辞职，李也登了"不就申新纺织部职务"的启事，名义上和实际上总经理仍为荣宗敬。

陈公博所谓"整理"，究竟包含些什么内容，无法推测；有人说后面还有宋子文的指示，企图乘危吞噬荣家企业。我们不了解在那个时期宋子文和汪、陈之间是个什么关系，不能加以什么按语，不过当时传说很盛，说是要收归国营，无锡纺织厂联合会曾有代电致行政院和财、实两部，反对申新收归国营的事，并对于实业部所作"估计"表示异议，举出以申新九厂为例：该厂于1933年10月完成，计有厂基60余亩，依照工部局估价，每亩地价2.5万元，厂房造价220万元，现有纱锭8万枚、线锭1.5万枚、布机500台，按照现市最廉价值，须在800万元以上，而实业部及棉统会调查结果，仅估400余万元；又如其他数厂，每锭购价至少须在30元以上，而只估17元，认为骇人听闻。无锡申新三厂亦同样向国民党政府具文申明，并说申新三厂并未亏累，毋庸整理，指摘国民党政府以维持为名，行摧残之实。此案结果，由行政院做出决议，说是"目前该厂虽稍有困难，然既由荣氏本人大加整理，此后如有需要政府予以协助，自当格外设法，以资维持"；对于陈公博提出的整理计划，也就从此不再提起。

六

申新经过搁浅风波之后，虽在尽力从事内部改进，而经济基础动摇，维持更极艰苦，到第二年，即1935年春间，又遭遇英商汇丰银行拍卖申新七厂的事件，这又是外国帝国主义阴谋乘危吞并中国民族企业的一个典型事例。其先，申新在1929年购入英商东方纱厂为申新七厂时，即以200万元押入英商汇丰银行，年息8厘，期限6年，到1935年2月限期届满。1934年6月，申新与中国、上海两银行及13家钱庄成立产余担保押款时，也将申新七厂计入在内，而汇丰亦曾予以承认，因此申新七厂本身作了两次借款的抵押对象。汇丰押款到期，申新当然无法履行债务，汇丰以债权人的资格，不经过法律手续，即委托英商鲁意斯摩洋行定期公开拍卖。中国、上海两行见到拍卖公告，不能同意，也根据本身债权关系，呈请江苏第一特区地方法院将该厂作为假扣押，并布告不准出卖。外国帝国主义商人对于国民党政权久已视同无物，不顾一切，坚令鲁意斯摩仍于是年2月26日实行拍卖，并串出日本冈本、村上两律师作为代表日本某商业会社以225万元的最低价拍去。这一事件发生后，上海各界非常震动。各报社论，一致谴责汇丰的非法行为，各社会团体激起公愤，热烈声援。申新七厂全体4600余工人更是轰轰烈烈地动员起来，奋勇护厂，严厉督促国民党政权对于汇丰此种摧残中国实业、侵害中国法权的行为速予有效制止。国民党政府迫于群众的坚强意志，派实业部长到上海去向汇丰磋商，拖延了很长的时期，到1936年12月由宗敬与汇丰银行签订合同，将抵押借款200万元延至1940年底偿还，并将年息8厘改为7厘，并由申新于1937年付出利息12万元，申七拍卖，未予执行，此事算告一段落。实际到1935年下半年，由于世界局势的转变和内地农产的连年丰收，事业已有复苏气象。到1936年，申新各厂都已获得了稳定的盈余，汇丰债务也就顺利清偿。

七

抗战八年之中，外国帝国主义退出了中国商场的竞争，纱粉工业为后方衣食所需，我们内迁各厂利用机会，都获得了一定的进展。我一心从事于后方各厂的经营，与申、汉陷区脱却联系，在这个时期之中，为了取得经营便利，并保持战时额外利润，通过迁川和迁陕工厂联合会，与国民党政权和各级官僚斗争的事例较少，而转入于拉拢敷衍，以求相安无事。抗战胜利之后，美麦美棉充斥市场，在我国大量倾销。我们的面粉厂、棉纺厂受到挤压，至不能喘气，力量薄弱的，不能免于亏本歇业。如芜湖的益新面粉厂，因不能开工而租给福新五厂经营，福新五厂亦因无利可得，反遭亏损，未及二年，即退租不做。美棉输入后，排挤了国棉的销场，压低了棉花的价格，以致农民减产棉花，在1948年和1949年，我国棉花的年产量低至1000万担以下，大大地减少了农民的收入，影响到整个国民经济的发展。

我们从事复厂，在抗战将近结束的时期，向英美订购了很多战后交货的机器，交付了巨额的定金。战事结束后，各国对机器的需要增多，供不应求，英美帝国主义厂家一贯地移花接木，将造成现货另自高价售出，而对于订货合约延不履行，所有交货延迟期间，原料物料增价以及工资上升，甚至罢工风潮等一切与买主无关的因素，都片面地将损失转嫁到货价之内，使我们计划失去平衡，无法推进，复工无期，受到严重的损失。

抗战时期，我们受到的损失非常巨大。申新系统，以申新一厂和八厂为最惨，其中申新八厂全部被炸毁，申新一厂北工场、布厂、办公室、工人宿舍、饭厅、货栈、物料间等几乎全部炸平，受伤工人350余人，被炸身亡的有70余人；而沪东的五、六、七厂损失亦极惨重。无锡三厂有纱锭7万余枚，为苏南最大工厂之一，被日寇用硫黄、火药、柴油焚烧，除了钢筋水泥的一座厂房之外，几乎全部被毁。各厂都长期停着工，其中申新七厂停工达到八年之久。面粉厂中，茂新一、三两厂亦全部被毁。我所主持的申新四厂、福新五厂部分，申新四厂损失了1000千瓦透平发电机和相配合的锅炉大部分、纺棉机2万锭全套、布机500余台、漂染整理机全套；福新五厂损失了制粉机9000包的全套、第一工场五层楼的全部地板和相配的电动机共800多匹马力，其他房屋机器被拆毁损伤的还不在内。按照国民党政府的甘美诺言，说是一切损失可以通过"盟军总部"向日本索偿。抗战胜利后，我们汇集人证物证，填好表册，列出清册，提请办理，却种种挑剔，提出一些不可能的条件，如要我们说出被劫机器现在日本何地存放及提供拆迁机关部队条据等，硬说我们的手续与规定不合，又拿出一大批英文中文表格，要我们重填。我们填好送去时，看出官方不负责任，请求由厂方派员赴日帮同根查，他们又说此案盟总调查，尚无眉目，暂缓派员。国民党政府行政院、经济部、外交部、工商部四五个机关，辗转行文，彼此推诿，拖了两年之久，结果还是不了了之。

恶性通货膨胀后期，物价升腾，一日千倍，各企业无不陷入崩溃的境地，无计求存。要不是共产党到来，挽救了这个万劫难回的局面，中国民族工业是不会有昭苏之望的。

（原载《文史资料选辑·第7辑》）

民族资本家荣氏发展简史

无锡市政协文史资料研究委员会整理

这篇文章是根据有关资料整理，比较全面地介绍了荣氏系统民族资本发展的全过程，全文约45000字。现先在本刊上连载刊出，征求各方面的意见，以便继续修改。

荣宗敬、荣德生兄弟是驰名中外的我国民族资本家。他们所创办的企业系统，以荣家资本为核心，包括茂新、福新面粉公司和申新纺织公司等机构及其附属企业，在旧中国的民族资本中，历史悠久、规模宏大、影响广泛、地位重要。因此，他们所经历的道路，能反映出我国民族工业发展过程的一些特点。

一、荣氏的起家发迹（1896—1914）

（一）家庭出身

荣氏兄弟是江苏省无锡市西郊荣巷人。他们的祖父在太平天国时已开始做贩运生意。他们的父亲荣熙泰（又名兰川）做过铁铺学徒，后在浙江乌镇一家冶坊做账房。1883年，荣熙泰跟随太湖水师提督王青山到广东。通过他的族叔荣俊生的关系，结识了以知府到广东候补的太仓人朱仲甫。从此，他随同朱仲甫，先后在磨刀口厘差、三水河口大差任事，并在肇庆府知府衙门里担任总账，到1895年才离开广东。做了十多年的税吏，他有了相当的积蓄。

荣家还有十多亩田。荣熙泰的妻子姓石，是无锡山北石巷人。山北农民多以养蚕为业，石氏嫁到荣家以后，仍利用自己的田地种桑养蚕，最多时且雇工十余人。她平时并摇棉花纺纱织布，从事手工业。荣德生23岁时自述："余月薪八元，有田产收入，一家足用。"可见荣家是有一定数量的"田产收入"的。

（二）年轻时经历

荣宗敬生于1873年。7岁进了私塾，14岁秋后到上海南市铁锚厂当学徒。15岁在上海永安街源豫钱庄当学徒。三年期满，19岁到南市森泰蓉汇划号做跑街。22岁冬，中日甲午之战发生，店里因经营天津小麦失利，亏蚀闭歇。荣宗敬就失业回家。

荣德生生于1875年。幼时进私塾读了五六年书。15岁到上海永安街通顺钱庄当学徒。三年期满后，他因原店工资太少，不愿意干下去，于1894年2月跟了他的父亲到广东三水河口厘金局，在朱仲甫手下做帮账房。以一个刚满师的学徒，忽然听到别人都称呼他"师爷"，他满心快活，觉得照这样下去，做官也不难。他还想法弄到"实监生"一张，作为今后捐官的基础。1895年冬，因差使难以继续，他跟父亲回到无锡。

1896年正月初，荣德生陪他的父亲到御医马培之处看病。见到这位医生气派阔大，收入丰厚，他极为羡慕。回家后就去买了《医宗必读》等几部药书，闭门诵读，预备专心学医，不再出门谋事了。他的父亲正想开设广生钱庄，要他们兄弟通力合作，对他劝说："不必学医，医亦不容易，未必能成，成亦要到中年，不若开店容易发展"。并引证得意于商场的老友周舜卿、祝兰舫、唐晋斋、杨珍珊等，来打消他想做名医的醉心。

（三）开设广生钱庄

1896年，荣熙泰同荣宗敬到上海，为宗敬找职业。当时，开钱庄的风气正盛，友人都劝他开个钱庄，打动了他的心。两个儿子本来就是钱庄出身，可以驾轻就熟。因此，他就与人合伙在上海开设广生钱庄。荣宗敬任经理，荣德生管正账。资本为3000万，荣氏自出一半，招入一半。不久，在无锡设立了分庄，由荣德生任经理，兼营江阴、宜兴等地汇兑。从此开始，荣氏就成为小钱庄的老板了。那年六月，荣熙泰病死。年轻的荣氏兄弟，小心翼翼，稳稳经营，把钱庄支持了下来。

广生开办三年，平平而过，既没有盈余分红，也不亏损。另外三个合伙股东不愿意再做了，各将原股金拆出。自1899年起，广生钱庄就由荣氏独资所有。那时正逢发行新银币，内地押用每千元搭20元，后来通例三七搭。上海、无锡之间的汇款，利率拉大，钱庄每天有盈余。1900年，义和团反帝运动兴起，内地汇款起色，每天有5000元以上，可获利200元，年终结余4900两，次年又结余5000两，信用也一天天好起来。这样连续几年的盈余，为荣氏投资于工业提供了原始资本。于1909年底，因受到茂新面粉厂亏蚀的牵累，广生钱庄宣告闭歇。

（四）保兴面粉厂的创办和茂新面粉厂的兴起

1899年冬，荣德生曾接受朱仲甫的招请，离开广生钱庄，再次到广东去担任补抽局总账房。他见这局每年收入48万两，当总办的朱仲甫，除去每月官俸银一百两外，再加税款提成分拆，一年还可额外拿到4万元。荣德生又不免眼红心动：做钱庄一年赚几万也不容易，还是做官好。他报捐了布政使经历六品虚衔，一心又想做官了。后来有个看相人说他的最好出路，"不是官，不是商"。当时还没有"实业"这个名称，说不出什么名堂。荣德生对星卜风水之类是很迷信的。从此他又一心想做一桩新事业，各种已有的事业，无一不想。1900年，义和团反帝运动爆发，他怕战事扩大，回不得家乡，托故请假回上海，仍在广生钱庄任职。

荣德生在广东任补抽局总账房期间，得知面粉入口，载明条约，为洋人食品，得免捐税。在各类商品中，进口数量最大。面粉名为洋人所需，实则国人的需要也很大。当时，各业都平淡，只有面粉厂增裕、阜丰的情况倒反好。因此，他一心想"兴新业而占大利"，看中了仿制面粉。1900年秋，朱仲甫从广东卸职回来，官场失意，正想转入商界。于是，一拍即合，商定集资3万元，在无锡西门外太保墩创办保兴面粉厂。荣氏兄弟各出3000元，其余招收外股，后收齐资金39000元。朱仲甫任总经理，荣德生任经理。由朱负责向清政府办理立案，荣氏兄弟负责购地造厂和购买机器。

开始建厂时，遭到了以图董江导山为首的地方绅士势力的阻挠。他们诬告保兴厂擅将公田民地围入界内，又说"烟囱正对学宫，文风有碍"，迫令知县孙襄臣下令荣氏迁移厂地。荣氏兄弟也据理力争，呈请商务局请县保护。这个官司一直打到江苏省抚台。双方都走门路，寻人支持。经过八次督批，绅士势力看来败诉已定，才托人出面调解，乘势落场。讼事自2月起到11月，十个月中，光是来往船钱抄批公文等，就用去800元。建厂工程也拖延了。对方绅士势力中的一个姓凌的，也用去8000元，最后卖出当店股子了案，真是"以损人的目的开始，以害己的结果告终"。

保兴面粉厂订购了四套法国炼石石磨，用引擎马力60匹，麦筛三道，粉筛二道，极为简单。1902年二月初八正式开机，只有30多个工人，每日用麦一百三四十石（每石145斤），每日夜出粉300包。出粉后，销路不畅。无锡有名的面店拱北楼，老吃客以地方绅士为多。他们造谣中伤，说机制面粉没有营养，不容易消化，不如土粉，不可用。各点心店闻风附和。二号粉每包售1元4角，三号降1角，四号再少2角，只1元1角，售价甚至低于土粉。麦每石2元8角，做一石麦，扯扯没有大利，只有一二角。朱仲甫做惯大差使，见面粉厂并无大利，觉得乏味，就把股份并给荣氏，仍到广东做税官去了。

1903年，朱仲甫退股后，怡和洋行买办祝兰舫入股，保兴扩大股金为5万元，改组为茂新面粉厂。荣德生仍任经理，荣宗敬任批发经理。改组后，仿照外国进口机器，添造了一部粉筛，出粉得到改良，销路稍爽。1904年，日俄战争爆发。东三省面粉畅销，上海增裕、阜丰等厂的面粉大量北运，获利颇巨。但茂新用的是石磨，比钢磨的产品质量次，成本高，售价一直提不起，每包比别厂少二角，无法与他厂竞争。1905年6月初，荣德生便以分期付款方式，向英商怡和洋行定购18吋英国钢磨六部，其他辅助机器都由自己仿造，并把厂房拆掉，改建了三层楼。8月间正式开车，每日夜出粉500包。加上原来的石磨，每日夜出粉800包。

茂新添机以后，粉色提高，出粉率也有所增加。这时，沪宁铁路的沪锡段已通车，运输便利不少。东北日俄战争仍未结束，茂新出产的面粉由上海转运东北，销售量激增。每日可盈余500两，到年底盈余竟达6.6万两之多。茂新的实际资产总额已达8万多两，资本额也由5万两增至6万两。这就为荣氏兄弟进一步扩大经营范围，发展民族工业，奠定了较为雄厚的经济基础。

保兴面粉厂虽则设备简陋，历时短暂，但这是荣氏从商业资本家转为工业资本家的转折点。没有保兴，就没有茂新；没有茂新，就没有以后的福新、申新。荣德生把当年保兴厂拆下的旧石磨，陈列在无锡西郊梅园。这对饱经风雨、齿痕斑剥的旧石磨，的确是荣氏企业百丈高楼的奠基石！

（五）合伙创办振新纱厂

1905年7月，荣氏兄弟与张石臣（禅臣洋行买办）、叶慎斋（西门子洋行买办）、鲍咸昌（大丰布号股东）、荣瑞馨、徐子仪（保康当铺老板）七人发起，合办振新纱厂。荣氏兄弟从广生钱庄提出6万元入股，共招股270800元。由张石臣订购机器，荣瑞馨招匠建厂，荣德生监造。在破土施工前，地方绅士势力江导山又出来阻挠，向官府起诉，后经人疏通，双方即和解。

振新订购英制细纱机28座，计10192锭，于1907年开车。总管是张笠江，副经理是徐子仪，经理是张云伯。荣德生起初没有安排实职。后来由于经营不善，外欠日多，才请荣德生到厂问事。他接管后，设法推销存货，降低开支，增加产量，振新情况果然有了好转，趋于稳定。1908年董事会才正式聘他为经理。

（六）开设茧行

荣熙泰早于1896年就与人合股开设公鼎昌茧行。1906年春，荣氏兄弟在荣巷开设茧行，兼营收茧，每年可余二三千元。开始时规模不大，多有十几个烘茧灶头。后来由于可以利用广生钱庄汇兑资金，收茧业务才逐渐扩大，又在宜兴、溧阳一带分设茧行。荣氏兄弟同当时无锡的"丝业大王"薛南溟向有交谊，又是儿女亲家，将收茧售给薛氏，彼此有利，所以年年赚钱。茧行业务一直经营到抗战时期才停歇。

（七）迭经波折，勉渡难关

茂新面粉厂添机后，一度大获其利，但好景不长，由于外粉倾销，麦贵粉平，自1906年至1909年三年之间，有了巨额的亏损。据聚生钱庄李裕成说："荣家经营的茂新，这时6万两资本几乎蚀光。我聚生庄放款8万两。道台要来贴封条，我再借给荣氏4万两，先后共欠12万两"。

造成困难的另一个因素是投资失败。1905年，茂生洋行买办张麟魁主持开设了一家投资字号裕大祥，主要股东还有荣瑞馨、叶慎斋、叶敏斋（横滨正金银行买办）等，他们都是上海的"闻人"。荣宗敬也入了股，投机心切，兴致甚好。1908年，他大做面粉投资。不料粉价下跌，又沉失定货一船，亏本约5万元。裕大祥受总经理张麟魁和各股东支亏，投机失败，宣告闭歇，倒账40万。广生庄遭受牵动，只得收歇。这是荣氏经商以来最困难、最棘手的一次，到了欠款沉重，需用无着，岌岌不保的境地。荣氏最后拿出自己的田单等作抵押品，向各银行、钱庄开诚接洽，才得勉渡难关。这次投资失败，对荣氏也是个教训。兄弟商量了一番，还是办工厂赚钱稳妥，从此发愤要专心用力，办好茂新、振新两厂。

1909年，振新纱厂上海同无锡的股东闹意见，把股本归并给无锡方面，由荣德生任总经理。1910年，振新地产被大股东荣瑞馨借去，向汇丰银行押款，到期无钱赎回。对方上告官府，请总督转县将厂查封抵偿。振新又遭到被扼杀的危险。为了渡过这难关，荣德生每天早晨乘火车到上海，接洽贷款，晚车再赶回无锡，料理厂务。如此往返奔波30余次，多方设法，借到12万两，厂里再凑出4万两，方才赎回了事。

1911年，国内各地大水为灾。秋天，武昌起义，各省响应。生意大坏，金融大紧，利率大涨。振新周转失灵，停工一个多月。要开工发不出工资，挖空心思地想出了发行"工资票"这个办法，始得复工。到年底，振新货已售空，只剩棉花栈单300包，押入聚生钱庄。1912年正月初五召开董事会，要求各董事垫款5000元才赎回棉花栈单，但董事面面相觑，无人响应。荣德生只得亲自到上海设法取回栈单，才于初九开工。

（八）辛亥革命后企业好转，创办福新面粉厂

1910年，茂新用分期付款的方式，向美商恒丰洋行添置新机，并改建厂房。落成后，新粉品质良好，销路爽利。茂新情况转机，有了盈余。加以成本有所降低，脚地比前硬实了。

辛亥革命成功，民国成立。1912年，北京政府召开全国工商会议。无锡荣德生、华艺三、蔡兼三、汪赞卿当选为代表。荣德生在会议上提了三案：一、扩充纺织；二、设母机厂制造轮船、火车、农、矿、军械制造各项母机；三、资送学生出洋学习小工艺，以资借镜。他把振兴实业的满腔希望，寄托在以袁世凯为总统的北京政府上面，兴致很高。这一年，粉厂颇获利，又添造新厂房，增置新机，扩大产量。在1911年的大水灾中，由于茂新注意小麦质量，凡为水浸及起霉味的都摒弃不进，所以出粉的色泽和口味比别厂好，顾客乐于收购。第二年，茂新的兵船牌面粉，行销独俏，售价已超过阜丰面粉厂的名牌"老车"，实现了荣氏兄弟梦寐以求的愿望。1913年，茂新营业很好，牌子最硬，处处乐用。它的诀窍在于进高质量的小麦。这样两年，兵船牌从此立住脚跟。以后发展的各厂都用这只牌子，沾光不少。

与此同时，振新纱厂也贷款添购新机18000锭，连同发电机等，共计英金33250镑。建筑厂房款项则由茂新借用。1914年，新机装齐，全开3万锭，每日常出纱70余件。开支扯轻，每日可余600元。照此推算，一年可余20万元。

1912年，荣氏兄弟与王禹卿、浦文汀合作，在上海创办福新面粉厂。荣氏兄弟各出1万元，浦氏兄弟出12000元，王氏兄弟出8000元，合成4万元。他们采取租地、租屋、欠机，由小到大的方针。由荣宗敬任总经理，王尧臣（王禹卿之兄）为经理，浦文渭为副经理，荣德生为"公正董事"。福新一厂日产量定为1200包，用分期付款的办法向茂生洋行订购机器。浦文汀是茂新办麦主任，对办麦很有经验，在无锡一带小麦行号中很有信用。王禹卿在茂新负责销粉业务，对销粉很有办法。福新一厂和茂新是兄弟公司，产品也

用绿兵船牌为商标。由于牌子硬，销路畅，货还在车间，没有制出来，便为客帮订购一空，十足付款。这就使福新减轻了一大笔周转资金。同时，浦文汀把福新的进麦，搭在茂新名下一起办，用卖出上海汇票的办法支付麦款。无锡钱庄将汇票寄到上海去收款，见票后照例还有几天期才付款。而小麦在无锡购进后，即日船装上海，只需一夜时间。等到小麦进机，又可预先抛售面粉。福新得力于此，开业不到几个月，便赚了4万元，对本对利。

1913年，福新又集股3万元，租办中兴粉厂，日产面粉2000包。是年冬，又集资10万元，购地造屋，向恒丰洋行购置30吋机磨21部，创办福新二厂。于1914年底正式开机，每日夜出粉5500包。

1914年6月，荣氏接着开始筹备福新三厂，购地造屋，向茂生洋行订购美机全套，于1916年6月正式开车，每日夜出粉约4500包。该厂主要股东仍为福新一厂的荣、王、浦三家兄弟，负责人也与一厂相同，产销经营也全与一厂合并进行。资金原定15万元，实际上股东并未拿出分文，一切用款全部由一厂付出。创办福新二厂、三厂的资本，都取之于一厂的盈余。

二、第一次世界大战以后荣氏企业的发展
（1914—1922）

（一）欧战中茂新、福新面粉厂系统的发展

欧战爆发后，各交战国国内粮食生产减少，不但无力输出，而且要向国外采购，以弥补其不足。同时，处在战线以外的广大国际市场，由于参战国家暂时退出，也需要另觅货源。我国面粉价格低廉，产量较多，自然成为各国的主要采购对象。统计我国销往外国的面粉数量，1914年不足7万担，次年就接近20万担。以后逐年上升，到1918年已超出200万担，1920年更接近

400万担，使我国的面粉由入超一变而为出超。

那时，日商三井、三菱、英商祥茂洋行等纷纷向中国面粉厂要粉很急。日商利用海轮运载面粉到欧洲销售获利甚多。在上海搜罗面粉，不论粉色、牌名都要，供不应求；因此，我国面粉工业一时呈现蓬勃气象。部分原有粉厂乘机大事扩充，新厂也陆续开设，形成机制面粉工业的"黄金时代"。

1916年，茂新租办无锡惠元厂，有钢磨10部，日产量1700包，租金每年2万元，改名茂新二厂。次年，租约两年期满后，更以16万元购进该厂，加装美机11部，日产量达6000包。茂二开车后，月月有利，当年茂一、茂二就盈余168000元。1918年，茂一再添美机钢磨12部，日产量8000包，资本额增为60万元。此时，茂新又租办无锡泰隆、宝新粉厂。无锡共有面粉厂五家，除九丰厂系唐氏所办外，其余均归荣氏经营。

在上海，福新一厂以盈利增资扩充，合成股本30万元，添造洋式厂房，添置新式机器。1915年，由福新二厂的盈余中提付，购进中兴面粉厂，改称福新四厂，日产量1700包。买价为12万元，仅合中兴厂原投资额的四成左右。1916年，又集股30万元，在汉口创设福新五厂，日产6000包。由荣宗敬为总经理，荣月泉为厂经理，荣德生的长婿李国伟为协理。1917年，又租华新面粉厂为福新六厂，由查仲康任经理。经过改建添机，日产量4000包。

茂、福新生产能力，大战前有粉磨64台，日产量13900包，大战后粉磨增至170台，日产量增至42000包，均增长了约两倍。

（二）荣氏退出振新，创办申新纱厂

在第一次世界大战期间，外国棉纱进口锐减。1913年进口英、印及日本的棉纱共2685363担，1918年则为1114618担，减去一半有余。棉纱价格则由每包100两跃至200两以上，涨了一倍多。于是，过去长期奄奄不振的纺织厂，顿然起色，办纱厂成为投资者的热门。

1914年，荣德生认为若要赚大钱，就要大量生产，振新只有3万锭，能赚多少呢？他打算在上海造振新二厂，在南京造三厂，在郑州造四厂。董事会听了吓了一跳，他们想：如此即使能赚钱，股东永无希望拿到现钱了。大股东荣瑞馨因投资失败，无事可做，就想把振新厂揽到自己手中。他和荣德生钩心斗角，发生纠纷，借口账目不清，要查账，打官司。后由无锡商会出面查账。由于商会会长华艺三的帮忙，纠纷得以解决。荣德生很感激他，后来结为儿女亲家。解决的结果是振新拆股，荣氏兄弟退出，以荣瑞馨在茂新的股份作为交换，多余部分3万元，仍留在振新。

荣氏退出振新后，就在上海创办申新纱厂。股本定为30万元，荣氏兄弟占六成，张叔和附股二成，潘调卿一成，其余散股一成。1915年10月，申新试机并车，有纱锭12240枚，每日出纱30件。申新的特点之一，是采取无限公司形式。这样大规模的企业，为什么采取这种落后的组织形式呢？这固然同振新股东意见分歧，荣氏被迫拆股的痛苦经验有关，但更重要的是这对荣氏兄弟更为有利。因为无限公司的组织，股东人数不多，易于控制。在企业内部，无限公司的股东在未得全体股东同意前，不能把自有的股份转让于局外人，只能转让于内部的股东。并且企业可以随便改组，这就有利于兼并其他股东，尤其是小股东。无限公司组织也便于集权经营。荣氏企业系统的经营大权，包括财务调度，各厂成品销售，原物料的采购以及人员的雇用调动，均由总经理荣宗敬总揽全权。

1917年，申新一厂创设布厂，购布机350台；次年又购760台，合前共1100台。所出布匹，除销售各埠外，其余都自制粉袋，供给茂、福新面粉厂应用。

1917年3月，荣宗敬以40万元买下恒昌源纱厂，有纱锭9200锭，地27亩，改名申新二厂。同年，向日商三井洋行先后定购纱锭10400锭。由于扩大企业，营运资本不足，向日本台湾银行和中日实业有限公司两次借款共日币70万元。

（三）五四运动中荣氏企业进一步发展

（1）荣宗敬在反帝怒潮中的一些动态

1919年6月5日，上海南北市商店纷纷罢业。上海华商纱厂联合会也响应罢市，发电抗议北洋政府镇压学生爱国反帝运动。但在全市罢业期间，荣宗敬又设宴招待欧美侨商，拉拢讨好，表示"睦谊"。在即席谈话稿中，说"敝国人士，一致戒用日本国货，而欧美诸大国之货畅销敝国，至好时机也"。

在抵制日货运动中，1919年6月9日《时事新报》登载消息，指责"福新、茂新两粉厂经理荣某、王某售与日商铃木洋行百余万包"，以致粉价飞涨，妨碍民食。隔了十多天，6月23日《申报》才登载茂新面粉公司的复函，否认其事。这段公案，不了了之。

（2）茂新、福新粉厂系统发展为12个厂

1919年，茂、福新面粉畅销华北，运销伦敦。天津方面所销售的上海粉，茂、福新占总额的1/4。"面粉大王"之称，即由此时起。当时，面粉厂盈利率达百分之百左右，每年盈余额接近以至超过资本额。盈余的积累，为扩大再生产提供了必要的资金。1921年，济南茂新四厂建成开工，资本25万元，日产量3000余包。茂新系统在不到20年中，由一个厂扩充到四个厂，日产量由300包增到21000包。

福新系统方面，1919年步福一资本由30万元，以盈余增资为50万元。福二失火后改建七楼大厂，日产量15000包。福四添购新机，日产量增为5000包。并同时筹办福新七厂、八厂。福七资本30万元，日产量14000包。但实际仅兴建厂房和购置机器就开支了160余万元，全部由福一、福三盈利中拨付。福八于1921年开车，日产量8000包。同年续订新机，于1922年开车，日产量增为16500包。资本定为60万元，实际大部分开办费用是由福二提拨的。

茂、福新系统由于厂多、生产力大，在市场上举足轻重，在经营上大占便宜。第一，每年北方冰冻封港以前，北方粉庄向上海大量抢购面粉北运，需要量大，时间又急，一封电报往往订购一二十万包，小厂根本无力承受。而且，茂、福新的绿兵船牌在北方一向吃香。第二，在采购洋麦和远销面粉时，茂新厂多量大，可以整船装运，水脚比拼船便宜得多，有的甚至相差一倍。第三，在采购国产小麦方面，茂、福新是大户，易于操纵市价。各地小麦办庄要看茂、福新的开价来定行市，小厂是不敢开价的。第四，每年新麦登场时，茂、福新故意多抛出面粉，来压低粉价、麦价，以便购进廉价原料。

（3）申新纱厂系统发展为四个厂

1919年，申新一厂添美锭25000锭，布机400台。申新二厂也添新机，新老机共为34000锭。申一利润大增，连年达百万元以上。荣氏兄弟决心集股150万元，在无锡西门外买地，创办申新三厂，厂址就在振新纱厂隔邻。卧榻之旁，岂容他人酣睡？再加上振新荣瑞馨同荣德生之间，还有一段宿怨。因此，荣瑞馨拉拢地方势力蒋哲卿，作为振新厂的股东，召集了一批农民，要在申新三厂的厂基上，建造一座横跨梁溪河的五个环洞的大桥，以阻挠申三建厂。荣德生走了张謇的门路，并在地方上托乡董江嘉甫妥为安排。后来江苏督军冯国璋下令禁造五洞桥，同意建造申新三厂；并对蒋哲卿施加压力，要找他去谈话。一场官司才告结束。但申新建厂工程因此拖延了一年多。1921年，申三正式开车，有纱锭五万锭，布机500台，规模在内地首屈一指。推荣宗敬为总经理，荣德生为经理，荣鄂生为副经理，薛明剑为纱厂总管，李迪先为布厂总管兼总账。

1921年，荣宗敬集股30万元，在汉口建立申新四厂。1922年2月开车，有纱锭14720锭。荣宗敬的股份占总额的半数以上。荣德生却认为申四"财才两缺"，前途未容乐观，没有肯入股。荣氏兄弟之间，因意见分歧而各行其是，这还是第一次。申四建成后，资金不敷甚巨，年终欠总公司和汉口福五的借款达100万余两之多。

（4）第三次风险

1920年，荣氏自建新屋于上海江西路。次年，成立茂福申新总公司。总公司没有董事会，股东也无大权。各厂的经理、厂长着重对生产负全部责任。经营购销和资金调度的全权，集中于总经理荣宗敬。

1922年，茂、福、申新系统16个厂都开工。但这只是表面的兴旺，实际上是很虚弱的。由于发展过猛，资力不敷，东拉西扯，捉襟见肘，欠款累累，已为金融界看透。到9月底，各行庄都缩手不肯再借，常欠款300万元。荣德生常到上海设法押款。其时，棉纱部分无利可图，茂、福新虽有微利，无济于事。到11月，实缺200余万，形势岌岌不保。到12月20日，只得忍痛接受日商苛刻条件，由申新向日本东亚兴业会社借到日本金350万元，人心始安。据荣德生自述，这是投入实业界后的第三次风险，即1908年、1912年和1922年。

（5）深谋远虑，积极活动

在欧战和五四运动促使中国民族资本得以发展的有利形势下，荣氏雄心勃勃，从各方面积极活动，力谋扩展。为了添置机器，他们派荣月泉出国考察和订购纱机和电气设备。为了控制原料和成品价格，荣宗敬联合同业，组织面粉和纱布交易所。为了提高原料质量，与同业在南京购地1300亩，设立农业试验场，改良棉麦种植。为了准备厂址，在上海蕴藻浜购地68亩，并与张謇在黄浦江附近共买田1200亩，荣氏分得390亩。为了培训企业技术管理人员，在无锡创办公益工商中学，招生80名，开工商两班，校训是"和平耐劳"。为了提高社会政治地位，荣德生进行竞选活动，于1918年当选为江苏省议员，于1921年当选为北洋政府国会议员。

三、在困难中兼并扩展（1922—1932）

（一）帝国主义卷土重来，民族工业发展受阻

在第一次世界大战期间，我国民族工业蓬勃发展。但是这个"黄金时代"好景不长，欧战结束后，帝国主义卷土重来，我国民族工业的发展，又阻难重重，陷入困境。在棉纺业方面，日本对华投资激增，1925年日厂在华纱锭数，几达1919年的四倍。由于日商操纵我国花纱市场，造成棉贵纱贱，棉织业进入恐慌年代。加以苛捐杂税，军阀连年混战，运输障碍，纱销萎缩，纱厂业有一落千丈之势。申新各厂1923—1924两年间亏损达百余万元。

面粉工业的情况也大致相同。面粉出口减少，外粉又再倾销。小麦没有增产，而采购者日多。战祸不休，利率加重，运费增高。面粉业也进入盛极而衰的时期。1922年，茂、福新亏50万元。福新厂原来准备在蕴藻浜造福新九厂，规模很大，计划日产量为五万包。面临这种困难的处境，只得中止作罢。

为了摆脱这种困境，荣宗敬联合同业，用停工减工、向纱布交易所购进棉纱等办法阻止纱价下跌，仍未能挽回颓势。他们又向北洋政府呈文，要求禁止国棉出口及豁免花纱税厘，也无结果。关于禁止国棉输出，虽已经国务会议决定，海关可以立即执行；也因众议员反对于内，各国公使团反对于外，始终未能实行。荣宗敬又联合同业要求江苏省署禁止小麦出口，也是毫无结果。

为了增强竞争能力，无锡申新三厂决心进行改革管理。申三在工头制管理下，生产落后，管理腐败，不论成本、产量、质量等方面，都远远赶不上日本纱厂。最早进厂搞改革的是楼秋泉。1925年，任日本留学生汪孚礼为工

程师，余钟祥为副工程师，扩充和新进了一些技术人员，统一和加强了行政和技术的领导。由于管理骤然严格起来，劳动强度提高，部分工人被停歇，所以工人心中怨恨。加以工头阻挠改革，从中挑拨，酿成风潮，殴打和驱逐新职员。通过调解，风潮平息。改革也采取比较稳步的办法，一步步地进行。改革后，生产效能显有增加。每锭日产量，1926年为1923年的114.4%。

（二）"五卅"运动中的荣氏企业

（1）抵货运动中经营好转

"五卅"运动中，全国抵制英、日货，提倡国货，呆滞低落的纱布市况，顿时活络，呈有起色。1925年，申新产销提高，盈利增加。荣氏以65万元购得德大纱厂，计28800余锭，是为申新五厂。同年，出资15万元，租办常州纱厂，开齐18000锭，是为申新六厂。

与此同时，茂、福新产量增长，盈利上升。福一30万元股本，以盈余增资为50万。福五增加股金100万元，并建造新厂，订购新机一套，日产量4800包。1926年，又以分期付款方式，向中国银行押款40万两，购买兴华粉厂补充福三。同年冬，无锡茂二、茂三机器厂房尽毁于火灾。次年，茂二建新厂，订购美机新式钢磨18部，日产量8000至10000包。

总公司投资日汇及花纱套做，都有获利。

（2）荣宗敬在"五卅"运动中的一些动态

运动开始时，荣宗敬发表提倡国货宣言，发起"自六月一日起，凡在本公司范围之同仁（共职工一万余人）一律不购买舶来品""庶几舶来品绝迹市廛，而国货得以推行尽利，借以作五月三十日之纪念"。荣德生也将厂中端午节筵席费100元，如数捐助上海罢工工人。但当运动迅猛扩展时，荣宗敬就动摇起来，以为"罢市一端，损失过巨"，向纱厂联合会提议结束罢市办法。

狠毒、狡猾的帝国主义者，阴谋破坏中国人民的反帝爱国运动，首先向软弱的中国民族资产阶级施加压力。老奸巨猾的英商安利洋行董事安诺尔于1925年6月29日向工部局总董写信，建议对华厂停供电力，使中国厂商陷于困境，而无法再去支持罢工的工人。停工以后引起的工人生活问题，又势必增加总工会的困难。他说："大多数中国厂商在财政上处于软弱的地位；而另一方面，如果商业绝交及罢工任其拖延，他们将在目前发生的人为的缺货上有利可图，这些厂商将逐渐站稳脚跟。因此，现在必须采取行动，我们必须予以严重的打击。"帝国主义者统治集团立即采取安诺尔的建议，7月4日发出通知，决定从6日正午起停供工业用电。在工部局的胁迫要挟下，纱厂资本家终于屈服，扣留他们所经手的捐款，停发罢工工人的救济费，以抑制工潮。与此同时，总商会通电各省"疏销英、日货"，就此中止了抵制英、日货运动。

"五卅"运动中，上海福、申新各厂工人参加罢工，成立工会，参加反帝的市民大会和游行示威。1925年9月18日，上海总工会被封。10月间，浙、奉军阀混战，奉军退出上海，浙江军阀孙传芳进驻上海，工人即利用时机，要求启封被奉军所封闭的总工会。上海纱厂联合会竟致电孙传芳，诬蔑工会"鱼肉工人，摧残实业"，要求对于启封工会，"严予拒斥"。荣宗敬并在自己住宅内，设宴招待孙传芳，"觥筹交错，宾主甚欢"。

1925年7月，工部局停电，各厂停工。荣宗敬致函淞沪警察厅长，要求派警驻防，对付工人。又要求军阀政府公布工会法，压制罢工。恢复供电后，资方勾结警署拘捕申二工会负责人，镇压工人反抗，并要求淞沪警察厅取缔工会。

（三）荣氏在北伐期间的一些动态

国共合作进行北伐，工农群众运动勃然兴起，这不能不引起资本家的恐惧心理。荣德生在纪事中自述："广东国民党第一次代表大会后，各地工厂潜伏共产性，人心不安，防不胜防。"

1926年4月，荣宗敬应日商三井洋行的邀请，偕长子鸿元，侄伟仁、尔仁同赴日本参观游览。回国后以荣尔仁的名义，写了《东游日记》，出版分发。

上海工人武装起义胜利后，荣宗敬在1927年3月23日上海总商会召集的有关单位的联席会议上，竟要求解除工人武装。他说："工潮不决，纷扰无已。根本解决，须请白总指挥（崇禧）发统一命令解决工潮，乃可复工。工人手内一有枪械（指工人纠察队），闻者寒心。务须收回枪械，以维治安。"这段话充分暴露了资产阶级害怕以至仇视工人运动的阶级本能。

（四）荣氏与国民党政府

1927年4月，蒋介石叛变革命。民族资产阶级跟着退出革命，以为国民党政府会维护它的发展。但是这种幻想，像美丽的肥皂泡一样，一下子就在严酷的现实面前碰得粉碎。

5月间，国民党政府摊派上海纱业"二五库券"50万元。同业因经济困难，无力负担，议决向外挪借125000元，余由各厂勉力认购。蒋介石借口荣宗敬甘心依附孙传芳，着即查封其财产，并通令全国侦缉。经国民党中央监察委员兼政治部主任无锡人吴稚晖的疏通，荣氏照购"库券"，国民党政府才取消通缉，启封财产。

国民党政府建立后，以裁厘为名，开征"特税"。苛杂既没有免除，税率反而提高，企业负担加重。1931年又改特税为"统税"，申新各厂全年增加税额500万元以上。按照税则规定，棉纱支数越高，税负比例越低，有利于生产高支数细纱的外商，而不利于生产低支数粗纱的华商。再加面粉禁止北运，粉厂产销也愈趋困难。荣宗敬虽然历陈艰难，多方呼吁，结果都是一场空。财政部部长孔祥熙对前去陈述困难的上海、汉口资本家，不问情由，开口便骂纱厂捣蛋，说："有困难你们为什么不想法子克服？成本高了，你们为什么不让它降低？"这一番出人意料、蛮不讲理的"训斥"，使对方啼笑皆非，垂头丧气。

当然，国民党政府为了巩固自己的反动统治，对荣宗敬这样一位"实业巨子"，还是要笼络的。荣宗敬为了提高自己的社会地位，对各种亦官亦商的"衔头"，也是颇有兴趣的。他先后担任国民党政府财经机构的职务有：1928年担任国民党政府工商部参议，1929年担任中央银行董事；1931年担任全国经济委员会委员，1932年担任招商局监事，1933年担任棉业改进委员会委员和农村复兴委员会委员。

（五）申新举债扩充

1928年，济南惨案发生，全国兴起抵制日货、提倡国货运动。茂、福新增产获利，申新产销增长。1929年，荣宗敬向汇丰银行押款，以170万两收买外商东方纱厂，建立申新七厂，有纱锭5万锭，布机400架。同年，又添购新机4万锭，于申一旁建屋开工，名申新八厂。申新其余各厂也都添置新式机器。在无锡，荣德生把旧工商公益中学实验工场改为公益铁工厂，独立经营，专为申、茂新及对外制造零件，修理机械，并准备自造机器。又于荣巷工商中学旧址，开办职员养成所，培训技术和管理人员。

1930年，世界经济危机爆发，美国市场棉花、小麦价格连续下跌。荣氏想乘低套进美棉、美麦，大做投机。不料"偷鸡不着蚀把米"，结果两年间亏损达1000余万元。

1931年，申新以40万两半送半买的低价购进三新纱厂全部机器，建立申新九厂。钱可以欠，只要先付佣金5万两。但荣宗敬身无现钱，连这佣金5万两也是向他的亲家、荣鸿元的丈人孙直斋（汇丰钱庄和惠中旅馆老板）借的。申九开工后，又添新纺机5000锭，织机200台，先后合计纺锭75000锭，织机1200架。规模之大，与申一并驾齐驱；并试织成功32支以上的印花坯布。同年，申六原系租办常州纱厂，期满后续约未成。荣氏又以340万两买下上海厚生纱厂，作为申六，有纱锭73080锭，布机920台，买下这家厂，也未付出现款，而是将原厚生债务转为申新押款。

到1931年，总公司负债已达4000余万元，较四年前增加137.8%。为了便于质借款项，总公司与中国银行协同经营福新堆栈。

荣氏收买三新、厚生时市面不好。这两厂连年亏本，无法维持。既然如此，为什么还要举债买下呢？其中自有一番打算：第一，收买旧厂比新建厂便宜得多。第二，收买后，旧厂职员归原主遣散，申新接办不需要另外添人，只要从各厂抽调，负担可以减轻。第三，多一个厂，总公司只需添一本账簿，不必专设一个经营管理机构。第四，减少一家纱厂，就减少一个竞争对手；而在申新方面，并进一家，却增强了竞争的力量。

综观1922到1931年十年间，粉厂发展停滞，1927年后设备未增；申新则从申五到申九增设五个厂，纱锭数增加2.4倍，达46万锭，布机数增加1.9倍，达4757台。在这期间，民族资本纱厂纱锭增长率为162.8%。可见申新纱厂系统纱锭数的增长速度大大超过一般同业。在新增纱锭中，收买部分占68.4%。至1931年，收买和租用纱锭占申新总数的50.4%。以上统计数字，说明荣氏企业的发展速度是快的，其特点是采取了以借贷为主的手段，以兼并为主的形式来进行富有冒险性的扩展。

申新扩充企业的资本来源，一是自有资本的增加，二是借入资本的增长。1923—1932年间，荣氏企业自有资本增加1.8倍。其来源是对工人的剥削，剥削率达200%—300%以上。对农民的剥削也是惊人的，"洋水收入"（即从银两对银元、铜元的兑换差价中所产生的收益）和"溢磅"数量（即收进棉花时由于克扣斤两所溢出账面收购的数量）高达收花处盈余的2.3倍。借入资本的来源有三个方面：一是与中国、上海两银行关系密切，取得贷款的便利。中国银行常务董事宋汉章，是荣德生的儿女亲家。荣氏在两行都有投资，荣宗敬又是两行董事。二是设立"同仁储蓄部"，吸收职工等人的存款，俨然是个"小银行"。存款额最高时达754万元。三是运用福、茂新粉厂资金调剂支持纱厂，正如无锡有句话所说的"一个铜钱没有四个字，造个崇安寺"，荣氏经营的诀窍是"欠入赚下还钱"，也就是先借款到手，等办厂后赚下钱来再还债。所以上海商场中，都把荣宗敬叫做"空心老板"。

到1932年底，荣氏企业共拥有九个纱厂，全年产纱30万余件，产布280万匹，占全国民族资本棉纺厂纱锭数的20%，布机数的28%。拥有12个粉厂，全年生产面粉2000万袋，占全国关内各省面粉工业的1/3左右，占上海全市的1/2左右。

荣氏企业的组织与管理，也有其特色。一是任用亲属或同乡掌握各厂。担任各厂经理、厂长等要职的，都是儿子、女婿、儿女亲家、姻亲、主要股东以及忠实助手。在957个职员中，无锡人占64.5%，荣姓占12.2%。二是各厂独立组织，出品商标多达50余种。三是新旧并存的财务管理制度。不但各厂不施行成本会计制度，即总公司的财务会计制度也极不健全。荣宗敬却自以为得计，说："从来旧学为体，新学为用，最合时宜。我不采用银行的纯新式，我们是旧账新表，中外咸宜。"这些特色说明，荣氏企业系统的组织和管理是比较落后的，带着浓厚的封建家族统治的色彩，同它的近代资本主义企业的生产与规模是很不适应的。

四、在民族危机中历经危局，发展停滞
（1933—1937）

（一）由发展走向衰退的转折点

1931年"九一八"事变后，东北沦陷。日本商品对东北销路迅速激增。

民族棉纺业丧失广大市场。1932年"一·二八"淞沪战争期间，上海停市三月，申新各厂一度停工。自1933年起，市场日窄，销售困难，花贵纱贱，连年亏损。荣宗敬在《纺织业与金融界》一文中说："就纱厂言，在过去半年中（1933年上半年），无日不在愁云惨雾之中。……盖自办纱厂以来，未有如今年之痛苦者也。"

在这期间，茂、福新粉厂凭借其雄厚的生产能力，争得了为国民党政府代磨美贷小麦的机会，在面粉业普遍困难的时候仍能获利。1932年，茂、福新纯益达170余万元。1933年，福新各厂余90万元。申新负债很多，摇摇欲坠。福新深恐遭到连累，于是从茂、福、申新总公司分出来，另立福新总公司，王禹卿任总经理。荣氏企业到了由发展趋向衰退的转折点，荣、王两氏之间利害的矛盾，就显得突出起来了。

在抗日救亡运动中，荣宗敬的态度是比较明朗的。他响应抵制日货，写信给张静江、李济深等，表达抵制日货、提倡国货的意愿。1932年4月，由各界名流组成的爱国团体"国难会"留沪会员张耀曾、黄炎培、史量才、沈钧儒、刘鸿生等发表国是主张，反对国民党政府对国难会严定制限、摒除讨论实施宪政，荣宗敬也列名参加了这个进步的声明。申新容纳由日本纱厂退职出来的工人。申三辞退日籍技师礼田哲雄，并捐赠慰劳品，援助抗日将士。

（二）申新在债务的惊涛骇浪中搁浅

申新产销经营既不利，而历年用于添机的欠款，逐日到期，经济调度，越转越紧。银钱业各行庄对申新的信用担心起来，纷纷索债，荣宗敬穷于应付。在这个难关面前，荣氏曾打算求助于英美帝国主义。他建议"庚款借锭"，即用庚子赔款基金购置外国纱锭借给纱厂，因国民党政府条件苛刻而难以接受。他挽请英国商会驻沪会长斡旋，想商借庚款应急，未得成功。他企图向美商借款购买美棉、美麦；建议国民党政府续借美麦，并争取代磨代销。他也曾想分沾国民党政府向美国进行的"棉麦大借款"。但所有这一切的指望、打算和活动，全部落空。

1933年，申九厂基租期届满，地主逼迁，只得向英商麦加利洋行借款，另建新厂。汉口申四又遭火灾，再向中国银行借款200余万元。债上加债，越拖越重。到1934年6月底，申新资产共值6800余万元，负债6300万元，到了岌岌可危、大厦将倾的地步。

6月结算，银行不再继续放款，申新面临"六月底难关"。当时，王禹卿掌管粉厂业务，做事按部就班，比较稳健，企业也有盈余。银钱业中，很多人主张以粉厂之余，补纱厂之缺，但荣、王之间存在着矛盾。王以为荣氏纵容儿子投机，亏损巨大，损害股东权益；荣则以为茂、福、申新都是自己创办的子孙万代基业，岂容他姓做主！但事急势危，荣氏在各方面压力下，不得不乞援于王氏。在有关各方面协商下，决定荣宗敬提出辞职，由王禹卿担任茂、福、申新总经理，李济深之子、棉业统制委员会代表李升伯为经理，以为缓冲。其条件是以申新三厂和七厂的产业及荣氏的私人股票1000余万元作抵押，组织新银团，放款500万元。在这过程中，荣宗敬和王禹卿曾进行多次会谈，时而大声争吵。到最紧急时，荣宗敬一筹莫展，曾要自杀。

当时，无锡申三情况略好，还有点力量。但荣德生感到由无锡去支援上海，实力显得单薄，怕被连累，未曾答应。6月28日，荣宗敬派荣德生的长子伟仁赶回无锡，要荣德生取全部有价证券到沪救急，词意坚决地说："否则有今日无明日，事业若倒，身家亦去。"荣德生正在饮茶，执壶在手，"因思譬如茗壶，一经破裂，虽执半壶于手，亦复何用，决至申挽救大局。"29日，押款500万元接洽成功，一切票面照兑，人心为之一定。但这只是一支抢救的强心针，仍难以挽回沉疴。

王禹卿已拥有一二百万元资产。担任总经理只有几天，看局面很难维持，恐怕连累自己，便不愿再干下去。荣宗敬见他变卦，恼火得拍案大吵，把玻璃台板击碎也没有用。由于王禹卿不肯签字负责，那500万元押款，支付了280万元就宣告中止。1934年7月4日，申新经过百般挣扎、抢救无效之后，终于搁浅了。王禹卿辞职后，经荣德生连日奔走，行庄同意仍由荣宗敬于7月20日复职，申新才从搁浅中苏醒过来。

（三）实业部投石下井，伸出攫夺的魔爪

申新在搁浅前后，荣氏曾向国民党政府实业部、财政部、棉业统制委员会呼吁救济，请求发行公司债。不料反而引鬼上门，实业部部长陈公博对申新这块"肥肉"，垂涎三尺，企图乘机攫取。名为派员调查，拟定救济办法，实则心怀叵测，阴谋吞噬。实业部炮制了一个"申新纺织公司调查报告书"，蓄意低估产值，指责申新资不抵债，无组织、无管理，由此得出的结论是变"救济"为"整理"，迅速采取"清理债务"与"改换经营组织"的方针，以达到收归国有，变私营为"国营"的目的。

荣氏探知国民党政府的阴谋后，亟谋对策，全力抵制，展开了一场生死搏斗。一面由荣宗敬致函蒋介石、孔祥熙，指摘实业部处理不当；一面由申新三厂总管薛明剑与国民党元老吴稚晖联系沟通，由吴出面写信给行政院院长汪精卫和财政部部长孔祥熙，反对攫取申新为"国营"。薛明剑说："我们找吴稚晖出来讲话，一则因为他在国民党方面能够讲话，二则他与直接经办的官员有矛盾。"与此同时，各地同业眼看申新陷入魔爪，兔死狐悲，群起声援。7月30日，无锡纺织厂联合会写信给上海纱厂联合会、各地纺织业同业公会、各地商会、各地报馆、上海和南京两地无锡旅沪同乡会，要求"实业部郑重考虑，以维国内仅存之硕果"，"使申新因救济而重睹兴复，勿令申新因攘夺而速其倾覆"。8月4日，天津市纱厂业同业公会、河北省各纱厂写信给棉业统制委员会，予以策应。无锡申新三厂股东华干臣等，也打电报给汪精卫、孔祥熙、陈公博，坚决反对"整理"申三。《申报》经理史

量才，是薛明剑妻子的业师，也从中给予臂助。由于国民党政府内部派系的矛盾，财政部和实业部意见不一致，行政院未作决定，实业部攫夺申新的野心未能得逞。最虚诈的是，事后陈公博给吴稚晖的复信中，居然对荣宗敬"惺惺相惜"，引为知己，说什么"深以其冒险与弟之脾气相同"，"所以数次会议，均有倒霉人惜倒霉人之意"。说得如此漂亮，无非借此落场。欲盖弥彰，丑态毕露。

国营的原议打消后，申新"由实业部整理"变为"由荣氏本人大加整理"。8月15日，申新一、二、五、八厂与主要债权人中国银行、上海银行等行庄组成的银团，签订补充营运借款合同。从此，银团逐步加紧控制，荣氏虽甚不满，也只得忍气吞声。接着，申新六、七、九厂也归有关行庄组成的银团，分别垫款营运。

经历此番重创，迫于形势，申新于8月1日成立改进委员会，由荣伟仁主持其事，秉承总经理之命，下设业务、厂务、总务三组，综理一切。当时市场情况，仍是花贵纱贱，漫漫长夜，看不到一点曙光。只有继续开工和改进生产，才是克服困难、清偿债务的唯一办法和一线希望。

（四）困难重重，申新二、五厂被迫停工

申新虽然逃出虎口，重新"营运"起来，但不仅难以摆脱困境，而且危机加深，险象迭起。这是因为：第一，帝国主义的加紧掠夺和国民党政府的倒行逆施，使民族棉纺业继续遭受打击。自美国实施购银政策后，国内白银外流，金融日趋紧迫，利率升高，借贷不易。加以银价上升，美棉随涨，影响国内棉价。日本纱厂猖狂走私，日商操纵市场，华厂不堪压迫。国民党政府1934年7月1日修改进口税则，棉布一项，税率减低1%至48%，而棉花税率则增加43%，便利日货倾销，而使国货成本加重。第二，荣氏续向国民党政府活动救济，再度失望。荣宗敬通过农民银行总经理叶琢堂和吴稚晖向蒋

介石呼吁求援，并直接写信给蒋介石。又向汪精卫、孔祥熙要求统税记账，准予发行公债或担保借款，但国民党政府一概不加理睬，逼税如故。第三，各方逼债，荣氏谋向比国银公司及外国银行借款2000万至3000万元，事未成功。第四，改进委员会谋求改革，效果不大。改进工作计划中，迁厂室碍难行；统一办花，未能贯彻，整理债务，束手无策。

银团对申新现状不满，急图加强控制。当营运借款合同期满时，银团提出要以银团为主体，管理工厂。荣宗敬不肯答应，认为银团只能监督财务，不能喧宾夺主，过问生产。双方僵持不下。后来取得折中办法：银团继续按原合同垫款营运申新一、八厂，申新二、五厂暂时停工。1935年2月19日多总公司以银团不肯继续垫款为理由，宣告申新二、五厂停工。4000余工人失业，生活无着。

（五）英商汇丰银行拍卖申新七厂

建立申新七厂时，向汇丰银行借的200万银元押款，照约于1934年底到期。申七还不出本利，向国民党政府请求援助无效，乃向汇丰请求转期，并愿交付全部利息和押款的一部分。但汇丰置之不理，并由律师通知申七第二债权人中国银行和上海银行，要根据契约实行拍卖。随即由英商鲁意斯摩洋行于1935年2月24日登出拍卖公告。

拍卖公告登出后，中国、上海两行以第二债权人名义，致函荣宗敬表示异议。申新七厂委托律师发出紧急通告加以反对。根据我国法律的规定，汇丰是无权进行拍卖的。国民党政府上海第一特区地方法院也布告假扣押申新纺织公司第七厂财产，并派员制止拍卖。但汇丰银行蔑视中国法律，蓄意摧残中国民族工业，悍然不顾各方面的反对并如期进行拍卖。结果由日本律师村上代表日商以银币225万元得标成交。

申七事件发生后，上海工商界中群情愤慨，人心激动。荣氏向银行界和国民党政府呼吁求助。银行界坐视不救。中央银行乘机拟赎回申七,交棉业统制委员会处理,上海银行内部拟议国民党政府赎回申七,直截了当收为"国营"。荣氏陷入面临宰割、呼吁无门的绝境。这时,申新七厂职工奋起反对拍卖,发表的宣言中说:"国势颠危,外侮侵凌,覆巢之下,安有完卵?""一息尚存,誓死反对。"激于爱国大义,国产厂商联合会号召会员与外商银行断绝往来。各报舆论,一致谴责汇丰的非法行为,各社会团体群起响应,一致声援。慑于中国人民群众的压力,几经磋商,汇丰终于不得不取消拍卖,押款转期。

1935年对荣氏来说,仍是难熬的一年。棉纱内销萎缩,产销趋于下降。除申新三厂外,申新系统共亏200余万元。茂、福新因外销转畅,市价上涨,营业好转,续有盈余。但荣氏以粉厂支援纱厂的打算,遇到阻力。荣氏抱怨王禹卿独揽上海福新大权,荣宗敬给申九经理吴昆生的信中,发牢骚说:"近来数年,渐渐变宗为门外汉。"王禹卿的哥哥王尧臣给荣宗敬的信中则说:"此刻吾兄虽以总经理一职(指上海福新公司)推让与禹弟,对于阁下向有权利多不过小有出入,请兄谅解。"王禹卿更于11月复信给中国、上海两行,声明不愿再为申新担保债务。到1935年4月底,申新各厂全部资产总额为6200余万元,全部负债总额为6500余万元,出现资负倒挂。财务益见艰困,债务讼案迭起。荣宗敬写信给国民党司法行政部彭学沛,请求"由司法行政部密饬各地方法院,如遇诉讼事件,设法缓和,勿使为债主所逼,至于宣告破产"。这样,荣氏可以用上诉的办法拖延债务,出一些诉讼费,拖延一些时间,希望市面好转,来挽救破产的厄运。当时,申新总公司的保险柜等处,常被贴上了法院的封条,其狼狈之状,可想而知。

(六)宋子文张开血盆大口,想一口吞下申新

申新二、五厂停工后,职工积极争取复工。荣宗敬一再函恳中国银行董

事长宋子文，请求予以援助。这无异与虎谋皮。据上海银行副经理李芸侯的记述，宋子文这个人样样都要拿，他也打算拿上海具有规模的华商棉纺厂。1936年上半年，宋利用中国银行董事长的地位，企图拿下申新。那时，荣宗敬天天去中国银行叹苦经，要求中国银行帮助。结果谈判时，宋子文同荣宗敬说："申新这样困难，你不要管了，你家里每月二千元的开销，由我负担。"宋想把荣一脚踢开，申新便全部由他管理。荣宗敬万万想不到宋子文会来这么一记辣手，但又慑于宋的权势，不敢正面反对，改由荣德生出面拒绝。由于债权人中国、上海两银行之间利益有矛盾，上海银行不同意，宋子文鲸吞申新的美梦，也就未能实现。

（七）稍有复苏，仍处困境

由于农产丰收，物价上涨，以及帝国主义列强为了扩军备战，及自给自足政策、入超减退等原因，从1936年下半年起，旧中国的经济有了一个新的转变，在物价上、贸易上和生产上都透出复苏的征象。入秋后，纱布销路骤好，棉花又告丰收，纱布差价顿时转变为有利，各厂乘机增开和扩充纱锭。申新二、五厂与中国、上海两行订立委托经营契约，进行复工，但两厂的经营管理权完全为银团所掌握。这一年，申新转亏为盈，设备略增，存料增加，财务情况初有好转。无锡申新三厂增资，扩建公益铁工厂，自造纱、布、面粉机器。茂、福新粉厂也续有盈利。但曾几何时，情况又变。1937年间，日寇为了备战，抢购小麦，倾销日纱，市况又不稳定。国民党政府也加紧搜括，开征新税，增加统税，苛杂繁重，成本增加。申新各厂依然处于颓势，仍未摆脱困境。

综观1931年至1936年六年之中，申新各厂设备和产量增长缓慢。纱锭数增加23.9%，布机数增加11.5%，棉纱产量增加44.5%，棉布产量增加18.6%。其增长率大大低于以往，也大大低于日本在华纱厂。茂、福新设备未增，开工率减低，业务萎缩，产销量均下降。

在抗日战争前，申新纱厂系统共有纱锭57万锭，布机5304台，工人27933人。其生产设备和产销量占民族资本棉纺厂20%以上，占全国棉纺厂10%以上。茂、福新粉厂系统共有粉磨347台，每日产粉能力为96500包，设备占全国面粉工业的27.5%。

（八）荣氏企业中工人的生活和斗争

早期茂、福、申新的工人，大多出身于破产、半破产的农民家庭。在帝国主义和封建主义的双重压迫下，中国农村的生产力遭到严重的破坏，农民纷纷破产，大量流入城市，这就是新兴的工业中劳动力的主要来源。面粉厂的生产有季节性。资本家旺季招工，淡季解雇。粉厂工人工资很少，并经常处于半失业状态。1919年，福新一、二、三、六厂工人平均工资为每月12.22元。而当时上海工人家庭最低生活费用，以夫妻两人计算为17.5元。工资收入很难养家糊口。早于1917年，无锡茂新、惠元、九丰三粉厂的打包、堆粉售灰间几部分工人联合起来，进行罢工斗争，要求增加工资。

随着荣氏资本的发展，劳资之间的矛盾更加深化，斗争更加激化。1932年起，申三、申四大规模训练养成工，严订章程，苛加管理。养成工主要来自农村女青少年和城镇贫寒孤儿。养成工工资低，受剥削重，生活苦，是被资本家剥削最重、生活最苦的童工，申一、申九等厂更实施残酷的包身工制度。包身工受尽资本家和包工头的残酷剥削和压迫。

荣氏在经营困难中，常要转嫁损失，在工人头上多方盘剥。如裁减老工人，改用女工、养成工和临时工；取消"赏工"，降低工资；宣告停产、停工等等，使工人生活更加恶化。申新一、八厂工人平均工资，如以1932年为100元，则1936年降至88.8元。加以工人劳动强度大大加强，设备简陋，工伤事故经常发生，工人健康情况恶化，大部患有职业病。

工人为了提高工资，改善生活，不得不起而反抗，罢工斗争，陆续不断。如1926年申新三厂布厂工人的罢工少，1929年福五、茂新工人的罢工，1933年3月申新一厂工人的罢工，1935年申一、八厂工人为反对延长工时的斗争，1936年申六、七厂要求增加工资的斗争，等等。

荣氏对付工人斗争的方法，一是镇压。向反动政府警察所、警察局等暴力机关要求派出军警、暗探等分布厂内，威胁、拘捕甚至枪伤工人。二是分化。1927年"四一二"反革命政变中，反动派迫害福、申新各厂进步工人。各地工会被捣毁，先进工人或被杀害或被迫离厂。各厂中，由工头、工贼组织黄色工会，为资本家服务。在工人内部进行分化、瓦解和破坏。三是麻痹。申新三厂在1933年正式成立"劳工自治区"，建立申新小学、单身女工宿舍、女工晨夜校、劳工医院等"惠工"设施，目的是欺骗工人。设立"惠工"宿舍，强迫工人寄宿，使工人"平时最好与外界隔绝，不使往来"。并设立"自治法庭"，鼓吹"劳资合作"。开办"劳工储蓄"，剥削工人。

"劳工自治区"的经费来源，出于对工人的罚工和星期日"义务加班"。"劳工自治区"的负责人实际上是国民党县党部派进来，物色和勾结黄色工会的头子，压制工人运动的。

五、抗日战争时期的荣氏企业（1937—1945）

（一）在日寇侵略破坏中损失惨重

1937年卢沟桥"七七"事变，揭开了抗日战争的序幕。紧接着又发生"八一三"淞沪战事。地处上海沪东区的申新五、六、七三个厂首当其冲，继而沪西区的申一、八两厂也遭波及。随着日军侵占地区的扩大，无锡申

三、茂新和汉口申四，也都遭到日军的烧毁和掠夺。铁蹄所及，疮痍满目，断垣残瓦，顿成废墟。日本侵略军对我国民族工业怀有刻骨仇恨，必欲咒之死地而后已。一些企业，除了直接毁于炸弹炮火，还受到日寇恶毒的破坏。如申新三厂仓库里存有来不及运走的48000多担棉花、4400多担籽花、64000余匹棉布、3400多件棉纱，日寇全部浇上柴油，点火烧光。在车间的通道和机器上，也铺上棉花，洒上柴油，再放上硫黄炸药，点火燃烧，全厂霎时成为一片火海。除了纺纱工场因系钢骨水泥建筑，未曾全毁外，其余纺布工场和561间厂房都被夷为平地。无锡茂新一厂毁于战火，未烧尽的部分又被拆去，全厂成为一堆瓦砾。

申新系统各厂，在抗日战争时期中的损失，据粗略的估计，大致如下：厂房、仓库、工房等建筑大部被毁，生产设备；纱锭20万余锭、布机2700万余台；原料及成品：原棉16万余担、棉纱1万余件、棉布128000余匹、粉袋233000余只、棉毯8万余条，机物料几乎全部，其余发电机、马达、锅炉、各种工作母机也损失殆尽。

（二）抗战初期的变化情况

1938年，汉口申四、福五奉国民党政府的命令向内地撤退。荣氏本不想迁厂，但商量无效。政府当局坚持非拆迁不可，否则炸毁。于是一部分迁到陕西省宝鸡，一部分迁到四川重庆，共迁去纱锭2万锭，布机400台，粉机一套约出粉3000包，发电机3千瓦。运到后，恐遭日机轰炸，建厂于窑洞之内。因材料缺乏，装置不易，筹备经年，始告完成。这是我国西北最早、最完备的工厂。

汉口的福五照常开车，利润很厚，申四也开，出数增加。盈利所得，用以逐步归还欠款。在上海方面，福一、三、六厂在闸北，被日军占用。申五、六、七厂归日军管理。地处租界的厂，却仍能继续生产。申二、九厂都开车，福二、七厂也设法开工，均有余利。无锡的茂二、申三被认为是"敌产"，也归日军管理。申三由军部委托日本纺织株式会社经营。茂新存麦9000余担，以及申三寄存在乡镇南方泉，石塘的籽花，经设法运到上海出售，得款23万元。除一部分归还欠款外，其余作为维持和看管企业的费用。

汉口申四抗战前订购纱机1900锭。机器到上海后，无法内运。洋行意欲退交，退还定银，荣德生不答应。因申九尚有空地，决定改装在申九厂内。申九只答应装1500锭，其余4000锭因式样不合，作价售与合丰企业公司，另立新厂。合丰自纺自织，职员大多是申三的老班子。1939年，汉口申四迁到重庆的部分，开车2800锭，为内地各厂的先导。迁到宝鸡的部分也开工。自1938年到1941年，三四年间，福二、五、七厂和申二、四、九厂均有盈余。

（三）敌伪统治下挣扎图存，获取暴利

1941年12月8日，珍珠港事变，日美之间爆发了太平洋战争。上海日伪军进入租界，英美产业都被视为敌产。我国民族资本在上海租界开设的工厂，事先用外商名义登记注册，以寻求庇护。因此，申二、九厂也被劫管占领。经荣德生的老友常州纱厂资本家钱琳叔转托敌伪棉统会江上达设法疏通，总算厂内各项物资未被日军搬去。福新二、四、七、八厂及合丰，均被日军封锁停工，总公司业务停顿。到1942年3月才解除军管。福一、三和茂二不久也发还，后仍租与日商。茂二由荣氏兄弟的外甥项家瑞和荣德生的女婿杨通谊出面订立租约，期限二年，每半年收取租金一次。

1943年，日帝因战局不利，为了诱使中国资本家与它合作，进一步掠夺中国的人力和资源，早日结束侵华战争，改变了对占领区经济的统治办法，由代管而变为"发还"，即由中国资本家申请，经日本军部同意，发还资本家自行开工。荣德生得此消息，欣喜万分。由他的甥婿、汪伪政府立法院副院长大汉奸缪斌积极活动，申请发还申三。日方乘机勒索，强迫将厂内两

座1600千瓦的发电机，按照日本大使馆标出的低价，卖给淮南煤矿和繁昌煤矿，并"补偿"上海纺织株式会社的巨额代管费，作为条件，才成交了批准发还的手续。荣氏于7月间收回申三后，仍由荣德生的儿子荣一心任经理，他的女婿唐熊源任副经理，派谈家桢为厂长，华鞠人为工程师，积极进行开车的准备工作。一面招寻老工人，进行厂房、机器的修复工作；一面向汪伪棉花统购委员会申请借贷一万锭试车的用棉，向申九借到棉花800担；终于在12月修复5600锭，正式开工生产。

日寇"发还"工厂，表面上是由中国资本家自行管理，实际上是通过各种办法，加强对这些工厂的控制和利用。棉花由棉花统购委员会统一收购，分配给各厂使用。成立收购棉纱、棉布办事处，颁布"收买棉纱、棉布实施纲要"，不准自由买卖，违者要处以一至五年徒刑，3万元罚金。收购棉花的分配比例是：60%供给军用和输往日本，30%分配给在华的日本纱厂和军管的纱厂，10%配给中国人开办的纱厂。工厂使用电力的分配，也极不合理，而且控制很严，以致纱厂经常处于原料枯竭、动力短缺、开工不足之中。至于所生产出来的棉纱、棉布，大部分又被敌伪政府以分期付款、三年还清的办法征购而去。中国纱厂实质上成了日帝的代纺工厂。

当时，由于流入市场的纱布数量稀少，供不应求，加上货币贬值，物价腾涨，一件纱的价格，往往等于10两黄金，或十担到十四五担棉花。申新自开工以来，还没有遇到这样有利的比价和这样高的利润。为了摆脱敌伪机构的控制，荣氏派总公司副总经理童侣青参加棉统会。又拉拢一批棉纱掮客，许以厚利，让他们到江阴、太仓等地收购棉花。再由申三厂长谈家桢去贿赂日本宪兵队、税卡人员，用黄金、棉纱换来特种通行证，使私自收购的棉花能运进厂来。对华中水电公司的上下管理人员，也是"钱能通神"，一到夜里，就把"私电"送了过来。原料和动力问题得到解决，生产不断扩大。到1944年5月，开车纱锭增加到一万锭，日产纱20余件。9月间，又采取"化整为零"的方式，修复了2000纱锭，运到常熟支塘，建立分厂，每日产纱四件。

上海的福新粉厂也是以代磨日方军麦为主。总公司派福新厂长施复侯参加敌伪粉麦统制委员会任常务委员，营业主任曹启东任粉统会粉麸科长。利用职权的便利，在代磨加工中尽量争取自营，以牟取厚利。

（四）通货膨胀中还清积债

抗战前夕，荣氏企业负债累累，资不抵负，银团加强控制，行庄索欠涉讼，处于风雨飘摇的困境。在抗战期间，蒋介石政府和汪伪卖国集团都实施恶性通货膨胀政策，币值不断贬低，物价飞跃上升。在这种情况下，荣氏不但在偿还债务方面大占便宜，而且大获暴利。以申新二、九厂为例，账面盈余如以黄金折算，申二1937年盈余黄金4736两，1938年为16923两，1939年为10439两，1940年为6278两，1941年为7931两。申九1937年为19626两，1938年为42832两，1939年为35977两，1940年为20142两。这些数字实际还有相当一部分是估计过低的。

无锡申三、茂新的欠款，于1937年底前已大致了清。荣德生逃难到汉口后看到营业有利，叮嘱李国伟也要一如无锡办法，早日归清行庄欠款。1938年初，上海金融界纷纷索债，16家钱庄约同起诉，法院批准传人，情况严重。其后，法院谕令和解。5月中，荣德生回到上海，讼事尚未解决。经与中国、上海两银行和银团商定，将每月盈余分成三份，一份还银团，一份还讼事和解的各行庄，一份还无抵押品的零星欠款和维持总公司开支。福新粉厂的押款，即以粉厂盈余归还。1941年，庄款全部还清。1942年，所有上海申新系统的陈年积欠，全部还清。申二也由银团移交，收回自办。多年来像一条绳索那样，紧紧缠绕在荣氏企业身上的沉重债务，终于被挣脱了。荣德生大有"无债一身轻"之感！荣氏不仅还清了原先估计无法还清的巨额贷款，而且还获得了相当的盈余和积累，弄到了大量黄金、美钞。即以申三为例，到1944年底，开工只一年，除了还清开工时的债务和分发了四次股息外，就存余3600担棉花，结出16000万的盈利，为抗战胜利后恢复老企业和兴办新企业，提供了物质基础。难怪有人慨叹："反动派的恶性通货膨胀，使得广大人民缺衣少食，家破人亡，却救活了荣氏资本家！"

（五）在抗战中的荣氏兄弟

上海沦陷后，荣宗敬对抗日前途，一度丧失信心，发生动摇。1937年12月24日，他与上海南市华商电气公司经理陆伯鸿等筹组"上海市民协会"，即变相的伪维持会。他本人与上海闻人姚慕连、顾馨一担任主席团委员，流氓头子张啸林等都是委员。上海人民的抗日组织，对他这种态度很为愤慨，警告他不要甘心附逆，自绝于人民。陆伯鸿为爱国志士暗杀后，荣宗敬心慌意乱地避走香港。1938年2月10日，他在惊悸抑郁中病死，享年65岁。国民党政府行政院转呈国府对他颁"褒奖令"。

1937年10月，无锡濒临沦陷。荣德生乘汽车至芜湖，换轮到汉口。1938年6月，飞港转沪，日以收购书画古籍自娱。表面上息影家园，不问世事，其实，总公司的一些重大事务，他仍是参与的。同时，他又计划另创一个规模宏大的企业，取名"天元实业公司"，准备将他名下茂新、申新的股份和资金，作为天元的资本，由他任总经理，七个儿子当副总经理，年长者日后代替总经理。经营范围参照金、木、水、火、土"五行"分类：（1）属于"土"的方面，如煤、石灰、水泥、砖瓦等；（2）属于"金""木"方面，如采矿、冶金、铁工、化工、塑胶以及筒管、棉条筒等；（3）属于"食品"方面，如面粉、饼干、点心之类；（4）属于"水"的方面，如漂粉水之类；（5）属于"火"的方面，即电气等；（6）属于"纺织"方面，包括棉、麻、毛、丝、人造纤维的纺织、印染、整理、裁制、缝纫等。这种囊括一切、无所不包的"规划复兴实业计划"，固然是黄粱美梦，难以实现；却也说明，尽管饱经波折，年近70，荣德生还是雄心勃勃，朝思暮想，巴望荣氏企业兴旺发达，成为父子传袭、万代不坠的基业。

在抗战初期，荣氏谋求依托英美的势力来抵制日帝的掠夺，申九曾与德商远东钢丝布厂取得协议，挂过德国纳粹旗帜，到1938年5月，申九再过户于英商通和洋行，以英商名义向香港政府注册，并悬挂英国旗。1938年4月，申二曾订立契约，由美商美国企业公司经营管理，并悬挂美国旗，到1941年7月才解除契约。申新系统下的合丰企业公司也委托美国企业公司经营管理，该公司总经理阿乐满且是合丰股东之一。到1949年新中国成立时，合丰尚有外商股东二人。

在抗战期间，荣氏兄弟没有参加敌伪机构。汉口的申四、福五迁厂到川陕等地，开发西北，在大后方为抗日战争增加生产。在1941年太平洋战争前，日寇曾企图和荣氏合作，经营申三、茂二，荣德生加以拒绝。1943年，荣德生派二儿尔仁带了一批资金到重庆去，准备战后恢复企业之用。在日军"发还"申一时，日商丰田纱厂企图凭借日本军政势力，以252万日元强制收买申一全部财产。荣德生表示绝不愿让售，也不愿合办或出租，声称"如于军事上有必要，则尽可牺牲"。尽管他自有打算：其一，怕申一出卖后势必发还股款，会引起申二、九的股权纠纷；其二，丰田代管期间，修理投资较大，接收比出售有利；但这种坚持民族立场的行动是好的。另一方面，1942年11月，由江上达策动，购置上海宜昌路原鸿丰丝厂房屋，与日商"若素"合作，筹设"中华药业公司"，购置款项内，申新占62.5%。总的来说，虽有软弱妥协的一面，荣氏对抗日战争是拥护的，是爱国的。

（六）荣氏企业资本家内部的改组和分化

抗日战争前，荣氏企业系统，是由总经理荣宗敬大权独揽、综理一切的一统局面。由于战争的影响，人事的变迁，这个"一统局面"被打破了，逐步形成了各据一方、各自为政的新局面。

荣宗敬去世后，总经理的职位谁来继承？若是"兄终弟及"，应由荣德生来继任，多子侄辈也都要推他出来。但他在汉口打电报辞却，声明无意权位，只是"扶佐"侄辈。总经理一职，实际上是"子袭父职"，由荣宗敬长子鸿元继承下去，但这并未得到股东会的同意。申新欠款还清后，荣德生曾要求召集股东会，似乎有推他自任总经理的意图，他的侄辈和王禹卿都不理他。荣氏兄弟几十年来亲密合作的关系破裂了，从此形成"西摩路"（荣宗敬上海住寓）和"高思路"（荣德生上海住寓）两房并峙，各有基点，各有班底的局面。

汉口申四、福五部分机器内迁后，在重庆成立渝庆新公司，并在成都、宝鸡、天水等地添设了不少分支机构，这些企业都由荣德生长婿李国伟主持，在宝鸡成立了一个申四、福五总管理处，自成系统，独立经营。上海总公司鞭长莫及，只保持传统的隶属关系和股份关系。

申二、九两厂地处租界，得天独厚，畸形发展，获利最多。总公司的旧债，是靠它们还清的，总公司的开支，是靠它们维持的，因此，就不免"唯我独尊"，逐步把原来属于总公司职权范围内的采购原材料、出售成品、人事安排和财务调度等业务，转移到厂中。这样，总公司的权力日益削弱，两厂的独立性日益增强。

申新五厂厂长是由申二厂长荣尔仁兼的，申五的恢复也是依靠申二的支助，申二、五厂就另行成立了管理处。王云程（王尧臣的儿子、荣宗敬的女婿）所管的申一，连他的岳父家都不能过问。吴昆生的申九也是壁垒森严，自立门庭。至于王禹卿掌权的福新厂系统，早就保持其对荣家的独立性。

此外，荣一心、唐熊源又于1938年另设合丰企业公司。它是由申三和茂新粉厂的股东，来到上海后招股成立的，下设棉纺、染织、铁工、制丝四个厂。1942年，荣鸿元、鸿三兄弟创设三新银行，意欲茂新投资入股，荣德生不予赞同。合丰和三新，可以看作是申新的旁系企业。这些荣子荣孙，似乎已经不能满足于老一辈置办的"大锅饭"，而开始热衷于追求自己喜爱的"小灶"了。

荣德生在他的《行年纪事续编》中，提到1938年到总公司，"深觉沪上一切，无异往日，惟事权全非，远异吾兄在日，心中暗觉神伤。"慨叹"外人不明事理者，以为我欲擅权"。于1941年，又说："从抗战后避难出外，兄避难作古以后，即另成一新时代，从前一切告一段落"，想把自己名下股份划出，另辟天地。1944年，"各厂人事行政，渐趋分歧，各顾其私，破坏大局"。这些记述充分表露了荣德生对荣氏企业内部由集中统一到分歧离析的趋势，是何等的忧伤愤懑！"无可奈何花落去"。资本主义的发展必然在荣氏家族成员之间、荣氏和异姓股东之间，造成越来越深刻的矛盾，引起越来越尖锐的竞争，而使荣氏企业宗族性的、家长性的一统"大局"，无法维系。

六、解放战争时期的荣氏企业（1945—1949）

（一）原有企业的恢复和新企业的创办

在抗日战争中，荣氏企业的生产设备，毁损严重，元气大伤。1945年8月，抗战胜利，荣氏花了很大气力，经过几年工夫，才陆续恢复生产。申八则毁于炮火，一直未曾恢复。

在国民党政府反动统治下，通货恶性膨胀，物价不断上升，广大劳动人民大受其苦。而纱厂、粉厂利用成品和原料之间的不同比价，进行棉纱与原棉套做，面粉与小麦套做，不但能取得生产中的剩余价值，而且能获得商业上的盈利。1945年底前，申一至申九厂先后复工，但因原料缺、熟手少、资金不足，都只开一部分。当时，据荣德生自述："申三利润之厚，实为前所未有，而开支之大，亦为前所未见。"1946年，申一开5400锭，申二开6万锭，申三由2万锭修复至5万锭。申四重庆、成都、宝鸡部分都有盈余。申六开至5万锭以上，并以历年盈余所得，收购芜湖裕中纱厂，建为分厂。申七拆去7200锭，又购进16800锭，共24000锭，建为鸿丰一厂。申九生产最好，常开12万锭以上。各纱厂营业顺利。1947年，申六收买邻近国光印染厂厂房机器，合并为纺织印染厂，又收买英商隆茂栈房屋，改建为鸿丰二厂。申五添新机2万锭。申二迁广州18000余锭，成立广州第二纺织厂。

在面粉厂方面，福一、二、五、七、八厂和茂二都恢复生产。茂一重建新厂，又租办顺丰德粉厂为茂三，茂四也整理恢复。但由于面粉执行限价，原料又供应不足，粉厂常处于时开时停的状态，经营比较困难，情况远不如纱厂。

在这期间，荣氏企业在纱、粉厂本业方面，只是大致恢复旧观，没有什么发展。在其他事业方面，却有新创办的。其中主要的是：（1）天元棉毛麻纺织厂。由荣尔仁、荣一心从申二、五拨出部分资金，再加荣德生的投资开设。于1946年筹建，1948年开工生产，有一套麻毛纺织机和一万纱锭。（2）中华第一棉纺针织厂，由申九股东吴中一（吴昆生之子）、陆菊森（陆辅仁之子）于1944年购进旧厂创设而成，利用申九关系，大得其利。有纺机11200锭。（3）开源机器厂，由荣一心主持，于1948年破土重建，1949年建成。（4）其他尚有申四系统举办的宏文造纸厂、申四铁工厂、建成面粉厂，申九系统的欧亚酒精厂、均益螺丝厂等。

（二）"大申新"计划的流产和四个系统的相峙

1943年冬，荣尔仁自上海到重庆后，搞了"大申新"计划，打算在战后由他来统一申新企业的组织和管理，重新树立荣宗敬生前那样总揽一切的权位。1945年抗战胜利后，他拟定了"茂新、福新、申新面粉纺织股份有限公司章程和组织章程"，呈请备案，并选定了各区、各厂"接收"人员的名单，准备像国民党政府接收敌伪产业机构那样，来"接收"处在沦陷区的荣氏企业。这当然受到各方面的强烈反对。这时，主持申新总公司的荣鸿元，针锋相对地提出了"申新纺织股份有限公司章程和组织章程"向主管部门呈请备案，加以抵制。同时，茂、福、申新系统各厂的主管负责人，由于切身利益攸关，也都不予赞同。于是，荣尔仁的"大申新"计划，在一片反对声中，很快就宣告流产。

在抗日战争期间，荣氏企业系统已经初步呈现分裂的因素和倾向。在矛盾进一步激化的情况下，"申新总公司"实际上分裂成为四个独立的经营管理系统：

第一，总公司系统。以总经理荣鸿元为代表，主要控制申新系统的申一、六、七厂和鸿丰系统的鸿丰一、二厂，鸿丰面粉厂。

第二，申新二、三、五厂系统。以申新二、三、五厂，天元，合丰，开源总管理处总经理荣德生为代表，以下为五个公司：茂新公司包括茂新一、二、四厂；申新公司包括申二、三、五厂和广州二厂；天元公司包括上海、香港、纽约办事处和麻棉纺织厂；合丰公司包括棉纺厂、棉织厂、电机厂、铁厂、丝厂；开源公司包括开源机床厂。

第三，申四系统。以申四、福五、建成、宏文、渝新公司总管理处李国伟为代表，以下设在汉口的有申四、福五，在宝鸡的有申四、福五、宏文造纸厂、申四铁工厂、申四发电厂、毛纺厂（未开工）；在重庆的有渝新纺织厂、福新五厂；在成都的有申四、建成面粉厂；在天水的有建成面粉厂；在广州的有福新五厂；在上海的有建成面粉厂、宏文造纸厂。七个地方共有16个厂。

第四，申九系统。以经理吴昆生为代表，主要控制申九的经营管理权，又投资另创中华第一针织厂、欧亚酒精厂、均益螺丝厂、健轮布厂。

在上海的福新面粉厂系统，仍由王禹卿掌握，自成一系。

申新企业系统形成了四分五裂、各自为政的局面。各个系统之间，互相争权夺利，扩展势力。为了攫取更大的利润，他们不满足于本业的经营，而醉心于本轻利速的新投资；甚至"化公为私"，把原有企业的生产设备，化为个人的囊中之物。荣鸿元把申七的机器设备搬进鸿丰，荣尔仁也毫不客气，把申二的机器设备搬到广州去开设广州二厂。

不仅各个系统之间钩心斗角，即在同一系统中，也是同床异梦。如总公司系统下的申一经理王云程，另外开设寅丰毛纺织厂。申一获得了盈余，并不把抗战中烧掉的申八恢复起来，却在申八原址开设启新纱厂。这说明他同舅子荣鸿元之间也有矛盾。就是荣鸿元，同他的亲兄弟鸿三、鸿庆之间也存在着矛盾。在申二、三、五系统，荣德生的儿子尔仁、一心、毅仁、研仁和女婿唐熊源、杨通谊之间，也是各自划分"势力范围"，互不干涉。这种错综复杂、明争暗斗的局面，不能不说是荣氏企业内部的一大变化。

（三）荣氏同国民党政府的关系

抗战胜利前夕，荣德生曾幻想战事结束后，能够通过政府向日本索取赔款，补偿荣氏企业在抗战中的损失；并能得到大量借款，使他得以像美国十大富豪那样，集中力量，独资经营比"三新"规模更大的"天元实业公司"。不料抗战胜利后，国民党政府和官僚资本对民族工业的压榨，却变本加厉。他在失望之余，也慨叹"政府措施舛谬，有失民心"；抱怨政府"竭泽而渔""杀鸡取蛋"。1946年4月，荣德生在上海遭到以淞沪警备司令部为主体的军统特务的绑票勒索。经过33天，才以美金50万元赎回。这场险遇，几乎送了他的老命。脱险归来，精神和身体备受打击，骨瘦如柴，步履艰难。然而，1948年，伪国大开会，"大总统"就职，他仍希望"国运大转，人民安乐"，"今后政治清明，兆民有庆"。

1946年，荣鸿元、鸿三当选为上海市参议员。1948年，荣鸿元和荣尔仁都竞选工矿方面的伪国大代表。荣尔仁所得选票远比荣鸿元多，当选为国大代表的初选候选人。但因名额所限，两人不能兼顾。荣鸿元志在必得，通过流氓头子杜月笙和国民党官僚洪兰友之手，迫使荣尔仁退让。荣尔仁只得忍痛登报声明放弃，让于荣鸿元。尽管荣鸿元当上了伪国大代表，9月间，蒋经国以私套港汇的罪名，逮捕了他，拘禁了79天，经伪特刑庭判处徒刑六个月，缓刑两年。在拘禁期间，伪法官百般勒索，共被敲诈去棉纱，棉布、印花布、面粉等栈单及黄金、美钞、金圆券等折合的棉纱5000件之巨，才获得释放。

荣氏的子侄辈同宋子文的关系也比较密切。宋子文任广东省省长时，荣尔仁与他合作开设广州二厂。宋子文下台后，国民党内部派系互相倾轧，监察院对所谓"军粉霉烂案"提出弹劾，但又不敢直接碰宋子文，就给荣毅仁套上贪污的罪名，控告他卖给政府运往东北的军粮是霉烂的。1949年5月，伪上海地方法院检察处提出公诉。伪法院趁火打劫，勒索巨款，扬言如不将款送去，就将于第一次庭审时把人扣押。荣被迫送去黄金十大条，美金5000元。原来5月25日第一次开庭，恰巧就是上海解放的那天。荣毅仁才免去了这场飞来横祸。

荣一心在社交活动方面也很活跃，是国民党政府输入管理委员会的外棉核配委员会委员，常代表民营纱厂向政府折冲有关外棉的事宜。1948年12月，他为了向台湾、香港转移业务，受国民党官僚彭学沛坚邀，同乘霸王号客机赴港，失事丧命。

荣研仁在留美期间，结识了顾维钧的儿子顾福昌、胡适的儿子胡祖望和翁文灏的儿子，号称"四公子"。他分管天元企业公司，却大做其走私贸易和外国股票投机，结果亏损殆尽。

荣氏的子侄辈对国民党政府的依附，比起荣宗敬、荣德生老一辈来，要更为密切。这是因为国民党官僚资本的势力，越来越大，处于垄断统治地位；而相对说来，民族资本的力量，越来越薄弱，不能不依赖官僚资本的鼻息，分得一些余沥，求得自己的生存。但是，他们吃着国民党政府的苦头，却并不比他们的父辈要少些。如果说，国民党政府过去对荣氏兄弟主要是乘人之危，利用荣氏企业资金周转困难，阴谋吞噬的话，那么，到了后来，国民党政府就穷凶极恶地运用专政机关法院和特务流氓势力，来借刀杀人和绑架勒索了。

（四）申九工人的"二二"斗争和申三工人的反饥饿斗争

新中国成立前，国民党反动派为了挽救它的覆灭，对工人群众在政治上的镇压和经济上的剥削，越来越残酷。1948年初，申九7000工人为了求自由，求生存，为了维护工人阶级的利益。在党的领导下，发动了罢工斗争。在经济上要求发给配给品和补发"年赏"，在政治上反对国民党反动统治，动摇其后方，以配合解放大军南下。斗争开始后，黄色工会进行威胁恐吓，厂方采取欺骗拖延。工人决定从1月30日起坚持罢工。到2月2日上午7时，上海市警备司令宣铁吾亲自率领3000多名全副武装的军警来厂弹压，架起装甲车和机关枪，把整个厂密密包围，胁迫工人立即开车。工人临危不屈，相持到下午5时，反动派增派了"飞行堡垒"和军警5000余人，开始血腥的镇压。工人英勇斗争，三人光荣牺牲，40人受伤，269人被捕。战斗一直持续到晚上9时，震动了全上海。各方面的代表，纷纷前来慰问。各厂各业的工人，组织"二二"血案善后委员会，筹集捐款，援助受伤的工人。反动派在群众怒潮如火的声势下，怕事态扩大，难以收拾，不得不释放被捕人员。厂方也不得不发给每人50斤配给煤球和两斗配给米，斗争才告平息。

1948年11月，无锡申三工人发动了反饥饿斗争。当时，资方结算工资，是按每月1日、16日的生活指数标准，而发工资的日期是每月6、7日和22、23

日。因此，当工人领到工资时，生活指数实际上早已上升，物价早已上涨。而且，发放工资要搭配部分支票，上有横线，须三日后才能兑现。为了反对厂方这种不合理的剥削手段，全厂工人于11月22日早晨开始罢工斗争。厂方人事课长胡鸣虎、工贼邵舜耕、无锡县政府社会科长张一飞，企图玩弄诡计，分化工人，破坏斗争。23日下午，应厂方请求，无锡城防指挥部指挥官刘秉哲率领七八十个便衣武装，来厂镇压罢工。晚上，宪兵在申新桥上架起机枪，威胁工人。深夜11点钟，武装宪兵挨门逐户地搜查，把罢工代表顾阿菊、施剑平、朱祖奇抓去。11月24日，罢工仍坚持着。群情激愤，商量捐款支援和营救被捕工人。资本家眼看武力压不倒工人，只得再谈复工条件，满足了工人提出的部分要求。为了避免更多的牺牲，工人决定复工。罢工斗争先后达五天。

（五）荣氏资本家在新中国成立前夕的活动

当人民解放军节节胜利，蒋介石反动统治土崩瓦解，全国解放迫在眉睫的时刻，一些较大的资本家都面临着是留在国内还是出国他往的问题。在这个问题上，荣德生作了正确的抉择，不失为一个爱国的民族资本家。1949年春，他到上海，听见公司中的人们一片离沪声。有的去香港、台湾，有的去外国，纷纷攘攘，人心惶惶。不少人劝他去香港，他坚持镇定，竭力劝阻别人说："我非但决不离沪，并决不离乡，希望大家也万勿离国他往。"当他得悉荣一心和唐熊源乘他不在无锡，要把申三的两万纱锭拆到台湾去的消息，立即赶回厂中。一看正在拆运，就大加申斥，并同工人一起，制止了这一行动。他表示决心留在祖国，自认："生平未尝为非作恶，焉用逃往国外？"他在办厂过程中吃了帝国主义不少亏，他对国民党政府的倒行逆施越来越不满，他对自己手创的事业有着深厚的感情。所有这些，都是促使他留在祖国的因素。新中国成立前夕，在党的统战政策和统战工作的感召下，他还派无锡区协理钱钟汉前往苏北解放区，对党表示欢迎之意，并坚持留在无锡，等待解放。

　　荣鸿元在私套港汇案了结被释放后，于1948年12月避走香港。荣鸿三、鸿庆也都在新中国成立前走往香港。在济南战役以后，他们就抽逃资金，在香港开设大元、南洋纱厂。1949年2月，又在香港成交，售去了上海的鸿丰二厂，取得外汇。

　　荣尔仁在新中国成立前去香港。荣研仁在投机失败后，先去香港，后到泰国。申九系统在香港开设了伟纶纱厂，吴中一、唐熊源也去了香港。

　　留在祖国的是荣毅仁、鸿仁兄弟。1949年初，在香港时，宋子文曾劝荣毅仁不要回国。荣想：在"军粉霉烂案"上，被敲去一大笔竹杠，自己出了事，宋也没有办法。反复考虑，还是决定回国。当他的哥哥荣尔仁出国时，曾与他约好，一个留在国内，一个出国，如果没有问题，就再回来。

　　新中国成立前夕，荣氏资本家抽逃资金的行为是很严重的。荣鸿元、鸿三、鸿庆、尔仁、唐熊源、王云程、吴昆生、陆菊森等，设置暗账，抽逃资金，化公为私。临逃之前，又把暗账销毁或隐匿。仅从申一、二、五、六、七、九厂不完全的统计，逃避资金就有棉纱7336件，棉布91780尺，印花布7000匹，黄金1549两，各种外币折合人民币1580余万元。

（六）荣氏家族系统表

　　荣氏企业的主要负责人，绝大多数都是荣宗敬、德生兄弟的儿子和女婿。现将新中国成立前夕荣氏家族成员及所担任职务，表述如下：

荣宗敬（已故）

子　溥仁（鸿元）　担任申新总公司总经理

　　辅仁（鸿三）　申新总公司副总经理兼申七经理

　　纲仁（鸿庆）　申一协理

女　大女卓球　婿　丁利方（已故）

二女卓仁　婿　薛寿萱　永泰丝厂厂主

三女卓霭　婿　王云程　申一经理

四女卓如　婿　乔奇哈同　上海地产大王哈同嗣子

荣德生　申二、三、五厂，茂新，天元，合丰，开源总管理处

总经理

子　伟仁（已故）

尔仁　总管理处副总经理、申二、五厂经理

伊仁（一心）（已故）

毅仁　总管理处经理、茂新公司总经理

研仁　总管理处经理，天元实业公司经理

纪仁（已故）

鸿仁　在美国攻习面粉工程

女　大女素蓉　婿　李国伟　福四、申五、建成、宏文、渝新公司总管

理处经理

二女菊仙　婿　蒋浚卿（已故）

三女敏仁　婿　宋美扬　宋汉章之子，中国银行任职

四女卓亚　婿　李启耀　申四副经理

五女茂仪　婿　唐熊源　总管理处无锡区经理

六女漱仁　婿　杨通谊　广新银业公司经理

七女辑英　婿　华伯忠　建新航业公司经理

八女漱珍　婿　胡汝禧　天元实业公司工作，在美国

实习面粉工程

九女墨珍（未婚）

七、接受改造，走社会主义康庄大道
（1949—1956）

（一）管理混乱、经营困难、经济枯竭的"烂摊子"

当民族资产阶级人们抱着发展资本主义的愿望，怀着疑虑不安的心情，来迎接解放的时候，荣氏企业的状况是怎样的呢？

一是管理混乱。荣氏企业资本家之间的相互矛盾，虽父子、兄弟之间也不能免，反映在管理上是机构重叠，人事臃肿，组织涣散，各自为政。

二是经营困难。新中国成立前，我国棉纺厂所用原棉，大部分仰给于外棉。新中国成立后，由于美帝对我国实行封锁政策，原棉供应一时显得不足。又由于广大人民群众在国民党反动统治的压迫和剥削下、购买力日益削弱，成品销路呆滞。再加上管理腐败，经营作风不正，造成产量低、浪费大、成本高、质量差的恶果。在市场上素有"好做"牌（申新出品商标）不好做的反映。

三是经济枯竭。新中国成立时，荣氏企业的流动资金短绌，几乎到了"两手空空"的局面。其所以如此，主要的原因是新中国成立前夕大量抽逃资金。其次，几年来荣德生被绑架，荣鸿元被蒋经国拘押勒索，以及荣毅仁被监察院和法院弹劾和勒索，用去了相当可观的一笔钱。再次，由于投机失败，亏损不少。单是荣研仁一人，1948年就在投机外国证券中，蚀去一百万美元。最后，荣氏资本家为了追求个人享受，纷纷购买地产，营建华屋。他们在上海虹桥路上买了花园和别墅四处，荣鸿元占两处，荣鸿三占一处，荣尔仁占一处。荣鸿元、鸿三在淮海中路买了两座大住宅，又在威海卫路买进住宅。荣尔仁、一心、毅仁、研仁及唐熊源等都分别在永嘉路、康平路等处买进或营建住宅。同时，荣鸿元又买下了江西中路的三新银行大楼，南京西路的美琪大楼及同福里房地产。申新总公司购入浦东英商隆茂栈。申二购进浦东陆家嘴、闸北潘家湾及真如等处地产，并在湖南衡阳东阳渡购进大批土地。申九购进江宁路永茂栈及原卜内门洋行仓库两所以及镇江附近的大批土地，因此，申新企业系统这个貌似强大的"庞然大物"，其实是外强中干，病骨支离，患着严重的"贫血"症。这就不可避免地在新中国成立初期经济改组的过程中，会遇到巨大的困难。

（二）在国民经济恢复时期克服困难

为了帮助荣氏企业度过新中国成立初期面临的困难，党和政府根据共同纲领"发展生产，繁荣经济，公私兼顾，劳资两利"的方针，在各方面给予很多照顾和大力扶助。

党贯彻执行了统战政策，给予荣德生以很高的政治安排。党中央邀请荣德生为中国人民政治协商会议代表，并被推为第一届全国委员会委员。1950年，又任命荣德生为华东军政委员会委员、苏南人民行政公署副主任。他又当选为中华全国工商业联合会筹备委员会委员，苏南各界人民代表会议协商委员会委员。6月间，他带病出席苏南区人民代表会议，并应邀参加无锡市第三届各界人民代表会议，在大会上发了言。7月，他扶病到沪，出席华东军政委员会第二次会议，作了大会发言。1952年5月下旬，荣德生忽患紫斑症，多方医治无效。7月25日，他病势垂危，口授遗命，由七儿鸿仁手录"要积极生产，为祖国努力"，并谆谆嘱咐在国外的子侄从速归国，参加祖国建设事业。7月29日上午7时，荣德生逝世于无锡四郎君巷寓所，享年78岁。苏南人民行政公署组织治丧委员会，8月11日在无锡市人民大会堂举行公祭。

他们在社会政治活动的实践中，亲身聆受党政负责同志的教导和鼓励，对帮助他们认识党的政策和认清自己的前途，消除各种疑虑，树立起参加新中国政权的光荣感和责任感，端正克服困难的态度，增强克服困难的信心，都起着不可估量的作用。

国营经济对荣氏企业，一开始就进行了大力扶助和照顾。无锡申三在1949年7月以后，由于资金枯竭和原料短缺，造成开工不足。国营建中公司一面收购存纱，一面供给6000担原棉，才使它勉强度过了下半年的困难。到了1950年3月份后，每周开工从六天六夜减到四天四夜，库存棉花，不够一天之用。工人的工资到期发不出，连伙食费也是朝筹暮措。外欠各债达39万元，利息支出几占成本的1/10。正在这样山穷水尽，无法维持的窘境之中，申三从人民银行借到了20万元贷款，建中公司又拨给它9000担棉花，上海花纱布公司也贷给它1000件纱的贷款，解决了原料和资金问题。更为重要的是，上海花纱布公司扩大了对申三的代纺、代织定额，从1950年3月代纺856件，到6月份增加到2485件，占生产总额的52%。8月份增至3028.7件，占生产总额的76.4%。这样才把申三维持了下来，同时也推动它走上了国家资本主义的道路。

为了帮助资本家维持生产，克服困难，职工群众在党的领导下，发扬了大公无私、当家作主的精神。申三工人自觉地改进生产，节约原料，节衣缩食，团结资本家共同克服困难。工人们主动地把工资标准从每元底薪以八升米计算降低为以六升米计算，伙食由二饭一粥改为二粥一饭。职员也自动减薪。企业每月在工资支出一项，就节省了14万元。在职工群众的推动、支持下，申新二、五厂订立保本经营方案，申九订立保本生产合同。1949年，申三亏损130余万元，1950年亏损80余万元，1951年转亏为盈，余了9万多元，旧欠债务也开始清偿。1952年，生产情况更为好转。

党和政府的大力扶助，工人们顾全大局、自我牺牲的具体行动，增强了资本家维持生产的信心。通过加工订货，进一步加强了国营经济的领导。在生产中，国家对成品实行了检验制度和成本核算制度，加强了对企业的监督，促使企业按照国家需要初步改进了企业管理。这个克服困难、接受改造的过程，不仅申三是如此，在整个荣氏企业系统都是如此。

（三）企业组织机构的改组改革

上海申新系统各厂，在新中国成立前夕，分散经营，各自为政，组织薄弱，机构臃肿。由于企业主要负责人纷纷去港，大量抽逃资金，企业流动资金枯竭，难于维持。1950年"二六"轰炸后，困难更加增加。申新各厂在上海的私方负责人，认识到要克服困难，亟须改革资本主义经营管理制度，筹组统一的总管理处，以加强组织力量。人民政府对这个打算，给予大力支持，并由人民银行贷款100万元，予以支持。几经酝酿，于5月8日正式成立上海申新纺织厂总管理处，所属申一、二、五、六、七、九厂、合丰、裕中八个企业单位集中管理，统一经营。总管理处设管理委员会，由荣德生任主任委员。下设秘书、业务、财务、工务、计划、购料六课，以荣毅仁为总经理，吴中一、汪君良为副总经理。1951年7月，无锡申三加入上海申新总管理处，隶属于无锡区处。1952年1月1日，广州第二纺织厂也正式加入申新总管理处。至此，申新系统除汉口申四由李国伟主持外，其余各厂均由总管理处集中统一管理。

上海申新纺织各厂建立总管理处实行联营后，在政府大力支持下，于统一财务、业务、生产、购料以及管理制度等各方面都取得一定的成效，企业情况得以好转。并着手整理旧欠，将申七、合丰、裕中及福七作价转归国营，清理机器物资，出售偿还公私欠项。但是，由于联营组织本身比较松弛，在推行工作中颇多窒碍，不能高度发挥一个有机体的作用。1952年6月12日，在重估财产、调整资本的过程中，申一股东临时会和申二、五、六、九厂股东临时联席会，都原则通过上海申新纺织各厂合并，改组为股份有限公司。同日，召开上海申新纺织印染厂股份有限公司成立大会，决议通过合并组织股份有限公司。由于以股东张叔禾为代表的申一部分股东提出异议，引起争执，经过调停，迁延到1953年12月，上海申新纺织印染厂股份有限公司才正式向主管机关申请解散旧企业，设立新公司登记。1954年10月，经主管机关核准登记，发给登记执照。公司有股东147户，资本额4000万元，其中荣宗敬系统股东的股份占52.03%，荣德生系统股东的股份占32.13%，其他股东的股份占15.84%。这个改组为申新系统走上公私合营在组织上准备了条件。

（四）敲锣打鼓，走上了公私合营的康庄大道

1953年起，我国进入发展国民经济第一个五年计划时期。党提出了过渡时期的总路线是实现国家的社会主义工业化，实现国家对农业、手工业的社会主义改造，实现国家对资本主义工商业的社会主义改造。随着国家经济建设的发展和农业、手工业社会主义改造的进行，私营工商业除了接受社会主义改造，别无其他出路和前途。在这种形势下，走国家资本主义道路，争取公私合营，已是大势所趋，人心所向。1956年初，全国掀起了全行业公私合营高潮。在敲锣打鼓，一片欢腾声中，完成了资本主义生产资料所有制的社会主义改造。

荣氏企业由于规模大，对国计民生的作用比较大，一般都在1956年合营高潮前，就由各厂所在地区主管部门批准公私合营。早在1951年11月，申四、福五、建成、渝新总管理处与陕西省人民政府工业厅合组成立公私合营新泰企业公司。1954年8月1日，无锡申三被批准实行公私合营，改名为无锡公私合营申新纺织厂。天元、机床厂（开源）、茂新同时被批准实行公私合营。清产核资中，荣氏企业在锡股份共830余万元。1955年11月8日，根据以大带小的精神，无锡大福、万福纱厂并入申新合营，计纱锭10632锭，职工

471人，加上申三原来的，共有113000余纱锭，工人5600多人，为江苏省第一大厂。1955年9月1日，上海申新公司得到批准，与中华第一纺织公司、纬昌纺织股份有限公司、三明纺织厂股份有限公司、鸿丰纺织印染股份有限公司等厂合并合营，定名为公私合营申新棉纺织印染厂。清产定股后，资本额为6400万元。其中公股占21.33%，私股占78.67%。

生产关系的改变，推动了生产力的发展。各企业在合营以后，面貌发生了深刻的变化，充分体现了社会主义制度的优越性。即以无锡公私合营申新纺织厂为例，合营后出现了一片欣欣向荣的新气象。

第一，改进了企业管理机构。建立了劳动工资、安全保护、基建、保全、温湿度管理等科室以及工程师室和技术监督科，统一领导全厂的生产技术。精简合并不必要的机构，财务、计划两科从43人减到23人。行政费大为节省，每月从11万元下降到8万元，减少27.2%。建立了严格的计划管理制度和消费定额制度。

第二，成立了工厂民主管理委员会，包括党政工团和老年工人、青年工人、技术人员，负责管理一切生产上的重大事务。这大大激发了工人群众当家作主、管好企业的主动性、积极性。

第三，改善劳动条件，加强劳动保护。企业支出了85万元，装置降温通风设备、安全防护罩等。经常进行安全生产教育和职业病的普查和防治，大大增进了工人的身心健康。

第四，提拔了87名优秀工人为值班长以上的干部，充实了各级领导班子。

第五，以增产节约为中心的爱国竞赛运动波澜壮阔，迅猛发展。生产积极分子成批涌现，合理化建议如雨后春笋，技术革新成果丰硕。

第六，多快好省，出色地完成国家计划和生产指标。以合营前后对比，八种可比的纱支品种中，有六种提高了等级。棉布正布率提高35.5%。每件20支纱的成本降低16.9%，每匹棉布成本降低18.3%。每件纱用棉量节约12.09

斤。合营后，一年为国家节省原棉533000多斤。每件纱用电量降低8.45度，一年共节约用电1336000度。劳动生产率提高27.07%。上交利润大幅度增加。1954年8至12月平均每月利润，比合营前增加30.85%。

公私合营不但使资本主义企业走上了社会主义改造的康庄大道，也使资本家看到了自己的光明前途。党贯彻执行了赎买政策，规定了定息五厘，高薪不变，对私方人员量才录用，适当照顾，在生活上、工作上和安排上都作了妥善的处理。荣鸿仁在全国工商界青年积极分子大会发言中说："我的另外两个哥哥和堂兄等，他们为了想保牢自己的财产，在新中国成立前到国外去，一个哥哥办的纱厂已宣告破产，一个堂兄在美国遭到流氓无故殴打，其他大都处在窘境之中。试想要托庇于帝国主义之下会不遭受他们的欺压吗？过去的中国亦正和现在帝国主义国家一样，没有一个人能掌握自己的命运的。如果不是解放，我真不敢想象现在我会到一个什么样的地步！"毫无疑义，公私合营的顺利实现，大大地增强了资产阶级工商业者对社会主义祖国的感情，促使他们在党的领导下，在公方代表和职工群众的教育、帮助下，充分发挥自己的技术专长和业务才能，努力为社会主义服务，逐步把自己改造成为自食其力的劳动者。

八、从荣氏企业看民族资本

荣宗敬、荣德生兄弟于1896年投资1500元，与人合伙在上海开设广生钱庄。这笔商业资本是他们经营工业的起点。1900年，他们于无锡筹创保兴面粉厂，1905年，又投资于振新纱厂。从商业资本转移到工业资本，这是他们起家发迹的一个重要转折。从此，十数年间，资本的积累，工厂的规模，像奇迹一样增长扩大，形成包括茂、福、申新几十个厂的荣氏企业系统。荣氏兄弟成为中外驰名的"面粉大王""实业巨子"。荣氏企业迭经起伏，历尽波折，终于在新中国成立后的1955年全部成为公私合营，纳入社会主义的轨道。从1896年到1955年，这60年，就是荣氏企业从发生、发展、停滞、衰退，一直到改造的全过程。共性寓于个性之中。我们试图回顾、剖析一下荣氏企业发展过程中的特点，借以摸索中国民族资产阶级发展变化的一些规律。

第一，荣氏企业的产生和兴起，代表着中国半封建、半殖民地社会中资本主义因素的发展。中国的新式工业，开始于19世纪80年代。在20世纪初年，中国民族工商业有了初步发展。到了第一次世界大战时期，中国的民族工业，主要是纺织业和面粉业，又得到了进一步的发展。荣氏企业初期的兴旺发达，同这个过程是完全合拍的。可见，荣氏企业的勃然兴起，有其客观的时代背景和社会条件，是"应运而生"，而不是"得天独厚"。

第二，荣氏企业的原始资本，自己投资的仅占一小部分，主要来自广生钱庄的盈余，而那时的钱庄其实是变相的高利贷。资本的大部分来自合伙者，合伙者大抵是一些官僚和洋行买办。这样的股东构成，反映了荣氏企业民族资本从母胎里就同高利贷、官僚、买办阶级难解难分。

第三，当国际环境有利，帝国主义放松对中国市场的倾销时，企业就大得其利，发展得快，如日俄战争和第一次世界大战；而每当帝国主义卷土重来，企业的生产经营就大吃其亏，陷于停滞。这说明半封建、半殖民地旧中国，是帝国主义世界市场的一部分，民族资产阶级不可能独立自主地发展，而处于被统治、被压迫的地位。正由于此，它同买办阶级不同，是爱国的。但另一方面，荣氏企业在原料上要乞求美棉美麦，在机器设备上要仰给进口，在金融上要依赖外商银行，对外国资本又存在着较为深重的依附关系。荣氏兄弟在反帝斗争的态度上，有时明朗，有时暧昧，完全以本身的利害得失为转移。民族资本在经济上的软弱性决定了民族资产阶级在反帝斗争中的软弱性。

第四，历代的反动统治者，从清皇帝、北洋军阀到蒋介石，都不可能对民族资产阶级有什么真正的扶植，而只是把它作为横征暴敛、敲诈勒索的"金山铜穴"。而每一次反帝反封建革命运动的高涨，都打击了旧的生产关系。特别是群众的爱国抵货运动，更是直接地促进了民族工业的发展。这个事实，在荣氏企业的发展过程中，得到充分的证明。

第五，荣氏企业之所以发展得如此快，有其特具的色彩。一是兼并性。"大鱼吃小鱼"，这条资本主义竞争规律，在荣氏企业的发展过程中，表现得异常鲜明。申新全部纱机设备有1/3至1/2，是由吞并其他小厂而来的。这真是：吞吃的小鱼越多，鱼就越大；鱼越大，就能吞吃更多的小鱼。二是冒险性。荣氏扩大再生产、兼并其他小厂的资金，原企业的积累仅占一部分，大部分是向行庄以及洋商抵押借贷而来，也就是运用金融资本作为工业资本。这样就能大做其"无本买卖"，用一个钱做十个钱的生意。三是投机性。荣氏企业在经营作风上偏重于商业购销，忽视生产管理。在改进生产管理方面，虽也曾做过些努力，但很不得力，收效不大。荣宗敬父子是投机市场上翻云覆雨，套做牟利的老手。荣氏企业凭借它厂大势厚，得以操纵市场，成品比别厂售价高，原料比别厂收价低。所以荣氏企业在其顺利发展时，所追求和获得的，不只是一般的平均利润，而是加上囤积投机等利润在内的超额利润。

第六，荣氏企业本身也有两重性。一方面是发展快，规模大，获利厚；另一方面是债务重，管理差，资力弱。这反映了它外强中干的虚弱性。荣氏兄弟往往在市面不景气的情况下，乘机欠债低价买厂，作为增强竞争能力、摆脱危机的手段。然而，这种饮鸩止渴的冒险做法，终究不是治本强身的灵丹妙药。在帝国主义经济侵略不断加强，民族工业风雨飘摇的基本情势下，荣氏企业仍不免危机。这条"大鱼"，一旦遇到"鲨鱼"，也就要变成被吞的"小鱼"了。它曾先后遭到国民党反动派陈公博和宋子文的阴谋吞噬。申新七厂也曾被英商汇丰银行标价拍卖。它也曾被银团严加控制,丧失了经营自主权。如果不是抗日战争中恶性通货膨胀造成的畸形繁荣,使它能轻易地清偿积欠;如果不是解放战争的胜利把它从帝国主义、官僚资产阶级的魔爪下解脱出来,荣氏企业这个"庞然大物"能支撑多久?荣氏企业这块"金字招牌"会否跌落在地?谁也难以回答。

第七,实践是检验真理的唯一标准。荣氏企业60年来的历史,生动地、雄辩地证明了毛主席关于中国民族资产阶级两面性的论断是何等正确!由此而采取的一系列方针、政策是何等英明!新中国成立以来对资本主义工商业改造所取得的胜利是何等伟大!即对荣氏资本家本身来说,以今天荣毅仁、荣鸿仁两兄弟的处境,同当年荣宗敬、荣德生两兄弟相比,不知要安定、幸福多少倍!只有社会主义能够救中国。只有党的和平改造方针和赎买政策能够改造资本主义工商业以及民族资产阶级中的绝大多数人们,真正做到"阶级消灭,个人愉快""普度众生,同登彼岸"。我国对资本主义工商业的社会主义改造的伟大胜利,必将在世界范围内产生极其深远的影响。

（原载《无锡文史资料·第1辑》,有删节）

71

第 二 章

人生传略：面粉大王的经历

关于荣氏兄弟的若干史料和传说

毛小言

笔者世居无锡，幼年时就听到不少关于民族资本家荣宗敬、荣德生兄弟办厂发财的故事，成年后进了他们开办的申新三厂（今无锡国棉一厂）工作，常年耳濡目染他们惨淡经营的遗踪，接触到厂内保存的各种文书档案，手头积累了一些有关荣氏兄弟的史料和传说，颇能反映他们作为爱国实业家的思想和品格，因此辑录成篇，供研究者作参考。

一、荣氏家世

传说楚国时期，济南人荣昌伯，九十高寿，抱琴而歌。孔子问他："为何而乐？"答曰："生得为人一乐，得为男人二乐，得高寿三乐。"荣氏家祠称为"三乐堂"，源出于此。

另有一种传说：荣氏始祖是孔子的弟子荣子祺，其后代荣逸泉，字荣清，号水濂，湖广人氏，无意于仕途，明洪武末年辞官出游。有一次，自金陵来到无锡，见此地山明水秀，民风淳朴，便定居下来，建宅于惠泉山莲花峰之南、梁清溪以北，即今荣巷一带，这就是无锡的荣氏始祖。

荣氏兄弟系梁溪荣氏第三十代。父亲荣熙泰为人忠厚，曾在广东做过十几年税务账房。有人劝他出仕为官，熙泰微笑不语，私下对儿子说："仕而有益于国、有利于民，其可出也，吾才不逮，不如藏拙为佳。"或许是常年奔波在外、辛勤操劳的缘故，荣熙泰48岁便得病早逝。病中，他对前来探视的亲友慨叹道："财产乃身外之物，何为作守钱奴？吾已矣，唯冀儿辈善成吾志！"临终前，他念念不忘平生造福乡里的夙愿，谆谆叮嘱两个儿子一定要实现他的未竟之志。母亲石氏是一位勤俭贤淑的农家女子，19岁嫁到荣家后，便含辛茹苦主持家事，日夜操劳。虽然家中并不富有，但每当邻里亲朋遇到困难时，她总是慷慨资助，尽力而为。其行止见识，绝非一般女子可及。父母没有给荣氏兄弟留下大笔房地产业，却留给了他们一份取之不尽、用之不竭的精神财富，这就是中华民族得以繁衍和昌盛的传统美德——艰苦创业的抱负和勤俭守业的毅力。

二、学徒生涯

荣宗敬小时候聪明伶俐，七岁进私塾念书。荣德生则外讷内慧，六七岁时跟外祖母学会了"扎黄钱"，每扎一千可换得铜钱120文，补贴家用，深得祖辈疼爱。至九岁，他也进了私塾。从此，两兄弟晨读夜诵，闲来帮助母亲料理家务、农事，度过了他们一生中最宁静的童年岁月。

荣氏兄弟十四五岁时，便依照父亲"少年宜竭力做事，方得老来丰衣"的教诲，先后离开家乡，到上海当了钱庄学徒。在那扑朔迷离的大千世界，他们选择了一条崎岖而又充满希望的人生之路。

荣宗敬学徒期间，就表现出非凡的才干，掌握了金融市场的资金调拨和棉麦产销等行情。学徒期满，即到森泰蓉钱庄做跑街先生，为日后经营面粉，纺织工业作了重要准备。荣德生满怀敬意地说："家兄一生事业，非持有充实之资本，乃持有充实之精神。精神为立业之本。"

荣德生当学徒时异常勤奋，别人偷懒图惬意，他却乐意多做事。对记账、放款、贴现、汇兑等各项业务，他无不精通烂熟；即使对业务以外的事，他也处处留意。有一年除夕，庄主要荣德生去请对门王君写一副新春联，接连走了几趟，才求来一纸墨宝。他暗自思忖：求人不如求己，临池之志油然而起。从此，他每天晚上研墨习字，无论酷暑严寒，从不间断，终于练出了一手好书法。数十年后，荣德生回忆起自己的学徒生涯时说："余之一生事业，得力在此时。"

荣氏兄弟在学徒时期表现出来的勤奋好学和自强不息的精神，正是他们后来事业成功的基础和力量源泉。

三、珠联璧合

旧时，申新三厂的职员称荣宗敬和荣德生为宗先生和德先生。两兄弟一母所生，个性、气质却各不相同。荣宗敬长方形脸，额阔鼻挺，眼神深邃，性格外向，办事灵活，做生意相当有魄力；荣德生国字形脸，唇厚眉浓，挂着祥和的微笑，待人宽厚，大有圣儒遗风。荣宗敬衣着讲究，出则轿车，派头十足；他要求手下的员工也必须穿戴整齐，认为职员穿得精神是公司生意好、实力强的表现。荣德生则常年穿着布衣、布袜、布鞋，出门爱坐人力车，起居饮食十分俭朴，一生不沾烟酒。办公时，公司现成的信笺，他也从不浪费，有时甚至从废纸箩里拣一张用过的纸裁下一条白边，或把有的职员丢弃的香烟壳子拆开展平，继续使用。

荣氏兄弟不同的个性，在共同的事业中互为补充，相得益彰。就拿两兄弟60岁做寿来说，荣宗敬举行盛大庆典，无锡城里的旅馆、酒楼、汽车、轮船均被荣家悉数包租，寿堂设在清静雅致的梅园诵豳堂，工商军政各界名流纷纷前来祝贺，从荣巷至梅园马路两边彩灯闪烁，路上车辆如川，花去大洋五万多元。荣德生却不愿铺张讲排场，他把亲友赠送的寿仪全部作价捐出，投资十多万元，建造横跨五里湖的宝界桥，修筑环绕五里湖的环湖路，将沿湖风景区鼋头渚、犊山、鹿顶山、充山等景点同梅园连接起来。两兄弟一个广结人缘，一个大兴公益，结果都是为荣家企业改善外部环境。

荣氏兄弟结合在一起，真是一个完美的企业家。他们一个主外，一个重内；一个善于开拓，一个精于守成；一个常驻上海规划决策，一个坐镇无锡紧密配合。他们携手合作，可谓珠联璧合。他们取得的成就，便是这种合作的产物。

四、实业救国

早在19世纪之末，荣氏兄弟就目睹了帝国主义列强对我国的侵略，阅读了介绍西方社会经济发展的各种书刊，开始萌生了"实业救国"的心愿。1902年他们创办的保兴面粉厂投产，把这个心愿变成了具体的行动。此后数十年间，他们呕心沥血，为发展我国的民族工业作出了很大贡献。

荣宗敬著有《振兴实业、发展经济以惠民生计划书》，文中写道："就今日而言，建设工业，实为要图。即以纺织一业而论，吾国人口四万万，只有纱锭二百余万枚，较诸欧美各国人口与纱锭之比例，实不能供国民之需求。唯其如此，是以他国在吾国设厂，以遂其经济侵略之野心，而使我纺织业受重大之打击。纱、布为人生必需之品，乃至仰给他人。痛心之事，无逾于此！"荣宗敬认为，振兴实业可以"杜侵略""抵外货"，有利于民生。这就是一位爱国实业家的心声！

荣德生曾以"乐农氏"的笔名同荣思庵合作，写了一篇《理财刍议》，洋洋一万余言，第一句话就是"立国贵有精神，崇俭其一也"。荣德生认为："实业基础巩固之时，即国家财源发旺之日，而国亦进于富强之域。"他主张通过征收关税和"销场税"（即营业税），限制洋货进口，保护民族工业；尤其要实行烟酒专卖，不能听任洋烟洋酒充斥中国市场；要"举国注重国货，不重奢侈，使金银勿流失于外国"。这些思想和主张，今天仍然给人以启迪。

正是在这种思想指导下，荣氏兄弟创立了茂新、福新、申新三大企业系统数十家工厂，以面粉、纺织两大行业为主体，为国家、民众提供了大批国货。彭真同志指出："荣氏家族对发展我国民族工业的贡献，历史将会大书特书的。"

五、一本万利

追求利润是一切私人投资的直接动机，"一本万利"则是所有资本家的共同意愿。但是赚钱的诀窍各有不同，荣氏兄弟的做法是"欠入赚下还钱"，即用别人的钱来为自己造厂发财。他们通常是通过集资或贷款购置土地、机器，再将土地、机器押给银行贷款建造厂房，又将厂房押给银行贷款购置原料，最后将原料押给银行贷款用作流动资金。开工生产以后，他们把企业的全部盈余，甚至股息都用来还贷和扩大再生产。他们定下一条规矩：各股东在建厂三年内不得提取红利，股息也一律存厂，用于清偿建厂欠款、生产周转和扩建新厂。1919年荣宗敬在汉口筹建申新四厂时，仅集资28.5万元，但购地、定机、建房及开办费用，共花去158万元，借贷达130万元，占总投资的80%。这个厂同福新五厂一起，经过抗日战争时期的内迁，得到很大发展，成为荣家企业集团中实力雄厚的一个分支。

荣氏兄弟发展企业的另一个重要方法，就是通过租赁和收买旧厂，进行兼并扩充，壮大自己的企业集团。无锡的茂新二厂，上海的福新四厂、六厂和申新二厂、五厂、六厂、七厂、九厂等，都是通过租赁、收买而成为荣家企业的。他们认为，租赁和收买旧厂要比建设新厂花钱少，见效快，往往只要稍加整顿，略添设备，加强管理，即能增加产量，提高质量，赚钱获利。

就这样，荣家企业在短短40年间，就如滚雪球似的膨胀起来，分布在上海、无锡、武汉、济南、重庆、成都、宝鸡、天水等十几个大中城市，经营网点更是遍及全国，在香港、澳门，甚至国外的一些地方，也设置了办事机构。

除了兴办面粉、纺织工业以外，荣氏兄弟还开设了机器制造厂、砖瓦厂、造纸厂、航运公司等企业，以解决部分机器的维修、补充和建筑材料、办公纸张、货物运输等问题，力求做到"自办自用"，减少别的资本家乘机盘剥。这样，既方便了主业，又降低了成本。

荣宗敬总结荣家企业迅速发展的经验是："办厂力求其快，设备力求其新，开工力求其足，扩展力求其多，因之厂无日不在添机，机无时不在运转。"荣德生则指出，荣家企业的发展，"既无大资本，更未尝依赖人，完全余与兄同心合力，靠思想勤劳耐苦，一味专心事业，为社会造福，非为自己享福"。

六、自成一家

申新三厂是荣家企业中管理搞得比较好的一个工厂。1919年建厂时，购进了3万锭英国好华特细纱机、2万锭美国萨克洛威细纱机、两台1600千瓦美国发电机组，聘请了汪孚礼等一批留学生做管理人员。建厂后，荣氏兄弟又成立申新职员养成所，为申新各厂培养中级技术人员和管理人员。当时，申新三厂招收的练习生（即预备职员）都具有初、高中学历，进厂后，都要进职员养成所培训。他们半天上课，半天到工厂实习。养成所先后聘请美国康奈尔大学毕业的哲学博士顾毓琇演讲科学管理方法，留学英、日等国的纺织专家讲授纺织知识、传授生产技能。练习生分纺纱、织造、设备保养和运转管理等专业进行定向培养，但都必须到纺部清、钢、条、粗、细和织部筒、经、浆、筘、织各道工序轮番实习，以便对纺织厂生产的全过程有比较全面的了解。申新三厂还先后派荣月泉、荣鄂生、荣尔仁、薛明剑等上层管理人员赴欧美、日本进行考察，博采国际先进纺织技术和管理经验，在国外直接订购先进的纺织机器设备。

荣氏兄弟也很重视加强对工人的管理。申新三厂建立后，荣德生亲自主持制订了一系列规章制度，其中有一些至今仍保存在无锡国棉一厂的档案里。荣德生认为，"管人"首先在于"治理人心"，主张通过改善生活福利，笼络工人感情，调和劳资矛盾，使工人安居乐业，保持工人队伍，特别是技术工人队伍的稳定。1933年，荣德生在申新三厂建立了全国第一个"劳工自治区"。在"自治区"内，设有男、女职工的单身宿舍和家属宿舍，开办了食堂、储蓄所、医院、工人夜（晨）校、子弟学校、图书室、电影场等，从生活、教育、文化娱乐到劳动保险，工人自治法庭，乃至公墓、功德祠、尊贤堂，应有尽有，俨然一个设施完备的小社会。"劳工自治区"的建立，有利于资本家对工人的控制和剥削，但也有明显的进步作用，曾经名噪一时，全国各地的报刊记者和社会各界名流前来采访，参观的络绎不绝。不少健在的老职工，对此仍记忆犹新。

申新三厂从1919年创建至1952年荣德生逝世，始终由他亲自掌管。他甚至经常吃、住在厂里，对工厂每个部门和车间的情况都了如指掌。这个厂以其一流的规模、设备、技术和自成一家的管理方式，在荣家企业系统中占有特别重要的地位。

七、恩威并施

荣宗敬说："从来旧学为体，新学为用，最合时宜。""我们是新旧并存，互为表里。"这就是荣氏兄弟管理企业的指导思想。他们在吸收西方近代管理方法、运用国际先进纺织技术的基础上，融进了我国儒家的"仁爱""德治"等传统思想，形成了具有中国特点的民族资本主义企业的管理格局。

荣家企业内部等级森严，职工待遇悬殊。在20世纪30年代初，一般工人的工资仅20元，技术工人50元，高级技工80元；一般职员40元，中级职员150元，高级职员300—400元；副厂长800元，厂长1000元。工人们就餐是自理的，职员则由厂方供应，八人一桌，菜肴相当丰富。工作出色的，老板另给红纸包，甚至送股票。但是，一旦失职，处分也非常严厉。荣氏兄弟把这种做法叫做"恩威并施"。

荣家企业招收职员一般都经过亲朋好友或工厂股东推荐进厂，有着盘根错节的关系。但是，为了企业，在正式录用前，他们常常亲自面试。1945年抗战胜利后，申新三厂招收一批练习生，荣德生问一位应试者："如果工人不听话怎么办了？"答："就好好对他说。"又问："如果说了还是不听怎么办？"答："就耐心地再说一遍，说到他听为止。"荣德生连连点头。他又用同一题目问另一位应试者："如果工人不听话怎么办？"答："就扣他的工资。"又问："扣了工资还是不听怎么办？"答："就喊警察来。"荣德生连连摇头。

荣氏兄弟管理企业讲究"以德服人""以柔克刚"。据说有一位账房先生贪污后造了一间很漂亮的楼房，有人将此事告诉荣德生，他笑笑说："他拿了我的钱，不是去吃着嫖赌的。他造房起屋，我也光彩，说起来是跟着我荣某人做生意赚的钱。"后来，工商界同仁问荣德生，为什么容忍这位贪污的账房先生？他回答说："东山老虎吃人，西山老虎也吃人。我荣家赚了这么多钱，谁经手也会眼红。东山老虎一直跟着我，吃饱了就不会再吃。我与其用西山饿老虎，不如用东山饱老虎。"这件事在工商界流传很广，盛赞荣氏兄弟胆识过人。这些话当然也传到了那位账房先生的耳朵里，他吓出了一身冷汗。从此后，他对荣家感恩戴德，尽心效忠，再不敢作半点非分之想。

所谓"恩威并施"，完全以是否有利于企业发展为转移。1946年10月10日，是国民党时代的"国庆节"，申新三厂请了一个戏班子到厂里演戏，清花间一位技术员，是荣家的亲戚，他悄悄地从班上溜出去看戏，结果下脚间发生火灾，虽然损失不大，但查明确实是这位技术员失职，荣德生还是把他赶出了工厂。另有一次厂里失火，住在厂外的一些员工闻讯后，纷纷赶到厂里救火，荣德生吩咐门房，把这些人的名字记下，但不要让他们进厂。他说："这些人都是厂里的忠臣。厂烧了，保险公司会赔偿，可以再造；忠臣烧死了，就不好找了。"这些人后来都得到了提拔和重用。

识才用人之道，是一门精深的学问。荣氏兄弟的高明之处在于既有一定的章法，又不死守章法条文，而是因人因事灵活对待。相对而言，他们对特殊人才，恩多一点，以德感化，为己所用；对一般员工，则威多一点，执法从严，杀鸡儆猴。其用心之微妙，耐人深思！

八、惨淡经营

荣氏兄弟在中国民族工业的发展史上，留下了不朽的形象。但在他们辉煌业绩的背后，也隐藏着累累的伤痕。

只要了解一点荣氏兄弟创业历史的人都会知道，他们开办的第一家企业保兴面粉厂和无锡的申新三厂，都诞生在官司之中。工厂虽然建成了，但也付出了惨重的代价。1901年，保兴面粉厂的建厂正在紧张进行，忽然遭到封建旧势力的联名控告。为了打官司，荣德生的长子清和生下后得了重病，做父亲的无暇顾及，因延误了医治而夭折。在荣家企业发展过程中，曾多次发生了经营困难，周转不灵，连年亏损而债台高筑；荣氏兄弟也曾多次遭到帝国主义、国民党反动政府和特务匪徒的迫害。1927年，因荣宗敬对购买"二五库券"表示了犹豫，被蒋介石下令通缉，并封掉了他无锡的家门。1934年，日本不法商人同汇丰银行勾结，企图吞并申新七厂。抗日战争时期，荣家企业损失过半，荣宗敬被迫于1933年1月出走香港，忧愤成疾，2月10日客死他乡。1946年4月，国民党特务和黑社会匪徒策划了震惊全国的"荣德生绑架案"，被敲诈勒索达60万美元，才保住了性命。

荣氏兄弟惨淡经营，经历过许多磨难和痛苦，也有他们成功的绝招。荣家企业供产销三个环节紧扣一个主题：创名牌，树信誉。创业初期，他们就特别注意原料质量，凡属受潮发热的小麦一律不准收购，已经收购的坚决剔除，不准进仓。他们宁可增加成本、减少产量，也要保证面粉质量。茂新的

"兵船牌"面粉就这样从1912年起畅销全国，销价超过了长期称雄国内市场的阜丰"老车"，而且打入了国际市场，远销英、法。申新各厂也以同样方法取胜，"人钟牌"棉纱曾多年作为上海纱布交易所的"标准纱"，运销全国各地。荣氏兄弟因此获得"面粉大王"和"棉纱大王"的桂冠。

由此看出，荣氏兄弟之所以成功，关键在于他们具有深谋远虑、百折不挠、步步为营、脚踏实地的胆略和才识。但在30年代中期以后，荣家企业开始衰落。经过抗日战争时期日本侵略者的破坏，直到新中国成立以前，荣家企业没有再恢复到战前的水平，甚至最后濒临破产的边缘。这说明，在半殖民地半封建的旧中国，民族资本主义的发展是极其艰难的。

九、享下等福

据说，荣德生居室里挂着一条横幅：立上等愿，结中等缘，享下等福。这是他一生的座右铭。1912年，他写了一本《无锡之将来》，规划了建设无锡的蓝图，对发展家乡的轻纺、机械、电力、化学等工业，开发风景旅游资源，进行市政建设，提出了许多独具慧眼的见解。他希望借助无锡优越的自然环境，在太湖之滨建设一个"国际博览中心"。1942年，他又提出了一个"大农业计划"，主张大力开发我国西北落后地区，从农业着手，同沿海发达地区相互配合，协调发展。这可谓"立上等愿"。荣德生一生之中，与兄长荣宗敬同心协力，创办了茂福申新企业集团，建立了5个中高等技术培训机构、11所大中小学、一个藏书近20万卷的乡村图书馆，建造了88座桥梁，修筑了开原路（即今梁溪路）、通惠路等交通要道，开辟了梅园、锦园等风景名胜。这许多有益于社会、有益于民众的业绩，荣德生自谦为"结中等缘"。他对物质生活的享受，从无奢侈的追求，粗茶淡饭、竹布长衫而足矣，真正做到了"享下等福"。

　　荣德生的为人处世，热心公益，熟悉他的老一辈人有口皆碑。当然，他并不是神，也不是"完人"。他笃信中国封建时代的风水、相面、梦示、扶乩等玄学，在他撰写的《乐农自订行年纪事》中到处可见。建造申新三厂也有极其玄妙的设计：办公大楼、发电车间和18丈高的大烟囱，形似虎头、虎身和虎尾，斜开的厂门对准五河交汇处，象征财源滚滚而来，烟囱下埋一口大缸，缸里养几尾黑鱼，以镇火妖。申新三厂的"四平莲"商标，据说也是荣德生依梦境所示央人设计的，形状像一个聚宝盆里盛开一对艳丽的莲花。对于这些，后辈人是不需要也不应当加以责备和苛求的。

　　作为近代中国民族工商业者的杰出代表荣宗敬、荣德生兄弟的思想和业绩，是值得我们加以研究和永远纪念的。

（原载《无锡文史资料·第3辑》1981年8月）

实业家荣宗敬先生传略

瞿兆鸿

荣先生从一个钱庄学徒的出身，经过了40余年的奋斗，到现在是身任着茂新福新申新21个厂的总经理；其中茂新福新12个面粉厂共计有400余座磨粉机，每年的产粉量达到了3000万包的巨额，申新九个纱厂共计有60万枚的绽子和5000余台织机，每年产纱30万件，布200万匹。21个厂的资本总额超过了4000万元。

这个成功绝不是偶然的，他成功的基点是完全建筑在雄健的魄力和百折不挠的精神上。荣先生没有这样雄健的魄力，他的事业当然也不会开展到目前的一日。并且，一个事业的成功，困苦和挫折是免不了的。如茂新四厂在民九年发动机的毁碎，修理了半载方才得恢复。又如茂新二厂在民国十五年的失慎，全部厂屋都付之一炬，这都使荣先生的事业受到很大打击。然而他并不灰心，继续奋斗，好似不知有这样不幸事件发生似的，这种百折不挠的精神，怎不令人惊服呢！

荣先生是江苏无锡县人，他的父亲荣熙泰先生是朱仲甫的幕府，后来在广东开办了一间火柴厂，可是不久就倒闭了。所以柴先生的家境方面，并不是怎样富裕。在他14岁那年，就被送到上海新北斗永安街震康钱庄当学徒。那震康经营的业务是偏重在农产品抵押收买和卖出，好学而向上的荣先生对这许多事都非常留心，这在无形中使他对于中国棉麦的产销情形，增加了不少知识。荣先生经商的手腕非常灵活，办事又很认真，到他24岁时，就独自在上海设立了广生钱庄，自己担任着经理的职务。广生钱庄的营业很发达，这使荣先生在社会上的地位渐渐抬高，而在经济方面也确立了一个巩固的基础。

这样很顺利地过了三四个年头，他的弟弟德生先生也因庚子拳匪之乱，从广东回到故乡来，德生先生在广东时，担任着补抽局的总账，处理那繁剧的税务，对于巨量的洋面的入口知道得很详细；并且当时通商条约上又阴裁着因面粉的输入是完全供给外侨的食用，海关能不征收关税。在实际情形上，外侨当然不需要这样巨量的面粉，大部分还是贩售给华人消耗的。所以德生先生归来后，就向他哥哥讲创办面粉厂。在荣先生也觉得中国从甲午战争后，国势日渐衰退，外货源源的输入，漏卮日巨，提倡实业是刻不容缓的了。并且他对于棉麦的情形又非常熟悉；同时广生庄每年申锡间的汇兑极盛，这大宗的汇款，多半是那时无锡的裕阜丰两家粉厂办麦用的。从这点又可以证明苏省机粉的畅销，所以荣先生在那时对创办面粉厂的意志非常坚决。可是当时荣先生一人的力量还不足，就和他父亲的朋友朱仲甫合作，分头去招股，结果一共招到了13股，每股是3000两。就在那一年（光绪二十六年）的冬间立案，取名保兴，一方面在无锡西门外的太保墩购进了十余亩基地。明年，开始建造厂屋，到光绪二十八年的二月间才正式开工。但在这时候朱仲甫又因事要到广东去，对面粉事业无意再办，新厂才萌芽，跟着就发生了动摇，荣先生就运用他灵敏的手腕，在很短的期间内另外招到了3500两新股，该厂的命运终算才恢复巩固。保兴这时候就改名茂新，荣先生自己担任驻沪销粉的事务，厂方面则由他的弟弟负责。在四五万两的资本下的茂新，规模当然很小，全厂只有四座磨粉机，每天产粉也只有300余包。然而就在这小规模的茂新厂上，建立了荣先生大事业的基础。

茂新成立后，在艰苦的环境下奋斗了两载，到光绪三十一年营业方面渐渐有了起色；荣先生认为机会来了，就着手将茂新扩充。添装了英国的钢磨六座，每日产粉的数量，也增加了不少。可是不久因受了天灾的影响，原料歉收，麦价腾贵。同时外粉又拼命的竞争，抑低粉价，茂新就随着连年亏本，几乎站立不住；在那时全仗荣先生的灵敏干练，解决了经济上的危机。一面将出品竭力改良，营业才不致继续衰落下去。到宣统二年，营业又渐渐恢复，荣先生就把旧机拆除，改装美国钢磨12座，一面再添造厂屋，这就是后来的茂新二厂。到宣统三年，全国大水为灾，各机厂的积麦都被水浸湿，所以制造出来的面粉就发着霉味而不能下咽，茂新知道这缘故，就把受湿的麦都弃而不用，出产的粉气味都比别家好，于是兵船牌的面粉，就风行一时，那时各厂的销路都衰落，只有茂新却供不应求。很顺利地到了民国二年，茂新的基础是非常巩固了，所以就添装了美国钢磨12座，成立茂新第三厂。同时，荣先生又在上海的光复路和东京路创设福新第一、第二两厂。福新一厂的资本是50万元，福新二厂在当时是租办中兴粉厂的，资本只有十万两。制粉也只有1000筒。可是不久欧洲大战开始，国外工厂的生产力锐减，在供不应求的局面下，我国面粉的出口也就跟着激增，粉价大涨。面粉业达到了鼎盛时期。荣先生认清这是挽救我们中国的实业的一个好机会，所以一面开始经营纺织业，一面尽量使面粉业开展。民国三年在福新二厂的旁侧，增辟福新四厂。民国五年把无锡西门外惠山滨的惠元厂接手过来，改为茂新第二厂。茂新二厂起初只有钢磨十座，每天出粉也只有1700包；后来又添制了11座美机，每天的产粉量增加到6000包。在那时推算起来，荣先生从创办茂新一厂起，到这时还只在十二三年。可是在这很短的时期中，陆续不断地发展，成立了六个厂，从39000两的资本扩大到数百万元，在一般人也许有"尾大不掉"的顾虑，但在荣先生还只认为他事业的开始，他那雄健的魄力使他继续向事业前途迈进。到民国七年在汉口的宗关建立福新第五厂，资本

30万元。同时，再派柴月泉先生到欧美去实地考察他们的面粉纺织事业，并订购了不少最新式的机器归来。民国八年，荣先生有鉴于济南是我国南北间的重镇，并且那里又是一个产麦区，可是那里的面粉厂只丰年、惠丰和日人开设的满洲厂三家，在那里开设粉厂是一定有发展的，所以就在那一年的9月间开始在济南胶站的北面陈家楼一带建造茂新第四厂。九年5月开机工作，每日的产粉量达到3000多包，超过了满洲等三厂的总产额。正在这样蒸蒸日上的当儿，不幸的事件也随着发生，就在那一年的冬季，工人失措把发动机和飞轮完全都炸毁，全厂的工作也被迫停止。一面加以修理，耗费了半年的时间，金钱方面损失了8万多元，才恢复过来。然而那时济市的粉厂先后的增加到了十家，磨粉机达100多座，产粉量每日达到4万包的巨额了。同时，在茂新四厂外，荣先生把上海北苏州路的华兴粉厂接办过来，改为福新第六厂，并把福新二厂扩充，增设福新第八厂。民国十年在上海大通路底创办福新第七厂。在这时期粉业还是很发达的。到民国十五年荣先生又将上海小沙渡路的兴华面粉厂买进，改为福新第三厂，十五年十月茂新二厂不幸失措，厂房和机器完全损毁。这一次的损失很惨重，然而在荣先生并不气馁，不过在工厂的管理方面更注意、更革新。茂新二厂到民国十六年恢复旧观，可是汉口的福新五厂又叠受着大水、军事的影响，经营上很感到棘手，然而还是不忍依福新五厂为生的劳工无辜失业而维持着。到民国十七年，荣先生的茂新、福新的总厂分厂一共有12个，资本总额达755万元，磨粉机达346座。每年用麦1138万担，产粉2210万包，全厂的职员286人，工人1699人。此后，荣先生仍继续的将12厂扩充，可是粉市却并不见怎样好，这原因是麦的来源减少，成了求过于供的现象，麦价高涨，而粉价方面因日美的竞争，反而低落。此外，世界的不景气和交易所买空卖空的景象，都使面粉业受到很大的影响。荣先生费尽心计，把各厂维持到现在，这已是非常不容易的了。

至于荣先生纺织业上的发展，是开始在民国四年创办申新第一厂。他从事纺织业的动机也无非希望替国家振兴实业，阻止外货的畅销，而减少国家的漏卮，同时又救济了劳工的失业。荣先生在民国四年把上海白利南路周家桥的一个已停工的油厂收买了下来，那油厂的基地共有24亩，里面有两座公事房和一所厂房；那房屋虽旧，可都很坚固，荣先生加以修葺了一番，一面向安利洋行订购英式纺纱机细纱绽12960枚，到引擎间钢炉间都装好，申新一厂就正式开工。在那时因欧战的关系，吾国的纺织也蓬勃一时，所以在民国七年荣先生把申新大大扩充，订购了1050架布机，设立布厂。出产的布匹，除一部分销售各埠外，其余的就供给茂新福新制造粉袋。民国八年，申新一厂又向美国购买了细纱绽25920枚。同时，又把上海宜昌路日人开设的恒昌源厂接手下来，添增许多纱绽。成立申新第二厂。可是这时欧战突告结束，经济竞争也随着剧烈，帝国主义者拼命向吾国开扩市场，纱市就跟着萎疲下去。荣先生虽然也很明了这种情势，知道前途的困难，可是他并不畏缩，从而在汉口的宗关创立申新第四厂，预备和外纱作最后的竞争。但荣先生绝不是蛮干。他是有计划的：因为那时陕豫湘鄂的花都集中在汉口，当然在原料方面可以便利得多，成本轻出产的货品也便宜出售。并且汉口的交通，各方面都很便利。再者要和外商竞争，自己品质的优良，也是不可缺的条件，所以荣先生在自己厂内力加整顿，请了许多专门人才来革新他的出品的质和量。有了这样强有力的阵营为后盾，营业当然是蒸蒸日上。到民国十年荣先生又在无锡西门外创立申新第三厂。民国十四年接办上海华德路的德大纱厂改为申新第五厂和武进小南门外御史桥的常州纱厂为申新第六厂。那时柴先生在纺织业方面，共有资本984万元，锭子188260枚，织机2383台，每年用棉517300担，出纱145000件，出布177万匹，全厂职员394名，男女工人15047名。在中国的纺织界已占着非常重要的地位。这成功使荣先生更兴奋，更努力。民国十七年，英商安利洋行设立的东方纱厂因经营不善，连年亏本，不能支持了；荣先生就出了190万两的代价，收买了下来，东方纱厂的规模是很大的，那时在上海可说首屈一指的了；全厂共有纱机53844锭，布机455台，而一切的设备也很完全。厂址是在上海的杨树浦36号，厂的前面是马路，后面就是黄浦江，大小船舶都可以直靠栈房码头，所以原料和货品的装载运输，是非常便利。荣先生把东方纱厂买进后，就改为申新第七厂。将内部整顿了一番，到民国十八年一月开工制造20支16支的龙船人钟，招财和六支的铁锚纱，出品非常优良而得到许多用户的欢迎。在那时全国的纺纱业只有360余万枚锭子，上海一埠占到190余万；可是在这190余万中，中华商只有77万，大部势力都操纵在外人的掌握。在这不均衡的状态下，所以以往只有华厂归并给外商，从没见华商收买大规模的洋厂的（申新二厂虽然也是从外人手中接过来的，可是那厂的规模很小，全厂只有8000多锭子）。现在荣先生的收买东方纱厂，一面固然是他个人事业的开展，但在另一方面，替国家挽回实权，这意义更深长而令人奋起。民国十九年荣先生的接盘上海杨树浦路的厚生纱厂，改为申新第八厂。民国二十年又接办上海澳门路的三新纱厂，改为申新第九厂，这八、九两厂的锭子总数计有132000枚。此外申新其他各厂也竭力扩充，九厂共计有60万的锭子和5000台布机。这时纱市虽已不十分好，然而还能够勉强维持着。到民国二十年后，世界不景气来袭，纱市一再低落，而日厂又仗着政府的力量为后盾，采取积极的侵略政策。在华商方面却非但得不到政府的援助，捐税又特别重。就荣先生个人而言，茂新福新申新三厂历年所缴的统税，也不多有一万万之巨。这样在营业方面仍然敌不过日商，所以不久就形成了华商纺织业的大崩溃！许多小规模的纱厂，纷纷随着这巨浪倒闭。申新也连年亏本，债务骤然增高，在这时荣先生还得忍着那大批工人的感受失业的痛苦，努力支持着。日商的阴谋并没有中止，将倒闭的华商小纱厂收买过去，同时创设大规模的纱厂，实行他们的独霸政策，增强对华商的压迫。到民国二十三年，日纱厂在上海一埠已有240万枚的锭子，天津、秦皇岛、汉口、长沙以及江浙两省的纱市，都在他们的势力圈内；华商方面被迫停车的达十分之四。到二十四年正月，荣先生的负债使他不能再支持，不得已将申新二、五两厂中止工作，希望将所有的力量来挽救这悲惨的危局，然而结果是失败了。就在这年的4月间，日商勾结了汇丰银行。想利用申新七厂借款到期未还的机会，以250万的拍价来劫夺荣先生的申新七厂。虽然当时因申新七厂的第一债权人中国上海两银行先行申请法院执行假扣押而没有遂了他们的阴谋，可是华商纺织业的前途，更展露着悲惨的命运。到目前日商又利用政治的变动，积极在华北开拓市场，于是向来每年由上海运往华北的粗纱，现在却非常滞软，华商纱织业的前途，更是不堪设想。荣先生的事业是失败了，可是失败的责任决不在荣先生，因为这里面是含着政治性的经济侵略；荣先生没有援助，"孤掌难鸣"失败是当然的。这也就是我们所以认为荣先生事业虽失败，而个人还是成功的。

荣先生在他个人的事业方面固然努力，但对于群众的福利，也非常热心的。他担任过纺织业公会、面粉业公会和上海总商会的常务委员，在工商界有很多的贡献。此外荣先生对于开辟公路，推进教育事业，更是异常的热心。无锡的开原马路，就是荣先生首先倡议而与地方人士合力筑成的。开原路是从无锡的西门迎隆桥起，经河埒口荣巷而直达梅园，全路长度计六英里，这是无锡开原乡和城市沟通的唯一要道。其他无锡的通惠路和城乡各支路的建筑及经济方面，荣先生都有很大的援助。统计荣先生历年捐助建筑道路和桥梁的金钱，差不多有20万余元。同时荣先生在民国十七年，又集资创设了一个开原公共汽车公司，但这公司创立的动机并不是在谋利，而他的宗旨完全在促进交通和便利民众，所以收取的车费很低廉，而服务方面却很周到。荣先生服务社会事业的热忱，绝不是一般剥削他人以肥己的资本家所能及的。

荣先生对于教育的推进十分努力，这也许是他感到自身没有受到充分的教育的痛苦，一面见到我国文化的落后，所以他尽力创办了许多中小学校，着手提高国民文化的水准。荣先生在光绪三十二年的正月间首先在无锡荣巷开办公益第一小学校，那校舍是新建的。到民国十七年学生达290人。民国十八年因为学生继续增加，原有校舍不敷应用，就把高级的五教室迁移到该巷西首杨丝桥已停办的工商中学去。到现在学生更发达。光绪三十四年，荣先生又在荣巷添办竞化第一女子小学校。至民国二年，荣先生的面粉纱布蒸蒸日上，他就陆续开办公益第二小学校于无锡徐庵的梅园，公益第三小学于无锡的大淀，公益第四小学于无锡的下俞巷。到民国四年，无锡河埒口的竞化第二女子小学，无锡仙蠡墩的竞化第三女子小学，无锡徐巷的竞化第四女子小学，都在荣先生的计划下相继成立。民国六年，荣先生又鉴于工人子弟失学的考虑，就在周家桥购地筑屋，创办申新学校，实施工人教育，所以学校设备方面特别完美。民国八年的秋季，荣先生又在荣巷的杨丝桥开办公益中学，那时学生达300余人。这许多学校的开办和平日经费，全由荣先生担任的，所耗的资力也有几十万元。这许多学校，到现在大部还是继续存在着。此外，荣先生在民国五年的双十节，建立了无锡最大的大公图书馆，馆中收藏的新旧图书杂志共计有16万卷，这在普及教育上得到莫大的裨益，我们将如何地感谢荣先生！

荣先生对于工人的福利，也很关心的，他绝不像帝国主义国家的资本家，专以剥削劳苦大众为能事的，他非至万不得已时，决不愿无故把工人裁减，或是轻易停工。荣先生又建造了许多工房，使工人都得安居乐业，设立职工俱乐部，俾工人得到那正当的娱乐。此外又开办职工保险部、消费合作社、同仁储蓄会，使工人一面将日常生活的负担减轻，一面在失业时有相当的保障。

荣先生的年龄虽已64岁，可是他的办事精神和魄力还丝毫没有暮气。他对于自己事业的前途，仍是抱着勇往直前的态度，虽然现在是这样的失败。

荣先生有三位公子，长溥仁，次辅仁，幼鸿庆。溥仁是交通大学毕业的，辅仁是约翰大学毕业的，他们现在都帮助父亲处理着厂务。鸿庆现在还只有14岁，在光华中学读书。至于荣先生的个人生活方面，是非常俭朴的，他没有嗜好，对娱乐也很疏的，实在他是没有时间允许他娱乐，他每天早晨9点钟到江西路自来水桥塊的总公司去处理着厂中的许多事务，须到下午6点钟，才能得到充分休息的机会呢。荣先生待人接物很谦和，初见面时，你绝不会想到他就是现代中国唯一的大实业家。

最后，我们觉得这位拥有21个工厂，掌握着吾国纱粉二大实业的荣先生在目前竟陷入这样艰苦的环境中，是不容忽视的。我们还应认清荣先生的企业不但属于他个人，而是会直接影响到我国实业的前途。因此，为了我们整个民族国家，尤其是在社会经济这样衰落，工商业极度萎缩的现在，更值得我们的注意而要加以援助，同时对于这位大实业家除了钦佩之外，施予以深切的同情。

（原载《教育与职业》第175期）

先兄宗敬纪事述略

荣宗铨

昨阅所辑先兄《遗著选存目录》，内有"年谱"一项，当日创业情况，今日知者已尠，深恐后日年代久远，易于湮没，用将经过事迹略述如下。

先兄讳宗锦，字宗敬，生于清同治十二年癸酉八月初二日午时。七岁入塾，从师殷省甫先生读，自《论语》《孟子》《幼学》，以至《尚书》《礼记》《古文》。

14岁秋后，至上海南市铁锚厂习业。不久，患伤寒症，先母得讯，亲赴沪上，雇舟接回，延医调治。愈后，鬓发尽脱如光头。15岁再去申学钱业，在永安街源豫庄，系卫姓所设，习业三年期满。19岁正月，至南市鸿升码头里街森泰蓉汇划字号任收解。至22岁甲午年冬，中日战争，该号吃着天津小麦之亏，失利颇巨，不支而歇，即回家。

至24岁正月，先严决命兄至申开设广生钱庄，自己出资1500元，从此为余兄弟立业之基础。临行再三训迪，对社会经历、得失本末，多所启发。后来余兄弟同心协力，和衷共济，数十年如一日，即由庭训而来。事业之成，亦根源于此也。

广生庄初年营业平平，至庚子年转佳，汇兑信用已好，但筹思钱庄放账，博取微利，不如自己投资经营，利益较大。是年冬，经共同筹划，兄亦赞成创办面粉事业，共入股6000两，兄弟二人各3000两，均从广生盈余提出。余兄弟再招得9000两，与朱仲甫等共同开设保兴面粉厂，此为余兄弟从事实业之起点。至光绪廿九年，保兴改组茂新，余兄弟增加资金24000余元，占茂新资本之半数，当日已明非半数不易为功也。兄驻沪任批发经理，兼营广生。

至光绪三十一年七月初七日，在寿圣庵发起创办振新纱厂，为七个发起人之一，每人担任3万元，余兄弟共为6万元。光绪三十三年，振新成立开工，兄任董事。三十四年，因裕大祥投机失败，宣告闭歇，广生受到牵累。当时经济困难之极，共商之余，决定保全振新、茂新，而不保广生。广生卒因无力放账，逐渐不支，至年收歇，虽欲保存父业而不可得矣。后来，心中常存恢复之想，但因人力、财力只能专顾实业，无暇及此，终未如愿。此为吾兄生平遗憾，因所创企业均已逐步发展，而独不保父业也。

宣统元年冬，赞成茂新改用新机，机款大多欠来，差幸同仁努力，改进设施，致宣统二年出粉，质量优良，为社会所乐用，营销各地，"兵船"粉由末牌而渐升至头牌。是年，参加南洋劝业会得奖。辛亥得渡难关。

民国元年，兴致转佳，发起创办福新一厂于上海新闸桥。主张振新添机18000锭与发电机及一切设备，为内地使用电力最早之厂。后来，英国工程师亦极称道。所有添机之款，完全欠来，并以盈余建造水泥钢骨厂房，至今尚好。民国二年，租办中兴面粉厂，至民国三年购进，改名福新二厂。

民国三年，振新新锭开后，出品大好，每日可出纱75件，开支一切在内，每件纱不满20元，而董事会不知利弊，一味反对扩充，至民国四年还清欠款，卸去责任。是年4月17日，买进陈家渡公立被服厂原址，创立申新一厂，此为从事申新纺织工业之始。至9—10月间开工，年终即有盈余。恰遇欧洲大战，连年获利。

民国六年，买进恒昌源纱厂，老锭9200只。余力劝要办新机，当时爱刹利斯肯欠与我处，工省品佳，兄不听，以40万元购定，余兄弟各出半数，即申二也。旋在无锡购地办厂，原本取名"大新"，后改为申新三厂。是后，所办纺织厂即以"申新"为名，按次分别。是时，茂新已买进"惠元"，改为茂新二厂；后又添茂新三厂，专磨苞米粉。福新又添福三，福二改建新厂，即以老厂改福四，并在汉口创福五，又在上海买得华兴面粉厂，改为福六。民国八年创建福七，民国九年建福八，茂新建济南茂四。是时，茂新已一至四厂，福新为一至八厂，申新为一至三厂。

民国十年，汉口建申四，设备一万锭，余力阻，因人力、财力两感不足，未宜扩充，且缓几年，兄不听，余未入股。至民国廿二年，厂房遭回禄被焚后，余始加入股本改建。民国十四年，买进德大纱厂，改为申五。同年，租入常州纱厂，六年后归还，买进上海厚生纱厂补入，是为申六。民国十七年，收买英商东方纱厂，改为申七。此厂余当时颇不赞成，曾加力阻，后因叶琢堂先生之情不可却而购下，不料叶子达明遇匪绑架而死，心痛之极，将该厂股份售归吾兄名下。申八因竞争而建，即在申一之旁。申九为图价廉而购进三新纱厂，该厂出售，因李君只要归还地基而不要机器（三新租地造屋），遂以40万两购下。因清花间机器全新，拆之可惜，即招吴君昆生等做了一年，前途催出基地，一再督促，无法可想，即在福二余地建造厂房，并添购新机，一切全新，设备装置为各厂冠。抗战以后，各厂损坏，唯此厂与申二因在租界区内，未遭毁损，为今后企业复兴奠定基础。

先兄气魄宽广，大度磅礴，遇事勇往直前，自奉俭约，除生活必需外，全部资财放在扩充事业上，不足则借款为之。余时加力阻，主稳扎稳打，兄辄不顾，力图扩大。因此，一遇逆风，即难收拾。但事业之大，实由兄主持，才有此成就也。

　　以上各节，不过仅述大概，藉备采择，较为有所依据。唯文字荒芜，不能作为正用也。

1946年4月

（原载申新史料研究委员会编《申新系统企业史料》

第6编第2期，1957年1月油印本）

荣德生绑架案

孙德先

19世纪末至20世纪20年代中期，中国民族工商界当中涌现出了一个著名的企业集团，它就是荣宗敬、荣德生兄弟在无锡、上海等地创建的茂新面粉系统和申新纺织系统——荣氏集团。它经过20多年的苦心经营，到1921年，荣氏集团所属16个企业资本共计1043万元，及至1925年，荣氏集团一跃而成为中国第一大商业集团，终于执中国实业界之牛耳。荣氏兄弟也为此而声名显赫，富甲天下，成为当时中国最大的民族资本家。

荣氏兄弟的雄厚资财为他们带来了荣誉，也招来了祸害。他们率领着企业集团不断前进时，常常遭人诽谤、暗算，1946年，已过古稀之年的荣德生老人竟遭匪徒绑架，成为轰动一时的"绑票案"。此案内情如何，倍受世人关注。

1946年6月12日下午3时，荣德生老先生在无锡寓所招待新闻界人士，正式向外界披露被绑架内幕。

两日夜蜷伏小舟中

荣氏当年（1946年）已72高龄，但除上部牙齿已告残缺外，精神不减壮年。此次意外事件，并未使他在身体和精神方面受有丝毫影响。他先对无锡报界及友好的关心表示谢意，继即应各报记者的请求，详述此次遇险及脱险经过。他所说最初被绑的情形，与各报所述大致相同，不过当天晚上用汽车载过沪杭线铁路，到达沪西的某一地点，汽车就驶去，同时将荣氏化装成工人模样，由两个匪徒领着他往前走，路愈走愈荒僻，突然迎面走来一个人，对荣氏说："你怎么跟着他们走，那两个是坏人，赶快跟着我跑，可以领你到正路上去。"荣氏当时未加深思，立刻跟着他跑，一直跑到一个河滨边，有一只小船预先停着，他强迫荣氏钻入船舱里，蜷伏在里面，经过两天两夜，连大小便都不得自由。第一天，只吃到一块硬饼干；第二天，匪徒晓得，荣氏牙齿不便咀嚼，就给三块软饼干和一块蛋糕。到第二天下午，匪徒告诉他要迁地为良。当时荣氏只听见远处有一个卖小鸡的和修洋伞的在喊："卖小鸡啊！""修洋伞啊！"大致就是他们互通消息的暗号。

小屋内困守32天

当天晚上7时左右，匪徒将荣氏带到岸上，叫他伏在麦田里，到8时左右，就有汽车驶来，挟之上车，驶了好久，转弯抹角，又停下来，改乘三轮车，重新扎没了眼睛，到一家小屋门口，敲门入内，一直将荣氏挟到楼上一间漆黑的屋子里，躺卧硬木铺板，在这里足足被看守了32天。

荣氏对于匪徒的知识程度，深表赞叹。他说，在船上撑篙的一个，一天看完两本宪法草案和协商会议记录；而看守他的一个，眉目清秀，两天看完一本《青城十九侠》，并且写得一手好书法。据荣氏估计，至少在初中以上程度。

咽痰居然可以润肠

荣氏在匪窟中的生活，比较相当优待。早上两个鸡蛋，中午和晚上一碗饭一碗粥，小菜是豆腐、咸菜、黄豆、鲥鱼、鲫鱼、炒蛋，周而复始。荣氏说到这里，接着便带笑说："除了我有痔疮毛病，每天不能换布和睡硬木床不舒服外，其他一切还可以。"

荣氏感到唯一痛苦的，是绝对不许咳嗽吐痰，匪徒告诉荣氏说："痰咽到肚里去，可以收到润肠的效果。"荣氏说到这里，又笑着说："我原来患着便秘毛病，在那里天天一堆恭，痰能润肠，这倒是我在匪窟里生活所得到的教训和收获。"

儿哭妇叫渡过惊险

在小屋里先后遇到两次危险：一次大概是第19天，警察宪兵等到匪窟实施检查，警宪已敲开了大门，看守的匪徒也将枪弹上膛，预备警察一上楼，立即采取最后手段，不料竟化险为夷。原来匪徒组织严密，不仅有女人，而且带有小孩，听见警察进了门，女人立刻用力将小孩腿上拧了一把，小孩立刻"哇"的一声哭了起来，女人装着叫骂，开门的装得坦然无事，告诉警察说："我们是住家。"竟将警察骗了回去。第二次是第24天，有人敲开后门，高声问："三厂袁世凯在里面吗？"结果也被开门的敷衍回去。将荣氏称为"三厂袁世凯"，实在妙不可言！

匪徒也有总司令

匪徒居住的地方和拘留荣氏的地方，仅隔一层薄板。荣氏对匪徒推托说重听，实际匪徒的一举一动，他听得清清楚楚。匪徒对主持者称为"总司令"，每天有人外出探听消息，晚上回来报告。最后三四天，匪徒们唉声叹气，连呼风紧，最后终将荣氏释放出来。

五个图章的用处

当匪徒将荣氏拘到小屋里，将他身上的东西逐一详细检查，巨细靡遗，对于五个图章的用处，再三盘诘，曾由荣氏逐一解释：第一个印章是应酬文字用的；第二个"往生是寿"是喜庆文书用的；第三个刚镌了不久，有年月可凭；第四个小银章问得最详细，荣氏也解释得最详细，他对匪徒说，这印章是重要的，但并不能单独领钱用，厂里要向银行支钱，协理、经理盖了章，还要我盖了这个章才发生效力，但单有我的图章，根本是领不到钱的。

最重要的是匪徒在荣氏身上搜到一个手折，凡荣氏家庭和个人的收支全部记录在上面，匪徒曾详细加以核算，支出是600多万元，收入仅400多万元。匪徒们看了那手折，了然于荣氏的家庭经济情形，虽然表面上富可敌国，而每月的开支却是入不敷出。

绑财神错找事业家

荣氏告诉匪徒说："我是一个事业家，不是一个资本家，我所有的钱全在事业上面，经常要养活数十万人，如果事业一日停止，数十万人的生活就要发生影响。所谓资本家，是将金钱放在家里，绝对不想做事业。据我所知，有人家里藏有金条2700余根，他绝不想投资到社会上面去，这是事业家和资本家的分别。本人是以事业作为救济，诸位这次把我弄来，实在是找错了人，不信你们去调查。"匪徒们调查的结果，和我所说的确相符合，所以他们亦认为将目标弄错了。

向匪徒投下原子弹

荣氏在匪窟里，曾向匪徒讨了纸笔，立下遗嘱，要求匪党无论如何要替他送到家里。遗嘱的内容是如此的：（一）叙述个人和荣宗敬先生艰难困苦创业的经过；（二）匪徒要他50万美金，这笔钱如果照他所办的事业论，本无所谓，但流动金额占绝少数，如果拿出了这笔钱，将影响整个生产，使大批工人失业，所以宁可牺牲个人而保全事业；（三）告诫子弟要绝对重视先人所创的事业；（四）嘱咐家庭琐事。荣氏这种视死如归的态度，无异对匪徒投下一个原子弹，给予匪党精神上的打击很大，甚至使一个看守他的匪徒，在最后重要关头，知难托故脱逃。

"灯下"两字惹起疑窦

荣氏在匪窟里共发出五封信，但家属仅收到了两封信。匪徒对荣氏所写的字句，逐一仔细研究，恐怕有暗号捅了出去。第一封信，荣氏在信末写了"灯下"两字，匪徒大起疑窦，认为这两字另有用意。经荣氏解释，因为我平常的字写得比今天要好一点，今天在灯光下写，字迹较为潦草，所以写"灯下"两字，表示在灯下草草写就。这是客套，并无丝毫意义。但结果匪徒还是把那两个字全部涂去。匪徒的心思，可称缜密之至。

匪徒也想投靠大老板

负责看守的匪徒，常和荣氏采用笔谈的方式。对于将来的出路问题，极为焦虑。荣氏告诉他，你们的生活太苦，待遇远不及我们厂里的工人。目下厂里正感到工人缺乏，所以最好的出路，还是转入工界。那匪徒问，用什么方式可以找到工作？荣氏说：你只要看见报上招请工人的广告，立刻去应征。荣氏虽没有说：你要找工作有我。但意在弦外，那匪徒显然有委身以事的意思。嗣后对荣氏十分巴结，任何消息都向荣氏报告，而且不时加以慰藉。荣氏说到这里，笑着说："如果再隔几天，那些匪徒说不定都要跟我走了。"这虽然是幽默论调，却并非不能成为事实。与其过着惊风骇浪的生活，还不如跟了一个大老板好得多了。

曲折迂回突然出险

结果因沪市军警全体出动，使匪无所施其技，终于在5月29日晚，匪徒都慢步轻声走下楼梯，声言看电影而大部离去。10时左右，方由匪徒通知送荣氏脱离匪窟，并归还一切被搜物件，仍由匪徒系住双目，乘坐三轮车，由看守匪徒踏车，另一匪徒扶持荣氏坐于后座，约行里许，即改乘汽车，左弯右曲约开三刻钟，至沪西某地向东行驶，匪徒即转头逸去，人力车行行重行行，约至姚主教路附近，发现某户有灯光露出，即令车夫停歇，打门入内，不料竟是亲戚家里。开门佣仆认出是荣氏，欣喜若狂，驰告主人。届时，驻守荣宅军警亦已闻讯驰至，其消息灵通，殊堪钦佩。好久才发觉人力车尚未使钱，亟予以法币1000元。荣氏谈到这里又含笑说："这1000元车资，实在便宜之至。"荣氏遗失在匪窟里的，计金表一只，夹衫一件，另夹袄一件，声言与匪徒给他所穿的工装上装交换，其余银钱丝毫未动。

脱险的最大原因

荣氏对于上海军警当局出事后的努力搜索，表示极大之谢意。当时出动警探达600余人，和荣氏有关系的人，有六十几只电话被控制。并派人看守重要处所，各交通要道都有密探化装监视，匪徒几次想迁出市区，至浦东或江阴，终于因为形势紧张，未能达到目的。所以荣氏视为此次能脱离匪窟，最大原因是匪徒受不住军警的严密监视和不断的严密搜索。

（原载无锡《人报》1946年6月13日第二版）

第 三 章

创业开端：荣氏企业创建由来

荣氏兄弟创业记略

陈文源　钱　江　王建中

　　荣宗敬、荣德生兄弟，是近代中国著名的爱国实业家。他们从1896年起开办钱庄，1902年第一家面粉厂投产，到1938年和1952年先后去世，活跃在中国经济舞台上半个多世纪。他们经营的茂新面粉公司、福新面粉公司、申新纺织公司等数十家大中型企业，统称为"荣家企业"，是旧中国最大的民族资本企业集团。他们几十年如一日，艰苦创业，不怕挫折，锐意改革，开拓进取，成为中国历史上一代企业家的楷模，"对发展我国的民族工业作出了很大贡献"[①]。本文仅对他们从1896年至1911年间的创业过程，作一概略的阐述。

一、家世和童年

　　荣宗敬，原名宗锦，晚号锦园，生于1873年9月23日（阴历八月初二）；荣德生，原名宗铨，号乐农，比宗敬小两岁，生于8月4日（阴历七月

------

　　① 邓小平接见荣氏亲属回国观光代表时的讲话，《人民日报》1986年6月19日。

初四）。他们是无锡西乡荣巷人。这里北靠龙山，南临太湖，河网密布，土地肥沃，雨水充沛，气候宜人。不远处，就是被称作"小桃源"的著名风景区东大池，宋朝大词人秦观的衣冠冢即葬于此，真是一块"风水宝地"！

荣氏兄弟在无锡的始祖荣清，出身于官宦之家，明朝洪武末年由湖北迁来，定居在惠山南麓长清里，三个儿子的居住地依次称为"上荣""中荣""下荣"，这就是荣巷的旧称。在这块富饶美丽的土地上，他们耕作捕捞，繁衍生息。从16世纪起，便借助这里水路交通特别便利的条件，从事航运商贩，有的甚至远涉重洋，因此发了财。他们见多识广，在实践中培养了敢于冒险，勇于开拓，不畏艰难，奋发进取的创业精神。到19世纪初，这块由荣姓宗族聚居的地区，已发展成为无锡城郊的一个重要集镇。

荣氏兄弟为荣清的第29代孙，属"下荣"之后。他们的祖父荣锡畴是个小商贩，经常驾着小木船，来往于沪锡之间，把家乡的土特产运往上海，又从上海带回无锡缺少的各种物品。他留给后代的家产是两间旧瓦房和十几亩土地。父亲荣熙泰，字文治，念过几年私塾，略通文墨。太平天国以后，家道开始中落，荣熙泰入铁铺习业，以学得一技之长，维持家计。他为人忠厚，办事勤勉，深得店主赏识，而担任了会计。在此期间，荣熙泰结识了上海早期颇有名气的无锡籍资本家周舜卿、祝兰舫等人。他们在后来荣氏兄弟创业过程中，曾给过不少支持和帮助。荣熙泰为了重振家业，决计远出谋生。起先他在浙江乌镇一家冶坊供职，1883年随太湖水师提督王青山来到广东，经当时担任张之洞幕僚的族叔荣俊业介绍，到太仓人朱仲甫手下，在磨刀口、三水河口厘金局任税务账房和肇庆府总账，直至1895年因病回无锡，"在广十余载，馆毂所得，积有羡金数千缗。"[①]这一笔相当可观的积蓄，正是荣氏兄弟日后创业时原始资本的一个重要来源。母亲石氏，是无锡山北

---

① 荣汝莱：《文治君传》，《荣氏宗谱》第28册。

石巷的一位农家女儿，自从嫁到荣家以后，就挑起了全副家庭重担，种桑养蚕，纺织缝制，哺育儿女，侍奉尊长，"恭俭仁慈，毕生勤苦"，"灯火荧荧，每至夜分，凡所烹饪缝制之具，皆不敢取售于市，其勤俭之操，可谓难矣。"[1]先辈们这种创业、守业精神，孩提时代的荣氏兄弟耳濡目染，在幼小的心灵里留下了深深的印记。

荣宗敬从小聪明伶俐，"少负大志"，七岁进私塾，"从武进前辈殷省甫先生读，下笔洒洒有奇气，先生目为奇人"。[2]荣德生却到三岁还不会说话，邻里们嬉称他为"二木头"，父母亲都担心他是个"哑巴"，细心的老祖母反复观察其喉部与别人无异，因此充满信心地说：这孩子绝不会是哑巴，"将来必是大器晚成。"[3]不久后，荣德生果然开口说话了，话虽不多，但心灵手巧，老祖母分外疼爱，念佛、串门常带身边。八岁那年秋天，父亲从浙江乌镇回家，看到"哑巴"儿子大有长进，便从"天地君亲师、父母伯叔兄"十个字教起，一个多月就教完了300个方块字，接着又学会了计数和乘法口诀。翌年春节后，荣德生终于也进了私塾。从此，两兄弟白天一起上学，晚上在油灯下一起读书写字。他们热爱劳动，六七岁时就跟着外祖母学扎黄纸钱，换回几个铜板补贴家用，十二三岁起，"助母家事，农事，蚕桑，种菜，一切为之。"[4]他们的知识、才能和情谊，随着年龄与日俱增。大人们看在眼里，喜在心里，对两兄弟未来的前途，充满殷切的期望。

---

① 唐文治：《荣母石恭人家传》，《茹经堂文集》三编卷七。

② 荣宗铨：《先兄宗敬纪事述略》，《申新系统企业史料》第六篇第二期。

③ 荣宗铨：《乐农自订行年纪事》。

④ 荣宗铨：《乐农自订行年纪事》。

二、从小学徒到钱庄老板

1886年初夏，不满十三周岁的荣宗敬奉父亲之命，离开家乡，到上海南市一家铁锚厂当了学徒。至深秋，因患伤寒，回家治病。第二年春，转入永安街源豫钱庄当学徒，开始跻身于金融界。1889年秋，荣德生也来到上海，由兄长引荐，进了通顺钱庄当学徒。这样，两兄弟先后走上了同一条习业谋生之路。在三年学徒生涯中，他们从不敢有半点马虎、疏忽，通晓了珠算、记账、存款、放款、贴现、汇兑等各项钱庄业务；而且抓紧一切业余时间，坚持天天读书写字，提高自己的文化水平。荣德生曾经说过："余之一生事业，得力在此时。"①

1891年，荣宗敬学徒期满，转到上海南市森泰蓉钱庄做跑街，专管无锡、江阴、宜兴三地的收解款业务。由于森泰蓉当时偏重于进行农产品的抵押买卖，所以荣宗敬学习和积累了许多金融市场的资金调拨运用和小麦、棉花等产销行情的知识和经验。荣德生满师后，因不满意钱庄微薄的工资，于1893年春随父亲到广东三水河口厘金局做帮账，办理进出口税务。所有这些，对荣氏兄弟日后经营面粉、纺织企业，不能不说都是至关重要的准备。

1894年，中日甲午战争爆发，森泰蓉钱庄因经营天津小麦失利而倒闭，荣宗敬失业回家闲居。1895年冬，荣德生三年任期届满，未得"连差"或调职通知，便同生病的父亲一起从广东回到无锡。次年春节后，荣熙泰去上海，为儿子谋职业。当时，上海办钱庄的风气很盛，在与朋友们叙谈中，都

---

① 荣宗铨：《乐农自订行年纪事》。

劝他自己开办钱庄。荣熙泰想，上海是个港口城市，进出口贸易发达，新建工厂不少，汇兑业务繁忙，办钱庄定能赚钱；而且，两个儿子都是学钱庄出身，开办钱庄，人手现成，筹建不难。因此，他接受了这个建议，从自己的积蓄中拿出1500元，招股1500元，于1896年3月在上海鸿升码头租房，开设了广生钱庄，由荣宗敬任经理，荣德生管正账。5月中旬，又在无锡设立分庄，由荣德生任经理。这就是荣氏兄弟成为资本家的开始。

广生开办不到半年，荣熙泰病故，荣氏兄弟严守父命，尽心经营，但终因人微言轻，信用不足，至年底结账，除去开办费，几乎没有盈余。荣氏兄弟认为，事业初创，能有这样的成绩已属不易，只要坚持努力，经验多了，关系熟了，信用定会好转，不必担心无利可图。1897年，上海发生贴票风潮，不少钱庄搁浅倒闭，广生却把汇兑业务扩展到了常熟、常州、溧阳，只是获利不厚。广生钱庄开办三年，除了酬劳以外，再无分红，三位合伙人不愿再做，要求退股。荣氏兄弟没有动摇，也没有挽留，他们一面将1500元股金如数退还，一面关照勿将此事声张，以维护广生信誉。从此，广生钱庄由荣氏兄弟独资经营。1898年，后来被荣氏兄弟定为他们创业的开端。

1899年，清政府决定流通新银元，"内地押用，每千搭二十元，后为通律三七搭，汇款申出厘大，锡补厘小"①，广生因此每天都有盈余。1900年，义和团运动兴起，八国联军进犯津、京，北方粮食需要量激增，许多商人涌到上海采购面粉，内地小麦大批运往上海，钱庄汇兑十分活跃。荣氏兄弟抓住这个机会，大力扩展广生业务。两年间，盈利竟达白银近万两。

在开设广生钱庄的同一年，荣熙泰还与人合伙，在家乡荣巷开设了公鼎昌茧行。他去世后，也由荣氏兄弟独资经营。由于他们具有一般茧行无法比拟的优越条件，可移用钱庄顾客的汇款，而不需要靠借贷，大量收购鲜茧，

---

① 荣宗铨：《乐农自订行年纪事》。

烘干后直接送往同他们有业务往来的无锡、上海两地的缫丝厂，所以每年都能稳获二三千元的收益。钱庄和茧行的盈利，是荣氏兄弟创办实业的另外两个重要的资本来源。

三、创设保兴面粉厂

由于广生钱庄营业有了转机，荣德生于1899年秋，应朱仲甫之邀，再次前往广东，担任省河补抽局税务总账房。在这里，荣德生业务熟悉，人事融和，上司器重，薪俸优厚。但是，他当时也许不曾想到，此次赴粤最大的收获，并不是这些有形的业绩，而是他的思想观念的更新和升华，最终导致他们兄弟走上了一条崭新的创业之路。

广东是近代中国的一个门户，外国侵略者的炮火首先使这里的人民遭殃，西方新思想的传播也在这里首先获得市场。勤奋好学的荣德生，原先十分羡慕朱仲甫，梦想将来有朝一日自己也能做官发财；这次重返广东，阅读了《美国十大富豪传》《事业杂志》等介绍西方各国社会经济发展的书刊以后，思想受到了极大的触动。从此，他一有空闲，就往书店里跑，"选事业可观之书"，一一仔细研读；并联想到几年来三次往返于沪粤之间，在广州、香港看到不少外国人经营的企业，如制糖厂、罐头食品厂、自来水厂、电灯厂、火柴厂以及地产、采矿，等等，各业都很兴旺。他逐渐认识到，在这个世界上，还有比开钱庄和做官更能赚钱的实业，美国的十大富豪都是靠实业发财、并使国家富强起来的。由此，荣德生萌发了"实业救国"的思想，开始"专心在做一新事业上着想"[1]。

---

[1] 荣宗铨：《乐农自订行年纪事》。

　　1900年，由于八国联军发动侵略，全国形势紧张；广东则传说税务将由行商包办。在家里一再来信催促之下，荣德生于6月中旬请假回乡。途经香港，他为候船停留五天，每天都见到码头上许多工人在装卸外国运来的面粉。回到上海，他又发现市场一片萧条，商店大多关门，唯有内地小麦源源涌来，北销面粉不断外运。他还想起在广东收税时，过往商品204种，只有进口面粉，通商条约规定准予免税，因为这是"洋人食品"。其实，面粉进口量远远超出洋人所需，绝大部分在中国市场销售，为中国人所食用。"民以食为天"，这是中国的古训。荣德生心里盘算，创办一个面粉厂，一定能够赚钱。这时，荣宗敬也从广生钱庄的汇兑中发现，由上海汇到各地的款项中，不少是阜丰、增裕两面粉厂采购小麦之用；上海近几年各业平淡，唯有面粉厂连年获利。经营钱庄，虽然也能赚钱，但终究不及新式工业。"面粉一业，关系到民生所需，倘在无锡产麦之区建设一厂，必能发达。"①两兄弟对创业的想法竟完全一致！

　　但是要办厂，他们既没有经验，也不懂技术，又缺乏资金。为了克服这些困难，荣氏兄弟不辞劳苦，多方请教，向内行学习。正在此时，曾同荣氏父子两代在广东共事的老上司朱仲甫，卸任回苏州老家途经上海，荣德生立即前去拜访，向他报告创办新事业的设想。朱仲甫表示对此极有兴趣，嘱咐荣德生详细了解创办面粉厂必要的准备工作，自己即送家眷回乡等候消息。荣德生了解到，当时全国开工的机器面粉厂仅有四家：天津贻来牟、芜湖益新、上海阜丰和英商经营的增裕。他想通过关系，去阜丰、增裕参观，但两厂都实行技术封锁。增裕虽经熟人介绍同意参观，却只给看一些皮毛，面粉生产的关键部分——轧粉车间不许涉足。为此，他参观时格外用心，细看勤问，从中了解建厂所必需的资金、设备和面粉生产的主要过程。随后，他又去瑞生洋行打听英、美、法各国面粉机的性能、特点、价格和订购手续。荣

---

① 荣宗敬：《总经理自述》，《茂新福新申新总公司三十周年纪念册》。

德生把这些问题搞清楚以后，便去苏州同朱仲甫详细商谈办厂事宜。他们决定，先从小资本做起，采取英国机器和法国炼石石磨合用的办法，把厂建在无锡，集资3万元，双方各出一半。荣氏兄弟这时初办实业，未将积蓄全部投资，仅各出3000元，另外6000元在无锡招股。他们还议定：由朱仲甫负责向清政府立案，申请十年专利；荣宗敬在上海订购机器设备，主持广生钱庄；荣德生到无锡勘选厂址，购买地基，并负责厂房建筑和机器安装。

1901年，在这新世纪的发端之年，荣氏兄弟为开创新事业迈出了决定性的第一步。年前，荣德生经多处实地勘察，反复进行比较，厂址选定在无锡西门外梁溪河畔的太保墩，购地17亩，每亩地价60至100元。厂房委托洋行设计，由荣熙泰的好友、五金业巨富周舜卿推荐的工程队承建，于阴历二月初八（3月27日）破土动工。这是无锡历史上继1895年杨艺芳、杨藕芳创设业勤纱厂以后的第二家近代企业，动工兴建之日，轰动了整个无锡城。

正当立案、招股、定机诸事逐一办妥、厂房建筑顺利进行之际，荣德生突然接到知县送来的谕单，饬令他立即停建，将工厂迁往别处。原因是有几个地方乡绅勾结社会上一帮恶势力，联名上告荣氏兄弟私圈公地民田，工厂烟囱正对学宫，有碍风水。面对这场风波，荣德生一面据理力争，揭露封建旧势力的造谣中伤，厂房建设加紧进行；一面函告朱仲甫，请他出面向官府斡旋。有些股东看到这种情况，立即表现出犹豫退缩，但有一位杨姓股东，仅入股300元，向荣德生表示：希望地方兴旺发达，工厂林立，学校林立，若有用到他处，一定鼎力相助。荣德生深为感动，决心把这场官司打到底。他从县到府，从府到省，往返奔走，疏通门路，寻求支持，历时10个月，耗资800元，终于得到两江总督第八次批文，谓"知县办理无方，先行摘顶，以观后效；具呈阻挠人，查取职名，听候详参。"①至此，对方知道败局已

---

① 荣宗铨：《乐农自订行年纪事》。

定，托人出来调解，荣氏兄弟胜诉。

荣德生终生难忘，那年夏天，诉讼正紧张进行，老天却连降暴雨，工地被淹。他日夜巡视，观察水情变化，指挥工人采取应急措施，以致当分娩不久的妻子和盼望多年、刚生下的儿子得了重病也无暇顾及，因延误了医治，幼子夭折。这是何等重大的代价！数十年后，荣德生撰写《乐农自订行年纪事》提及这段往事时，内心仍感到无限痛惜和歉疚。

在厂房建筑即将完工，正要建造大烟囱时，那些败诉的封建旧势力又放出一股阴风，胡说"要用童男童女作了祭奠，烟囱才能竖得起来"。对于这种蛊惑人心的妖言恶语，荣德生一概置之不理。他全力督促工人，加快工厂建设，力争早日开工。至年底，不仅厂房竣工，烟囱矗立，而且机器安装完毕，试车成功，荣氏兄弟给工厂取了一个吉祥如意的好名字：保兴面粉厂！由朱仲甫任总经理，荣德生任经理，全面负责工厂的经营管理；荣宗敬则常驻上海，主持广生钱庄，并协调保兴的对外业务。

1902年3月17日（阴历二月初八），保兴面粉厂正式开机生产。这一天，前来祝贺、参观的宾客盈门，其中不仅有荣氏兄弟和股东们的亲朋好友，而且有在诉讼中表现犹豫，被摘去顶戴的无锡知县。对于那些曾经阻挠办厂的地方乡绅，胸襟宽宏的荣氏兄弟也发出了邀请，但他们终究没有到场。

保兴面粉厂，是我国民族资本经营的早期小型机器面粉厂之一。它实际集资3.9万元，全部筹建费用4.3万元，其中2万元用于购地和厂房、仓库、办公室、沿河驳岸等建筑，2.3万元用于购买机器设备，包括4部法国石磨，3道麦筛、2道粉筛和60匹马力引擎，雇工30多人，一昼夜用麦约2万斤，出粉300包。这个厂虽然规模不大，设备简陋，产量也不高，甚至有人认为它还不能算作近代企业，只是一家"机器磨坊"①，但它作为荣氏兄弟创办实业的第一步，确是后来荣家企业百丈高楼的奠基石！

四、茂新的扩展和振新的筹建

保兴面粉厂投产以后，荣氏兄弟面临的新问题是销售。机制面粉第一次出现在无锡市场上，销路一时打不开。原因是江南地区历来以大米为主食，面粉需要量不大；加上许多人不愿意改变食用土粉的习惯，又增加了销售的困难；那些曾阻挠保兴建厂的封建乡绅，更是火上加油，经常麕集于有名的拱北楼面店等处，散布流言蜚语，说什么"机制面粉不如土粉，没有营养，吃了不消化""保兴厂的面粉有毒，某某家姑娘已中毒身亡"，等等，唆使城区各点心店拒绝使用保兴面粉。因此，销售遇到了严重的障碍，短短十几天，仓库里便堆积了数千包面粉。面对困境，荣氏兄弟采取了一系列措施，千方百计扩大销路。其主要方法，一是把机制面粉掺合在土粉之内，以低于土粉的价格出售；二是派人到一些面店、点心店推销、赊销试用，每包面粉付给佣银五分；三是聘请王禹卿等人专做销售工作，特别是利用他同北方商帮的关系，把销售地区拓展到北方，并在苏州、上海、烟台、天津设立批发处。经过这一番努力，终于打开了销路，年底结账，尚有微利。

办厂两年，油水不大，麻烦倒不少，一向靠做官赚钱的朱仲甫对办实业本来就决心不大，这时又遭到失子之痛，粤省同寅邀他再次南下，终于在1903年，他抽走保兴股金，又跑到广东重新做官去了。当时在洋行当买办的祝兰舫听到这个消息，立即托人转告，表示愿意独资购买保兴。荣氏兄弟面

---

① 《中国近代面粉工业史》，中华书局1987年版，第14页。

临着新的抉择：把厂出售，抛弃刚刚开创的新事业和几年来为之付出的沉重代价；把厂办下去，则前途莫测，祸福难定。荣德生考察过芜湖的益新面粉厂，投产数年，盈利甚微，就是前车之鉴；但广生钱庄由平淡转为兴旺的事实又告诉他们，事在人为，应当相信自己的能力，坚持下去，改进经营，前途必定是光明的。荣氏兄弟的回答是：只可独购他股，我荣姓股份决不相让！最后，祝兰舫认购了4000元，荣氏兄弟的股金增至2.4万元，成为最大的股东；加上张石君等人搭股，保兴资本扩充为5万元。为了表示一个新的开端，他们决定把保兴老股盘点了结，将厂名改为"茂新"，由荣德生任经理，荣宗敬任批发经理。

茂新成立后，产品销路有了转机。1904年，日、俄两国为争夺我国东北权益而发生战争，东北面粉需求量激增，茂新面粉开始远销东北。只因生产设备简陋，产量、粉质和销价都受到影响，难以同阜丰、增裕等大厂竞争，获利仍然不多。荣德生参观了新建的华兴面粉厂以后，便与荣宗敬商量，决心增添钢磨，扩大生产规模。但是，资金没有着落。荣氏兄弟接受了广生、保兴两次股变的教训，这次没有对外招股。"万事唯有靠自己"，这才是上策。他们多次去怡和洋行协商，采用分期付款的方式，定购了18寸英国钢磨6部，辅助设备全由厂内工人仿制。"自造靠不住！"有人善意提醒，也有人冷眼旁观。荣氏兄弟却充满信心，经过几个月紧张施工，三层楼新厂房改建完毕，6部进口钢磨和自制辅助设备全部装好，于1905年阴历八月初六投产出粉，产量由300包增加到800包，粉质也有了明显的提高。恰在此时，沪宁铁路锡沪段建成通车，茂新面粉大部由火车运往上海，再转海轮销往东北，每天盈利都在500两以上。至年底，共计盈利超过6.6万两，这是荣氏兄弟自1896年开设广生钱庄以来获利最多的一年。这时，茂新的资产总值已达8万两，资本总额也由5万元增至6万元。如此丰厚的利润，激励了荣氏兄弟在实业上进一步开拓。

从1905年起，清政府推行"新政"，采取了若干鼓励民营工商业发展的政策和措施，全国许多地方建立了商会，掀起了兴办实业的热潮。无锡商会也在这时成立，由周舜卿任会长，荣德生则成了会员。正是在这种大气候下，荣氏兄弟认为从"吃着两门"齐头并进，发展实业的时机已经到来。他们决心"再做一局"[①]，在无锡创设一个纺纱厂。

还在1903年，荣德生去杭州参观利用面粉厂时，住在通益公纱厂客房，顺便考察了纱厂生产的全过程，并作了详细的记载，"为后来做纱厂基础"[②]。1905年8月7日（阴历七月初七），荣德生利用荣瑞馨在上海寿圣庵请吃斋饭的机会，拿出事先草拟好的章程，建议集资在无锡创设一个纺纱厂，得到大家一致赞同，并当场商妥，荣氏兄弟、张石君、荣瑞馨、叶慎斋、鲍咸昌、徐子仪等七人各出3万元，其余向外招股，由张石君负责定购机器，荣瑞馨招匠建厂，荣德生购地监造，取名"振新"。至年底，共集资27.03万元，于次年动工兴建，1907年3月21日正式投产，总计耗资33万多元，不足部分由董事垫付。振新紧靠茂新，主要生产设备有英制细纱机28台10192锭，经上海瑞生洋行定购，并由该洋行代聘外国工程师指导安装，一昼夜可出纱23件。张笠江任总管，张云伯任经理，徐子仪为副经理，实权则操纵在大股东荣瑞馨手中。荣氏兄弟在振新没有担任实职，但仍然"心快异常"。因为他们在这一年内，"粉厂之外，又添纱厂"，而且"理想不停"，"尝至苏州购地，预备造栈房及批发所"[③]。

---

① 荣宗铨：《乐农自订行年纪事》。

② 荣宗铨：《乐农自订行年纪事》。

③ 荣宗铨：《乐农自订行年纪事》。

五、在实业界站稳脚跟

正当荣氏兄弟雄心勃勃在创业道路上迈步奋进的时候，中国社会的经济形势发生了人们难以预计的变化。从1904年至1907年，全国新增面粉厂36家，而1906年因天灾小麦产量锐减，这一增一减，使小麦价格猛涨；与此同时，外国面粉进口量逐年增加，而日俄战争结束后东北面粉销售量骤减，这一增一减，又使面粉价格连年下跌。在这种麦贵粉贱的背景下，茂新从1906年起连续三年亏损，总金额达2万多元。

1905年，荣氏兄弟还曾投资裕大祥商号。这是一家由买办张麟魁主持，专门从事买空卖空的投机字号，只要有钱可赚，什么生意都做。至1907年，经营业务已涉及纱厂、粉厂、油号、保险，尤其是洋布、面粉，有些股东还自做橡皮股票。这家商号的股东，大多是洋行买办，振新股东都在其内，不少是当时上海滩的"闻人"。荣氏兄弟之所以投资裕大祥，除了想分得一点红利以外，主要是为了同这些人拉关系，以方便自己的经营活动。但自从搭股之后，广生钱庄大受影响，"营业减色，汇兑清淡"[1]。

1908年，荣氏兄弟经历了创业以来的第一次风险。这一年，茂新继续亏损，并因装载天津各商号订购面粉的海轮触礁沉没，无货应交，损失五万多元，裕大祥投机失败，总经理及各股东支亏和营业失亏，共计亏损60多万两，宣告倒闭。荣氏兄弟受此牵连，广生钱庄信誉全丢，债主纷纷追索讨欠。在万般无奈的情况下，他们不惜破釜沉舟，通过友人的帮助，以田产作

---

① 荣宗铨：《乐农自订行年纪事》。

抵押，争取到了缓期偿还欠款。"兄弟共商之余，决定保全振新、茂新，而不保广生。"[1]至年底，广生收盘歇业，勉强渡过难关。他们因失去了父亲留下的事业而倍感痛心，但也从此更加发愤，一心一意致力于发展实业。

1909年，茂新有些股东因连年亏损而丧失信心，自愿将股票低价出售，荣宗敬仅以面值七分之一的价格予以收买，王禹卿也从中分得一部分，开始成为茂新股东。这年夏天，荣氏兄弟为了提高企业的竞争能力，在"只有欠入赚下还钱，方有发达之日"的经营思想支配下，又以分期付款方式，向恒丰洋行订购全套美国最新式面粉机。他们再次翻建厂房，拆去石磨[2]，换上新机。至1910年春，茂新扩建完工，共拥有钢磨18部，年产能力达89万包，相当于建厂初期的整整10倍。由于生产设备的改善，面粉质量也有了明显提高，开始使用"兵船"商标。为了使顾客乐于购买，荣氏兄弟不仅力求产品质优、味纯、色白、秤足，而且向外国厂商学习，改进外形包装。茂新面粉从此信誉日好，企业转亏为盈。这种"以冒险添机而解决困难"[3]的办法，成为荣氏兄弟后来经营企业的一个重要特征。

振新纱厂自1907年3月投产后，由于管理不善，亏蚀甚巨。厂经理常住上海，不问生产经营；副经理成天读书消闲，不懂生产技术。短短半年时间，"已欠裕大洋三十余万两"[4]，企业生产难以为继。1909年，沪、锡两地股东不和，把股份并给了无锡方面，董事会进行人事改组，由荣宗敬出任董事长，荣德生担任厂经理。荣氏兄弟掌握了企业大权以后，立即对工厂的经营管理进行全面整顿。第一步，他们全力售去库存棉纱，回笼资金，搞活周转。第二

---

① 荣宗铨：《先兄宗敬纪事述略》，《申新系统企业史料》第六篇第二期。

② 保兴面粉厂的四部石磨，上下八爿，后来搬入梅园，陈列在豁然洞顶端广场，现存三爿。

③ 荣宗铨：《振兴纱厂创办经过》，《无锡文史资料》第20辑。

④ 荣宗铨：《振兴纱厂创办经过》，《无锡文史资料》第20辑。

步，以提高产量、节约开支、降低成本为目标，从原料采购到生产、销售的各个环节，逐个进行分析、调整，对账房、仓库和机物料——加以清理、盘点、核实，严格规章制度。不到半年，工厂面貌和产量、质量都大为改观。至1910年，振新棉纱在市场上已可与日纱"蓝鱼牌"等外纱相匹敌。

振新营业刚有起色，大股东荣瑞馨在上海投机失败，亏蚀巨款。他通过有姻亲关系的振新董事唐水臣，私自取走工厂地契，押入汇丰银行，到期无力赎回，汇丰将地契转给上海道台，要求派官员与商会一起，将振新"查封抵偿"，闹得满城风雨。为了平息这场风波，荣德生连续"三十七天，每日往来于锡沪之间"[①]，与荣宗敬商量对策，在股东间奔走联络，最后在老朋友李裕成、周舜卿等帮助下，"共借八万两，用庄活期四万两，厂内凑出四万两，赎回了事"。[②]经过这次波折，厂内资金匮乏，周转困难，1911年一度停工数月。荣德生采用了以"工资票"代替现金支付工资等办法，才使企业复工，重新获得生机。

至此，荣氏兄弟自1896年创业以来，经历了15年风风雨雨，由钱庄转向实业，由面粉而至纺织，在实践中逐渐积累了管理企业的某些经验，掌握了金融和面粉、纺织工业生产的一般规律，提出了若干独到的经营思想，为以后的大发展奠定了重要的基础。

（原载《江南大学学报》1991年第3期）

---

① 荣宗铨：《振兴纱厂创办经过》，《无锡文史资料》第20辑。

② 荣宗铨：《乐农自订行年纪事》。

我家经营面粉工业的回忆

荣漱仁

　　我父亲荣德生和伯父荣宗敬都是以经营面粉工业起家的，人家曾经给他们"面粉大王"的称号。我家经营面粉业得手后，又向棉纺业发展，在上海的福新面粉厂就请王禹卿主持，而在无锡的茂新面粉厂仍由我父亲兼理。后来我的几位哥哥和堂兄们都在纱厂任职，而我的弟弟们和我则在面粉厂任职。现在把我上一代经营面粉工业的经过叙述如下。

创办的动机

　　我父亲荣德生和伯父荣宗敬都是19世纪70年代出生在无锡西乡荣巷农村的家庭里。在十四五岁时，先后去上海，在钱庄学生意。我父亲18岁时去广东三水河口税务局任账席。当时，税卡的位置总是处于沿河交通要道的地方，处理那繁剧的税务，管理着过往运输的204种货物的税捐，对于大量外国面粉的输入，知道得很详细。通商条约上明载：因面粉进口是为了供给外侨的食用，海关不征收关税。实际上，外侨食用当然不需要这么巨额洋粉入口，大部分还是贩售给中国人消费的。

那时，清朝洋务运动已经掀起，而西风东渐，广州尤得风气之先。我父亲沐受新知，深刻体会到必须举办近代食用品工业的重要性。同时又看到举办实业不但于国于民都有益，而且可以获得大利。因此，他在此时已开始酝酿着创办实业的意图。

1900年（庚子）8月，义和团运动发生，八国联军攻破了清政府的首都——北京。各地人心慌乱，局势很不稳定。恰好我父亲也因上级税务主持者有易人之说，决定请假回乡探亲。当时，从广州回来的路线，大多先到香港乘轮船到上海，再转无锡。他在香港候船很久，天天到轮埠探问，见到海滩上一片雪白，呀唶之声不绝于耳，近前仔细一瞧，原来是码头工人正在装卸面粉，粉袋中落下来的粉屑，铺满一地。他一边随着粉地里的脚印一步步地在走，一边却在不断思索。他想洋粉这样大量进口，每年不下千万包，也就是我国每年要损失千百万的利权，长此以往，我国民食仰赖外人，如何得了？只有国人自己兴办实业，才能解决民生食用所需。

他回到上海时，就把这个意见和我伯父谈及。我伯父早先在钱庄当学徒时，那家钱庄的经营业务偏重在农产品的抵押、收买和卖出，这就无形中使他对于棉麦的产销情况，增加了不少知识。后来，自己开设了广生钱庄，业务以汇兑为主，几年来都有盈余。尤其发现汇款之中，以每年春夏之交，由沪汇往江南各地，如无锡、常州、宜兴、溧阳等地，采购小麦的款项为数颇巨。因此想到钱庄经营汇兑，虽可获利，终不及兴办新式工业利益更大，而且裕国利民，对国家对自己都有好处。因此，他同意了我父亲的建议，决计把钱庄资金转移到实业上面来。

于是我父亲先行在沪作周密的调查。那年由于八国联军入侵，北方局势动乱，市面不佳，上海商店停闭的也不少，物价降跌。唯有小麦未受影响，装运到北方和东北去的还有不少，价格也较稳定。当时其他行业的生意都很清淡，唯独粉厂出品销场颇佳。又看到内地有些旧式商人，只知兢兢业业安于旧法经营，企业不得发展，而港沪等地，兴办新事业的大多获利甚丰。因此他决定开办面粉工厂，因为面粉是无税货物，不比其他商品都要逢关纳税，遇卡抽厘，负担太重。

当时，中国境内已开设的面粉工厂共只四家，即：天津贻来牟、芜湖益新、上海阜丰和英商增裕。我父一面托人介绍先到各厂去参观学习，吸取经验；一面找洋行，要机器样本，准备研究订购机器。那时各厂都谢绝参观，尽管有熟人领到增裕去参观，也只能在楼下看看，洋人关照楼上轧粉间不准看。虽然只浏览了一部分制造和工作方法，但是对建厂需要多少造价，营运需要若干资金，大致已心中有数，于是进一步就向瑞生洋行探问机价。当时磨粉机器以美国货最好，但价格较昂，须400筒起售，全套约需10万两银子，如果采用英机与法磨搭用的办法，价格就可以省得多，日产面粉300包的粉机，每台还不到2万元。

这时，原任广东税务局总办朱仲甫（也就是我父亲在广东税局时的上级）也已卸任返沪。我父亲去和他商议，他也感到做官没有意思，兴办实业可有前途，愿意出资合作，决定股额3万元，各认半数。厂址择定在无锡西门外太保墩，购地17亩，每亩地价约60至100元。订购的机器，计有60匹马力引擎一部，法国链石磨子四部，麦筛三道，粉筛两道，非常简单。厂子取名为保兴面粉厂，它就是后来的茂新面粉一厂，这四个石磨就是后来我父亲陈列在梅园山顶上的八只茶抬面。

封建势力的阻挠和斗争的胜利

1901年2月，开始兴建厂房，由洋行设计绘图。正在动工之际，不意当地封建势力起来横加阻挠，地痞讼棍勾结顽固乡绅提出反对，造谣中伤，胡说什么工厂的烟囱破坏了地方的"文风"，高大的烟囱竖的时候，要用童男童女祭造，否则是竖不起的，等等。这些荒谬的说法，在今天看来，自然尽属无稽之谈，可是那时民智未开，极易受其蛊惑。又说什么工厂将公地和民田围入界内，事实一清二楚，工厂并没有占用耕地以外的土地。这不过是地头蛇串同讼棍，捏词诬蔑，从中作梗。其真正的起因，是当地的一个土豪，我父亲建厂前没有到他面前去打过招呼，因此暗中唆使痞棍捣乱。当然，我父建厂的坚决意志，并不因此而发生动摇，结果打了一场官司，知县觉得左右为难，禀告上级请示，经过两江总督批下来，驳斥了这些乡绅土豪，"士为四民之首，立论尤当持平，烟囱既隔城垣，何谓文风有碍？"建厂者胜利了。

此案本可就此了结，乃又有当地讼棍心有未甘，再起风浪，借口风水有关，煽动数十人连名具呈阻止建造，实则企图讹诈勒索。我父亲乃一面上诉，一面加速建造。是年6月中旬，常州知府到场查勘，对方坚持反对，知府不敢做主，呈省核示。延至10月第八次督批下来，略谓"知县办理无方，先行摘去顶戴，以观后效，具呈阻扰各人，查取职名，听候详参。"对方知上峰意旨坚决，只得挽人出来调停，提出三项条件：（1）建造厂房不许将码头驳岸伸出河中；（2）不准将煤灰抛入河内；（3）不许高放回声①。我

---

① 即工厂放汽笛声，作为工人赴厂上工的信号，俗称"波罗"。

父亲觉得还言之成理，同时为了息事宁人，厂房可以早日建成开工，立即答应照办，才算了案。

建厂工程自1901年2月开始，至11月底方完成，至12月中旬试车，翌年2月正式开工，一日夜用麦一百三四十石，可出粉300包，每包计合工缴厂用4角，袋价统扯2角，二号粉售价每包1元4角，每包可赚2角，比土粉售价还便宜。但年终结账并无盈余，这是什么缘故呢？

原来，保兴开工之后，生产正常，可是营业并不见佳，因为销不出去，机粉售价比土粉还低，甚至只得买进土粉来掺入机粉之内再行卖出。因为：第一，当时国人封建保守思想十分浓厚，狃于固有的风俗习惯，不懂改良食用所需；第二，建厂前阻挠的乡绅土豪，他们的破坏企图，虽然已告失败，可是他们还想恶意中伤，散播流言蜚语，说什么机粉颜色太白，定是掺有洋药，其中有毒，还捏造事例，说什么某处的老翁少女因吃机粉而发生中毒现象，实际上是无中生有。后来我父亲晚年曾自己写过一本回忆录，其中记述了当时和那些顽固派的乡绅们斗争的经过和情景，真是和传奇一般的可笑！可见在民风未开的封建社会里，人民兴办企业，是多么的不容易啊！第三，那时南方人吃面粉的不多，北方人虽大多吃面，但因南北交通阻滞，北方销场没有打开。

于是我父亲针对情况，采取措施：一方面派员到本街①各面馆、面店、点心店去进行推销，先试用，后给价，而且每包给予回佣银五分，经过群众试验食用，证明粉内并无毒质，大家的疑团也就逐渐解除；一方面征聘能手来打开北方销路，经过一番物色，终于请到了王尧臣和王禹卿兄弟，禹卿本来长于推销，对于北方客帮素极稔熟，如营口、烟台、天津各帮坐庄均有交谊，我伯父就请他担任开展北方市场的销路，不多几时把存粉销售一空。

---

① 指本埠的意思。

1903年合股人朱仲甫重入宦途去广东，对于办厂缺乏信心，不得已只能协议拆股改组，另行添增股份，改名茂新。1904年以资本6万元呈部注册。是年恰逢日俄战争之后，俄日两国和我东北各地都需要大量面粉，供应民食，东北各省粉销畅利。那时我父亲恰到苏北的姜堰、溱潼一带调查麦情，乘轮回厂，一路寻思，这年小麦丰收，粉价利厚而稳，大有可为；但是石磨产量既赶不上钢磨，粉价也提不高，决计添办钢磨，向怡和洋行订购18英寸英国钢磨6座，其余辅助机件，因为资力不足，自行仿造应用。这样，每日夜可出粉800包，是后连年获利，不断扩展生产，又添购美国钢磨12座，商标改用"兵船牌"，每日夜出粉已达3000包。至1912年时，兵船牌面粉已与阜丰厂的"老车"粉并驾齐驱，售价还高二分，年终盈利十余万两，接着增机添磨，每日夜出粉可达五六千包。不久，第一次世界大战爆发，营业蒸蒸日上，大有供不应求之势，获利更丰，茂新就此奠定了稳固的基础。

自茂新经营获利之后，各方继起仿效者不少，上海的有华兴、中兴、裕丰、立大、申大、立成、华丰等厂，无锡的有九丰、惠元、泰隆、宝新等厂，陆续地开办起来，但是产品的质量、粉麸的比重、粉销的俏利，都不及茂新。有的厂虽在销畅利厚时，营业颇有起色，但到了市面转入逆风时，就支持不下去。如惠元、泰隆等厂，到1916年，虽然欧战发生，粉销已见起色，但由于营运不良，周转欠灵，惠元已把厂产抵押于同和钱庄，泰隆股东也对粉厂经营缺少信心。此时，我父亲和伯父已经在无锡办了振新纱厂，又在上海办了福新面粉厂和申新纱厂。规模既大，金融界信赖，我父亲认为这两个厂停歇下来，机器空搁不用是可惜的。随即筹措资金，把两厂租办下来，惠元改为茂新第二厂，泰隆改为茂新第三厂。同年又因看到山东小麦产量丰富，但当时那里的面粉厂只丰年、惠丰和日人开设的满洲厂三家，而北方居民大多食面，为供销便利起见，决定在济南购地建厂，这就是后来的茂新四厂。

至于上海福新面粉厂开始于1913年，营业甚好，接着租办中兴厂改为福新二厂，第二年也就是我出生的一年又扩建成立了福新三厂，同年在福二厂旁侧，增辟福新四厂，1916年在汉口建立福新五厂，同时派荣月泉到欧美去实地考察面粉纺织工业，在美国订购了最新式的面粉机器回来装置。1919年接办了上海华兴粉厂，改为福新六厂，次年又在上海建立福新七厂，同时在福新四厂旁添办福新八厂。至此福新已有八个厂，连同茂新四个厂，共有12个面粉厂。到1928年茂新福新的资本总额由开始时的3万元，陆续增至755万元，磨粉机达346座，每年用麦1138万担，产粉2210万包，即每日夜出粉75000包，职工2500余人。

经营管理上的特点

我父亲和伯父都具有兴办工业的信心和决心，所办各厂大多由小而大，从租地、租屋、欠机、添机入手。平日财无私蓄，一切资金除拨出一部分作为地方公益和建设之用外，全部放在企业的营运上面，一有盈余就力图扩大再生产，从没有其他置产、谋利和奢侈享用的思想。

他两位老人家都时时刻刻不忘记添机建厂，更新设备，使用新式机器，同时又常常注意机械的维修保养。事实教训了他们，机器新，管理好，成本低，才能赚钱，否则就要亏本。就是使用外国机器，也要悉心研究体会，懂得它的性能，才能发挥机械的全部能力。例如：福新二厂成立之初，每日夜出粉仅9000包，继增至12000余包，后又设法增达14000包，再经过添设附属机器，并研究筛理和使用，最后竟达16500余包，但为保养机磨起见，改为每日夜常出15600包。福新四厂初期出粉只2600余包，后经改良机械和增加磨子平筛等产量以后，出粉增至4400余包，再经研究，最后增达6000余包，但因传达设备不够，常出5400包左右。福新八厂初时出数仅5600余包，后经一再研究，并增加一副机器后，出数可达14000余包，再又添设辅助机器，最高产量可达18000包。后因该厂设备是"脑大克"机器，其性能比较脆弱，尤须注意保养，遂退减至一万六七千包。从上述事例说明，各厂最后出数比初期出数增加了50%到120%。

那么，有人问：为什么实际产量比规定产量会增加这么多呢？原来外国面粉机器，其产量单位按"筒"来计算，每筒规定可出粉四包。譬如订购粉机600筒，若照外国计算最多仅能产粉2400包。这是外国原套机器设备，系根据他本国麦料的品质情况而订定的。可是中国麦品质量，各产地差别很大，泥灰杂质混合较多，假使清麦设备筛理不够，麦门关小，产量就更少了。而我们办厂时，正是粉销甚殷、供不应求之际，要求增加产量，由于当时粉机性能的限制，生产力的提高受到一定的束缚。经过一再研究和面粉师、技术人员等暗中摸索，得出结论，知道是清麦设备所限制，只要加强清麦设备，产量就可大为提高。于是添置五号立直打麦机和增加了风箱等设备，产粉从2400包就可增至3500包。又因面粉筛理，嫌粉路太短，就添置圆筛辅助，由本厂职工自行仿制翻造，机能效果良好，麸心勿混，粉产更可提高到3800包了。在质量方面，我们添置荞子机，对于除去荞子、雀麦，效果甚好，麦质洁净，因而粉色白净。据洋工程师的论调，说什么机器负荷不可太重，否则损坏机件，缩短使用年限等。这说明仅根据外国原来规定的做法，十分保守。中国面粉厂通过实践，只要正确掌握机器性能，增加清麦设备，放宽粉筛后路，利用风力，加强吸灰，大大发挥清净麦粒作用，防止粉塞，加速辗磨措施，就可使出粉量比外国原来的规定，提高了80%左右，这一件事也是使外国面粉工程师感到十分惊奇的。

所以我父亲极力主张要自力更生地根据中国环境和具体情况，自己制造机器设备。他一次两次向外国洋行订购添机，感到不但价极高，还需要外汇，而且到货慢，运输不能及时，订购手续麻烦。那时中国厂商还不能直接向外国制造工厂订购，必须经洋行转手，不可避免地其间还要有抬价、扣佣和耽误时间等等情事。外国机器制造厂碰到市面俏利时，往往先把订货移给别人，在市面衰退时，就把订货塞给你，一切不容自己做主；只有国内制造，才能解决问题。他在北洋政府时代就曾几次提出建议，由政府设厂铸造，自然是没有用的。后来他在无锡，自己办了一个公益铁工厂，抗战胜利后，又创办了开源机器工程公司，设备规模都是比较先进的。这说明他不是只靠向外国买机器就了事的人，他有自己的见地，有自己的看法，并不是只看看机器样本就满足的人。

同时，他对于业务经营也十分注重，他深知粉质要好，首先原料必须精选，不容丝毫马虎。1911年春季多雨，各地大水为灾，小麦收成本已较差，尤其在收割前的几天，经常下雨不停，因此也影响了小麦质量。但是这几年来由于茂新营业兴盛，大家起来仿效，无锡一地就增设四家粉厂，必须竞购原料，所以出现了麦贵粉贱现象。那年夏秋之交，我父从惠山经北塘回厂，当时正夕阳西下，日光返照墙上，见水痕有三四尺高，揣知仓库存麦，恐已变坏，因为受潮又受热，磨制成粉，与经线、粉色都有关系。他就到附近仓库，取麦验看，果然失晒伤热，立即通知各地原料采购人员注意收麦质量，如遇热坏麦，概不收购。后来，其他各厂出粉，因为粉质受影响，销路呆滞，独茂新兵船粉在坚持采购优质原料的原则下，市上畅销，人人乐用，声誉鹊起。别人还以为茂新粉质独好，是添购美国新机关系，而不知由于办麦注意质量，剔去受潮受热原料的缘故。从此以后，更发现了鉴定原料的诀窍，每年收麦注意研究。

在20世纪20年代，我国内地各省产麦尚丰，但因军阀战争频仍，交通梗阻，运费加昂。洋麦进口的水脚，比较运自内地者还低廉，粉厂采购自较合算。加以洋麦的出粉率比较高，国产小麦出粉率较低，大约美麦、澳麦、日本和加拿大小麦，其出粉率可达70%—85%，而华麦仅可达65%—80%，这是因为我国小麦独多"面筋质"，含筋率达45%—50%，而美、澳、日本及加拿大麦的含筋率仅30%—40%。因此，有些面粉厂采购原料，大多喜用洋麦。我父亲觉得长此以往，实堪隐忧，不但利权外溢，漏卮日多，而且使中国农田种麦愈少，中国农村日益贫乏，势不至仰赖外人之鼻息而不止，此乃面粉厂的"自杀"政策，决不可囿于一时之利，而置工厂前途于不顾。所以茂新、福新一向主张在国内各地广设分庄采购原麦。据本人所知，仅苏北一地而言，每年收麦计扬州40多万担，高邮30多万担，姜堰20多万担，泰州20多万担（包括东台、溱潼）。其余淮阴、宝应、徐州、阜宁、盐城等处共约80万到90万担，苏南常熟28万担，南京8万余担，镇江8万余担，余如支塘、平湖、宜兴、溧阳、常州等处不下20万担。此外，内地各省产麦区，不论是设庄采购，或派员临时采办的，也为数不少。总之尽量采购国产麦子，宁愿运费稍昂，亦在所不惜。当然，如果国内自产不敷用，或遇年岁歉收和战事阻滞，就只得借助于洋麦。如上海福新各厂1936年采购原麦总量618万余担，其中本国麦507万担，占82.1%，外国麦110万担，占17.9%，说明粉厂虽然处在沿海口岸，而采用洋麦不到2/10。我伯父曾一再联合同业提出呼吁，推广植麦，改良麦种，自美国带来大量良种美麦，分送各地农村试植。结果成绩颇好，农民称之曰"改良种"。这也不难窥见我父亲和伯父爱国观念的深厚啊！

我国机制面粉，在1924年之前，向来习惯每袋粉重50磅，而进口洋粉每袋都是49磅，而价格相同。可是洋粉的原料廉、成本低，华粉即使磅重和洋粉相等，已不能与之竞销，何况每袋更暗多一磅？一般用户只计每袋价格的高低，很少去衡量每袋粉重的多寡的，华厂岂不更加吃亏。所以我伯父认为每袋磅重，未便墨守成规，独自标异，应与各国洋粉一致，建议面粉同业一律改为每袋49磅，以免暗亏，多数同业均极赞成，亦有少数未能同意。其所持理由为洋粉进口畅销，华粉所以能与之竞争者，即因洋粉与华粉市价完全相等之际，一般用户还宁愿乐购华粉，即以每袋多装一磅，较为合算之故。若改装49磅与洋粉一律，则华粉销路恐不免将受影响。结果，大家认为不能惑于一时之利而守旧不改，一致通过实行，即从是年开始改磅，后来华粉销场，不但未受影响，且因此而逐渐发展。

面粉厂的副产品是麸皮，在初期不过是作为家畜饲养之用，并不占商品中重要地位，到20年代初期，麸皮用途日多，销路益广，运销日本者约占十分之六七，运销江浙两省及其他地区约占十之三四。我父亲和伯父认为此虽粉厂副产品，但既行销国外，利用率亦广，提炼之后可以制成药品或营养品，即用以饲牲喂畜，亦可作为精饲料。于是联合同业订定规格及包装，分为大包、小包二种：大包即麦袋所装，每包重100斤，行销于日本的大阪、神户、长崎等处；小包用布制面袋，每包装50斤，行销于日本的东京、名古屋等地，其买卖价格委托华商面粉交易所照市开拍。自是之后，麸皮遂列为我国出口贸易中的重要商品之一，也增加了面粉厂的营业收入。

此外，我父亲和伯父对于节约用料也颇为注重，认为只有节省开支，降低成本，才是盈利赚钱的基础。厂中制订领用机物料制度，极为严格。后来，有人要想算一算茂新、福新在历年不变资本中机物料所占的比重，因为茂新账册在抗战初全毁于炮火，无有根据推算。只算福新一、三、七厂。据算福新一、三厂每年所用物料和包装在1913年是29000多两，由于规模和产量的扩大，到1924年是20万余两。而它在整个不变资本中所占比重，11年间，最高是9%，最低是5.34%，而且从开始的一年起，所占比重逐年在不断下降。福新七厂从1920年到1936年止，第一年是10万余两，最大的一年是1933年的60万两，它在不变资本中所占比重，最高是5.47%，最低是3.33%，而且所占比重也是在逐步下降。

企业规模的扩大和发展

自1900年创办茂新之后，企业规模经过不断扩展，至1921年已由一个面粉厂增至茂新4个厂，福新8个厂，共12个厂；粉磨总数从创办初期的石磨4部，至1921年增为钢磨301部，增加了74倍；到1936年增达347部，比创始期增加了近86倍。如果创办初期以100为基数，那么不到20年时间，就增长达7525。生产能力从创办初期的每日夜出粉300包，至1921年已达75000包，占全国民族资本粉厂的1／3左右；到1936年约近10万包，全年实际产粉量1694万多包，占全国机制面粉总产量6300万包（东北不计在内）的27％。资本额从创始期的3万元，至1936年茂新已增至210万余元，福新增至750余万元，共960余万元，增了319倍。如以创办初期100为基数，则1936年就达32000。至于盈利数字，仅1936年茂新盈利35万多元，福新盈利113万余元，两者共148万余元，占这年资本总额的1/6弱。兹再把茂新、福新在抗战前（1936年）的规模、产量以及盈利等列表如下。

茂新、福新面粉厂 1936 年的规模设备生产力和盈利额

厂　名	资本额（元）	粉磨数（台）	每日夜产粉能力（包）	全年实际产粉量（包）	全年实际用麦量（市担）	盈利（元）
茂新一三厂	1200000	36	8000	685060	386553	157900
茂新二厂	484650	18	10000	848090	474625	196300
茂新四厂	416670	12	3000	842550	503486	
福新一厂	500000	15	4500	1072470	548838	66580

厂　名	资本额（元）	粉磨数（台）	每日夜产粉能力（包）	全年实际产粉量（包）	全年实际用麦量（市担）	盈利（元）
福新二厂		48	14000			
福新四厂	3000000	32	5000	5444760	2795945	372860
福新八厂		56	16500			
福新三厂 福新六厂	1000000	43	11300	2143350	1099765	129020
福新五厂	1500000	38	11200	2469880	1354998	263510
福新七厂	1500000	49	13000	3434850	1741137	300280
合　计	9601320	347	96500	16941010	8905347	1486450

说明：本表根据上海市粮食油脂公司调查资料和《乐农自订行年纪事》等核对编制。

日寇入侵我国后，我伯父避到香港，在那里逝世。他临终前亲口遗嘱要我父亲负责主持申新事业。我的大哥伟仁，堂兄鸿元、鸿三以及我和我的丈夫杨通谊都在伯父的病床边，亲耳听到。可是当我父亲从汉口回到上海时，因家族内部存在分歧，就放手未管。后来杨通谊也受到排挤，他感到不可能亦不愿再为荣氏的事业拼命干了。这时杨氏自己有一个纱厂，他是常务董事，还有一个面粉厂，他是董事长。此外，他父亲创办的中国实业银行也有一个纱厂和一个面粉厂，抗战胜利后要他回去主持复工。这些事业的范围虽比不上申新、福新，可是办事比较顺手，组织亦比较上轨道。我看到荣氏的事业逐渐为我的兄弟们所接管，而我们女姊妹是没有份的，就不靠"余荫"而自己搞了一个纱布号和一个颜料行，新中国成立后，又不自量力，接办了鸿丰面粉厂而吃了苦头。但更重要的是我有机会接受了一次深刻的社会主义教育，从而产生了对党的认识和真诚感激的心情。

1980年3月16日

（原载文史资料出版社《工商史料2》）

振新纱厂创业经过

荣德生

振新纺织有限公司创于清光绪三十一年七月初七日，在上海北京路"寿圣庵"之西厢发起成立，时因荣瑞馨先生方为其先入营斋事也，参加发起者张石君、叶慎斋、鲍成昌、荣瑞馨、徐子仪及先兄宗敬与余共七人，即席认股，发起人各认3万元，共21万元，其余向外分招，至年终截止，仅得60800元。共为270800元。明年开始建造，至光绪三十三年二月初八日正式开工，一切完成，建筑厂房及定购纱机一万锭，共需33万余元，资金不敷之款，由董事垫付。开工后，营业方面流动资金，全靠调度，向行庄往来。

至是年中秋节，已欠裕大洋30余万两，董事会推余为厂经理，兼管茂新。接事后，一月之间，售去存纱，两月内全部出清，盘存通扯，并不亏折。厂中经济调度，初由总经理张云伯负责，不数月，云伯去申，以后一切即由余主持，历经困难，均经设法克服。

宣统二年几乎不保，37天内每日往来锡沪之间，奔走联系，想尽方法，借款筹垫取赎，幸得转危为安，坚心毅力，为众所共见。由此遂加强信念。专心事业，扩大生产。鉴于茂新以冒险添机而解决困难，则此厂欲图发达，非添机不可。正筹思时，而辛亥革命事起，厂中经济匮乏，营运资金无法周转，停工数月，采用发行"工资票"代替现金的办法，以渡过难关，获得开工，渐形转机。

民国元年，营业稍好，余又生添机扩充之想，以为必须加添机器，减轻开支，方能解除困苦。后获得新机图祥，即决定添锭1.8万枚，计英金33250镑；又动力1350启罗华特，连同马达及一切设备，计英金一万零五百镑。当时每镑约合银10元左右，讲明欠款，先付定银一班，其余九成，每三个月付一成，于民国元年十二月初五日签字，支民国四年十月初四日，共分十次付清，即现在转动之纱锭设备也。另建新厂房，由西人马勒打样，共用去建筑费6.8万元。新锭到后，尽力经营，如期交款，如数还清。至此，余即辞退，因与董事不合也。

回忆此公司创立已四十六年，经历人事变迁，老机已设，所谓"新机"，即现存之钞锭18000枚，亦垂40年矣。按照一般纺织理论，纱锭实用30年即应更新，如此老机，为日无多，心颇忧之。月前阅报：知厂中主事者现已订购新机2万锭及一切设备，不胜欣幸，有厚望于将来，再经四十年，发展扩充，前程无限。为自身及事业计，日后子孙均可从事于此，无忧衣食；为国家社会计，则增加生产，供应人民需要，两得其益；同时因此厂开创甚早，启发人才不少，女工尤多。后来各处纺织厂陆续开出，均来振新招致，使一般人民对工厂企业能有所了解，渐成风气，裨益国家社会匪浅，所望新机早日装就，快睹成功，余敢为各股东庆，为企业前途庆，并为国家社会庆也。

1951年11月

（原载《无锡文史资料》第20辑，1988年编印）

申新第三纺织厂概略

荣德生

（一）创办之动机

逊清末叶，五洲棣通，外机制棉纱纷纷运入我国，致国内固有之手工纺织业淘汰殆尽。宗铨鉴于利权外溢，民生凋敝，苟不急起直追，势将侵略无余。爰于清光绪三十一年，集股创办振新纱厂，藉资抵制于万一。惟匆遽将事，设备简单。迨民国元年，稍添设备。继思非多创工厂，仍不足以与世界先进国相颉颃，适欧战发生，需要益亟，乃决意另组较大之纱厂，先设申新一、二两厂于上海。惟察内地状况，购用日纱仍多，乃有添设三厂于无锡之计划，以期振兴实业，挽回利权，并派族兄月泉等分赴欧美考察机械，为取法之资。此宗铨创办本厂之动机也。

（二）筹备经过及开工日期

宗铨既经筹备进行，即于民国八年春购得西门外迎龙桥南首华昌旧址十余亩，及梁溪河东岸地数十亩。几经周折，厂基始克稳定，方期从事规划。讵知地主居奇索价，乃就华昌旧址改建工事房，同时拟具简章，呈准农商部，转咨交通部、省公署饬县保护。九年正月，建筑电机、锅炉、修机间等处，二月续修纱厂，四月装置锅炉，八月装置电机，十月冬纱厂屋告竣。而纱机原约上年春季交货，一再延缓，不能如约，直至十年五月中旬，方始陆续运锡。是年十一月试开电机，十二月接通本厂方棚间，二十四日至二十九日试开纱机。十一年正月初四，正式开工，时粗、细纱女工只到700余人，而所开者仅美纱锭之半数。五月后，开始建筑织布间，九月告竣，随时装置布机，至十月亦正式开车焉。

（三）本厂资额

本厂资额，因总公司及他厂余款之挹注，先收国币150万元。十一年正月十二月，经股东会议议决，额定股本国币300万元：除已缴150万元外，续添加50万，迨至十八年正月，复添100万元，合成300万元。此即本厂暂之资额也。

（四）资产概略

现有基地、房屋，共需银75万元；又各项机械，共需银485万元；生财需银3万余元。此为本厂资产之大略也。

（五）所占地势

本厂在无锡西门外梁清溪两岸，地界无锡、开原、扬名三市、乡，有申新、劝工、太平三桥，建于厂之前后，以便通行。河之东南为纺纱部，东北为织布部，西岸为发电、轧花、修机等部，栈房、公事房及职员宿舍亦与焉。全厂占地九十二亩六分有奇。是处河流清澈，加以锡湖轮船往返便捷，沪宁车站相去不远，水陆交通均臻利便。是本厂所占之地势，尚觉天然之优越焉。

（六）建筑概略

纺纱部　南北约长五百余英尺，东西宽210余英尺，占地十八亩有奇。分两大造，前造计屋132间，后造136间，均系两层楼，用钢筋水泥建筑，底脚悉用三和土，四周铁窗，嵌以铁丝玻璃，出入之门用铁皮包钉，所以弥火患也。内外墙壁后用水泥粉饰，屋顶及近楼板处均有气楼风洞，以通空气。此项工程，历一年许始成。民国十八年，复于后造屋顶加建一层，以为摇纱之用。

织布部　原占平地六亩五分，共计228间，每间长20英尺，阔12英尺，俱系砖砌锯齿式平房，上覆瓦楞铁皮，齿顶装窗，用铁丝油光玻璃，以取光线。最近，复在原址南面添建新机间一所，可容布机400台，计长二十六丈四尺，阔十丈零四尺，计占地二亩六分，作气楼式，取简省也。

电机部　建锅炉间一层，电气厂二层，底脚用钢筋水泥，墙壁均用水泥与砖合砌。屋宇高爽，光线充足。同时建筑者，有进水井一口，深16英尺，径12英尺；烟突一座，高182尺，底脚40立方尺；并有方棚间二导。

轧花部　有砖砌房屋7间，与花栈房毗连。何东栈房计两座，占地二亩，均紧接纱、布厂。该房檐高十屋英尺，每座东西阔九丈六尺，南北进深六丈。两座共16间，均系砖砌；四周复开铁窗，用以堆积花、纱及布匹之用。栈之东北隅，有角尺式过楼，可通布厂及纱厂之成包间。除所纺之经纬纱得由此径送布厂外，其已成包之棉纱，更可由此直达栈房，无雨雪之阻碍，且省人工时间，便莫甚焉，河西栈房36间，其檐之高度，则与每间长阔相等，亦用三和土砌成砖墙。除靠南第二节7间现作轧花部之用外，余均用以堆棉花。又下脚栈房25间，皆贴近西栈焉。

公事房及职员宿舍　就华昌面粉厂改建四层楼洋房一座，占地26方丈、四周均用砖砌。

（七）工务上之改进

本厂开办后，一切既从俗尚，工资均以论工计算。民国十一年，派副经理族叔鄂生东渡考察。十二年冬，由总管薛君明剑条陈计划，从事改良，并介绍余君钟祥来厂佐理，当将各部整顿，并审度情形，改用论货计算法（如粗纱以亨司计，细纱以木杆及出数为标准）。十四年春，复聘在君孚礼为工程师。十五年派二儿尔仁及总管薛君明剑等先后赴日，实地考察，以资借镜。吾国纺织幼稚，改善维艰，如以工友泥于成见，墨守旧章，一旦力求速效，每易发生争执，引起意外，本厂几经改革，备历艰辛，今幸措施渐有端绪，工务稍见进步。

（八）各部工作情况

分原动、轧花、纺纱、织布四部，每部又分各间，分列如下：

1. 原动部汽锅间　本间有水管二汽锅四副，汽压200磅，合共马力四千匹。英国B.W.Boilers拔拍葛厂选。其加煤、加油等均由男工任之，每日夜燃煤五十吨至八十吨。

2. 发电间　本间有汽轮发电机两部，每部有1600K.W.扣罗伏次之电力，2200磅之电压，由美国Allls-chalmers爱利司却煤厂制造。附有抽水机、沥汽机、废汽炉水加热器、汽轮抽水机、电力抽水机等附属机件，运转均由男工任之。

3. 轧花部　本部有轧花机80部，每日夜可轧花衣200担，每一女工管机一部，其他发棉、收花、筛子、修车等工作，均由男工任之。每班有职员工人，管理其事。

4. 纺纱部拼花间　本间将各种花衣，按照规定成分，配合均匀，每班有拼花男工六名，棒花三名，扫地兼杂务各一名，磅团花一名，长日工拣花处一名，打皮棍花一名，打纱头二名，计15人。每日夜可松花450余担。又有女工30名，专拣白花，工资除打皮棍花及纱头均论货外，概为论工，最大者四角七分，最小者三角五分，平均四角一分，设职员一人管理之。

5. 清花间　本间将拼花间送来之花，复弹开其纤维，除去破子、尘埃等物，使入地弄内，制成花卷，以供梳棉之用。每班英机有头道棒花男工三名二道落卷四名，三道落卷三名，美机头道棒花二名，落卷二名，二、三道落卷各二名，看龙一名，出垃圾一名，又管垃圾车二名，加油二名，值班一名，计25人。工资除值班论月、管垃圾车论货外，余均论工，最大者五角九分，最小者四角一分，平均五角。每日夜出花卷2300余个，设有职员一人管理之。

6. 英钢丝并条粗纱间　本间分钢丝、并条、粗纱三种。钢丝机（即棉机），在除去细微杂物及短纤维等，使之并行排列，由棉网而成棉条，每间日用花卷约七个，每个成棉条五筒，每人管12部，另有加油兼抄钢丝五人，掮花卷四人，值班一人，每班计20人。工资系论工，最大者五角五分，最小者四角八分，平均五角一分八厘。并条机，每部两套，每套三节，即以钢丝机所出之棉条六根以伸之，使成头号棉条；复以头号棉条六根，并成二号棉条，而三号棉条。每部约用女工四名，每班计50余人。另有女宕管一人。工资除宕管论工外，余均论货制，以亨司计算，平均在三角左右。有职员一人，与钢丝合管之。粗纱机，将棉条更为抽长，使成细小纱条，并施以拈回，藉防中断，亦分头、二、三道。头道机有女工一人或二人，二道亦然，三道一人（或三人工部），有女宕管二人指导之。男工则有修车三人，加油三人，掮纱七人，拉纱二人，童工头一人，落纱六人，另有搬运、扫地等人，约用女工120余人，男工30余人。工资除修机、加油论工外，余均以亨司多少而定，最大者六角五分，最小者二角五分，平均四角五分。有正、副职员各一人，记账员一人（兼美粗）管理之。

7. 美钢丝并条粗纱间　组织略同英粗间。钢丝机则每人管十部，惟须兼捐花卷，加油四人，收回花一人，值班一人，每班计14人，并条机只有二道，每二人管三节，余与英机相仿。

8. 细纱间　本间即用三号粗纱纺成细纱，旨在抽长纱条，至一定之长度，并施以适当捻回，以成强韧之纱。每机有女工二人或三人。英机分五排，美机分四排，每排有摇车兼落纱女工八人，女宕管一人，全间更有女头目二人；男工则值班一人，生线七人，加油兼修车五人，派纱九人，挑纱九人，其他收筒管等，每班计男工96名，女工500名。工资除女工论木杆外，余均论工，最大者六角许，最小者二角许，平均在四角以上。有职员二人、记账员一人管理之。

9. 摇纱间　本间将细纱并摇扎绞，每车一人，分四排，每班并有摇扎绞线四人，绕纡脚二人，宕管四人，头目一人，男工则有修车，加油各一人，着水、倒纱各六人，扫地、回纱等七人，计男工15人，女工350余人。工资除女工采论货制用车数计算外，余均论工，最大者四角许，最小者三角许，平均三角半左右，有职员二人、记账一人管理之。

10. 成包间　本间将摇纱间回来之纱打成小包，有头目一人及打包工30余人，分腾纱、成包、平纱、复磅诸务，均系长日工。工资除头目论月外，余均论货，以打成之包数计之，派职员一人管理之。

11. 拣花间　本间将各车间之油渍花，择其未染污者理出之，计有女工30余人，均系日工，每工约二角左右，有职员一人管理之。

12. 保全处　保管及修理各部机械，有工人30余人，工资每日四角起，一元止，有职员三人主持一切。

13. 考工处　考察各车间工作，支配各项齿轮及工务诸事宜，有职员二人主其事。

14. 织布部经纬间　本间分筒子、纡子、经纱三种。筒子每车10人，男工有着水、写号等五人。经纱车每车二人，男工有落经轴二人。纡子车每人管十至二十锭，男工有派纱及收箩管等四人，又女目一人（兼管筒纡）。每班共计筒子车女工50余人，纡子车70余人，经纱车10余人。工资除男工及女目论工外，余采论货制，经纱一元左右，筒子四角许，纡子五角许，有职员一人管理之。

15. 浆扣间　本间分浆缸、穿扣二种，浆缸系将经纱轴并合而浆之，使增加强力及重量，伏帖毛头，俾可抵抗织布时之磨炼，每班每车有机工二人，另有头目一人，和浆一人，扛轴、扫地等三人。穿扣处，每架有女工一人，共计男工17人，女工20人。工资最大者，机工一元左右。最小者五角许；女工用论货制，以穿成之轴数计，平均六角左右。有长日班职员一人管理之。

16. 布机间　本间将穿好扣之经轴织成布匹，分九排，每排有女目、机工、加油各一人，另有扫地、派纬、拖纱等工人20名。女工每人管车一部或二部，每日可出布800余匹。每班计女工340余人，男工20余人。工资除女工以论货计，余均论工，最大者七角左右，最小者三角余。有职员三人，长日班记账员一人管理之。

17. 整理间　将织成之布匹刮光之，折好之，有坏布者修理之。分收布、秤布、折布、轧布、括布、修布、看布、集布及成包等类，其中修布、看布有女工管理之，余为男工，共计50余名，另有成袋处，分裁袋、踏袋及印袋等种，专做面粉、麸皮袋等，约有工人10余名。工资除成袋处论货外，余均论工计算，最大者六角左右，最小者三角余，平均四五角。设职员正、副各一人管理之。

以上各间，均直辖于总管、工程师等。

（九）关于厂务者

分总账房、工账房、物料处、整理处、收花处、庶务处、门批发处等。

（十）营业情形

本厂所出纱布，向由上海总公司代为运销。此外，于本邑北塘设批发处，厂内有门批发处，平湖、常熟等各埠亦设批发处。

1929年春

（原载无锡市图书馆藏《无锡杂志》

第13期（工商号），1929年刊印本）

开源机器工程公司的由来和创建

王建中　陈文源

近代中国著名的"面粉大王"和"棉纱大王"荣德生，一贯主张发展我国的机器制造工业，建立我国独立的民族工业体系，做到机械设备"自造自用"，而不依赖外国进口，并为此进行了数十年矢志不渝的努力。

一

荣宗敬、荣德生兄弟在1902年创办的第一家企业——保兴面粉厂，主要设备只有4部法国石磨和60匹马力引擎一台，因此产量不高，产品质次价贱，难以获利，一年后合伙人即拆股而去。为了改变这种局面，他们增资添机，将保兴更名为"茂新"。在荣德生筹划下，于1905年引进18吋英国钢磨6部，辅助配套设备全由本厂工人仿造，经试生产，性能良好。这一成功，使荣德生产生了自己创办机器制造工业的愿望和信心。

1912年秋，北洋政府召集第一次全国工商会议。荣德生作为无锡商会的代表，出席了这次会议，结识了来自全国各地的100多位工商界知名人士。会议通过27项议案，荣德生一人占三项，其中之一便是"设母机厂"①。荣德生提议，由政府发起，招股1000万元作建厂资金，为工程、轮船、火车、农业、矿冶和军械制造提供机器设备，并由政府选派120名留学生，到国外学习各类工程技术和冶金、采煤等专业，学成后立即归国，其中60人从事规划设计，60人从事研制生产。这一议案，受到与会者一致赞同和会议主持人，农商部长刘揆一的高度重视，被他送给北京各报全文刊载，国务总理赵秉钧也派秘书长约见、商谈，征询实施办法。当然，在北洋军阀统治下，这一具有远见卓识的建议不可能兑现，但在荣德生心目中，这时确已勾画了一幅发展我国民族机器制造工业的初步蓝图。

1919年，荣氏兄弟在家乡荣巷创办了"公益工商中学"，分设工、商二科，学制四年。为使教育"切于实用"②，他们在校内建立了实习工场、实习商店和实习银行，各投资1500元③。实习工场设金工、木工、铸工、机械四个车间，配备各种进口的新式车床和数十名经验丰富的技术工人，由龚锡生任主任。工场的主要任务是为工科学生提供见习和实习场所，同时也对外承接业务。这个实习工场，正是荣德生后来创办机器制造工业的嚆矢。

工场开办之初，亏损相当严重。1924年，工科因招生不足停办；1927年，学校也因战乱关门。但实习工场始终存在，规模还逐步有所扩大，并一度在梅园设立营业部。1929年，工场改名为"公益铁工厂"，成为荣家企业的一个组成部分，"专为申新、茂新等及对外制造零件及修理机械之需，独

<hr>

① 荣宗铨：《乐农自订行年纪事》。

② 荣宗铨：《略述办学之经过》。

③ 薛明剑：《公益机器厂之内迁》。

立经营，年年有盈余"。①

1933年，荣德生三子荣伊仁（一心）从美国留学回来，担任申新三厂副经理，兼管公益铁工厂。他接手之后，就"以能自制纱机、织机、面粉机为目标"，仿照美国模式，对公益厂进行改造，添置新机器，拆建旧厂房，扩大翻砂间，招收职业学校毕业生，聘请外国工程师，调申新三厂整理部主任施之铨担任厂长，加强工厂的管理和技术力量，使企业的生产能力明显提高。从此，荣家经营的"面粉厂、纱厂，铁工不假他处，快而妥当"；对外则"专揽翻砂生意"，"轧面机、打包机、小引擎、车水机、丝厂用品、布厂用品、摇纱机等，凡东西来路出品，均能仿之自造"。②

在此以后数年间，荣德生"专心于公益铁工铸造，进步甚快，添机用人，建筑工场，无日不在此中计划。"③至抗日战争爆发前，公益铁工厂"已有制造母机百余部""能代申新制造自动布机及纺纱机"④"每日能出新式布机八台，比日之丰田、英之狄更生均无逊色，价则便宜一半"。⑤在此基础上，荣德生拟定了一个长远的发展规划：从1937年起，"第一个五年中，每年制造布机二千台，纱锭一万枚，自后定为每五年增加产量一倍，达成不需舶来纺织机进口为目标"。⑥公益厂生产的纺织机，"先由申三试用，如果良好，则扩大进行"，在申新系统"换去旧机"，纱机一律改为"大牵伸新机，布机均换公益式""次则推行各厂，拆旧换新，如此可少买许多外国货"。这时，公益铁工厂的产品销路很

① 薛明剑：《公益机器厂之内迁》。

② 荣宗铨：《乐农自订行年纪事》。

③ 荣宗铨：《乐农自订行年纪事续编》。

④ 薛明剑：《公益机器厂之内迁》。

⑤ 《申新系统企业史料》第四编第一期第71—74页。

⑥ 薛明剑：《公益机器厂之内迁》。

好，"订购络绎，人人欢迎，工作分日夜两班。"荣德生欣慰地说："余自创办实业，至此已三十余年，终能做到自造自用。虽年逾花甲，而对事业之心未衰。"①

二

1937年7月，日本帝国主义发动全面侵华战争，荣德生发展公益铁工厂的计划变成泡影。不久，战火蔓延到我国最大的工业基地，也是荣家企业最主要的集结地上海。公益铁工厂乃奉国民党政府之命，停止生产纺织机械，专门制造手榴弹、地雷等军需用品。8月10日，国民党政府行政院会议通过资源委员会拆迁上海工厂的提案。翌日，成立上海市工厂联合迁移委员会，着手发动和组织工厂内迁。由于上海迅速沦陷，内迁工作实际上被扼杀在襁褓之中。集中在上海、无锡两地的近20个荣家企业，只有公益铁工厂于11月中旬内迁了一部分轻型设备，由施之铨押运，走水路随军西撤。留在厂里的重型机械和590吨生铁、100吨紫铜等重要原材料，均被日军劫往南京。抢运出去的那部分设备和原材料，在途中遭到镇江海关的阻拦刁难，有不少散落在苏北各地。

公益铁工厂原定迁至武汉，但因战火急遽西移，设备运到武汉后，立即换装木船，转运重庆。沿途水急浪高，多次遭到日机轰炸，最后运抵重庆的机器不过迁出时的四分之一②。1938年6月，公益铁工厂在重庆郊区菜园坝租地设厂，从无锡随迁的数十名职工继续留厂工作，是当时内迁企业中开工较

---

① 荣宗铨：《乐农自订行年纪事续编》。

② 薛明剑：《公益机器厂之内迁》。

早的一家。

公益铁工厂在重庆复建后，改名为"复兴铁工厂"。其原因，一是为了划清与原公益厂的债务关系；二是为了表示企业受到重创后的复兴。经荣一心安排，复兴铁工厂由薛明剑任经理，施之铨任厂长，郑翔德任办事处主任。全厂共有职员30人，工人194人，学徒33人[①]。不久，添设分厂于南岸野猫溪和弹子石两地，取名为"公协"和"公益"。一面继续生产军需用品，一面恢复生产面粉、纺织机械，并为复兴、允利等面粉厂培养技术人员，但经营情况不甚理想。1939年下半年，施之铨辞职，郑翔德接任厂长，企业面貌仍未改观。

1941年夏，在荣德生长婿李国伟主持下，复兴铁工厂和申四重庆修理厂合并，建立"公益纺织面粉机器厂"。关于设厂目的，李国伟在1942年3月24日指出："鉴于抗战以来，纺织、面粉两工业大部沦于战区，内迁者只及战前十分之一二，不敷后方生产需要甚大，并以国际路线运输困难，不能仰给国外机器之输入。目前衣食工业之求过于供，尤以制造纺织、面粉机器，积极增加生产为当务之急，故发起组织纺织面粉机器制造有限公司，实行设厂自造。"[②]厂址设在重庆江北黑石子，占地360余亩，职工400多人，拥有金工、铸工、锻工、木工、动力等车间以及龙门刨床等大型设备，是重庆当时24家机器制造厂中规模较大的一家。郑翔德继续担任厂长，章剑慧担任经理。1942年底，郑翔德辞职，厂长由陶立青接替。主要产品有梳棉机、并条机、面粉机和工具机，以梳棉机最为著名，最大年产量可达24台。公益厂的梳棉机同经纬、恒顺等五个厂家分别生产的锭子、钢领圈、清花机、并条机、细纱机配套安装在湖南第三纺织厂，"为国内工厂分工制造纱机交互配

---

① 郑翔德提供的资料，无锡国棉一厂档案。

② 《荣家企业史料》下册第203、246—248页。

合使用之首创"①。

1943年1月，重庆国民党政府实行限价政策，物价上涨反而变本加厉，产业利润远不及商业利润，工商业者不愿再向产业投资，公益厂生产的纺织、面粉机器卖不出去，流动资金无着，产品不敷成本，经营周转困难。1944年，又连续发生工潮。李国伟同刚从上海来到重庆的荣德生次子荣尔仁等多次协商，决定采用一种"置之死地而后生之办法"②，报请政府批准，公益厂于1945年1月29日宣告停工；4月27日，又以7500万元的价格将全部地基、厂房和机器设备卖给了新中机器厂。

重庆公益纺织面粉机器厂的停办，荣德生当时寓居上海，并未参与其事。荣尔仁赞成停工，并表示"应抱定牺牲精神，苟无把握，不可草率复工"③；但把工厂出售，他是犹豫和动摇的。章剑慧和李国伟对此则经过了深思熟虑和周密论证。早在1943年10月，章剑慧就向李国伟提出："将来战后建设复兴，无论何种工业所需要之机器，最初当仍赖英、美供给，然后再徐图自给；若欲一蹴而成，无论在质与量上，均有自误误人之势。"而且，公益厂在地点、规模、组织等方面，都不占优势，不如将它早日"出让于人，能留者留若干""此实上策之上策也"。④1945年2月4日，李国伟给荣尔仁的信中说得更加明白："公益机器既属陈旧，人事又复杂，故兄意趁此时机，将厂址及四分之三之机器出让。公益迁至渝四厂复工，缩小范围，以待战后之扩充，重备最新式之机器，迁至汉口及无锡制造。"李劼统、李翼曜"主张此法亦极热烈，实缘战后兵工事业，大量缩减，必有精良之母机大批廉让"。"老式费人工之机，实等于废铁。不如趁两南各机厂撤退来渝

① 《申新系统企业史料》第一编第二期第180页。

② 《荣家企业史料》下册第203、246—248页。

③ 《荣家企业史料》下册第203、246—248页。

④ 《荣家企业史料》下册第203、246—248页。

时，即速出让，最与我方为有利。""深望吾弟赞成此策，切勿顾全面子而致反受实亏，极所盼祷。将来重庆既非做机器工业之地，黑石子房屋将不名一文，如不及时摆脱，将有噬脐之叹。"①总之，在李国伟等人看来，停办公益纺织面粉机器厂，是一种"以退为进"的经营策略。后来，荣尔仁创办的公益工商研究所衣食工业系研究师、内燃机专家笪远纶撰写的《大渝市棉纺机器制造厂家之调查与研究报告》和《公益机器厂改建计划》中，也认为重庆公益厂的停办、出售、待战后重建是一项明智措施。

还在1941年，荣德生就拟定了战后复兴企业的"天元计划"；抗日战争一结束，他不顾自己年迈体衰，立即投入了修复旧企业和创建新事业的紧张工作。公益铁工厂的复建，他始终放在极其突出的位置。1948年春，荣德生委托当时任申新三厂厂长的郑翔德，经多方勘察，选定了苏锡公路和梁溪河交汇处、蠡桥北堍的一片农田，以每亩52石大米的价格，购得土地40亩作为厂基。4月17日（阴历三月初九），举行破土典礼，动工兴建。荣德生说："吾国工业发展应首先注重重工业。因必先有重工业，才可利用机械，从事种种生产，故筹办开源机器工程公司。由铸锻、冶炼，而至修理零件，先将基础巩固，日后发展自易。""因命名曰'开源'，顾名思义，即知开发我国工业之资源耳！"②

开源建厂工程由上海国华建筑公司承包。第一金工间于1948年8月首先

---

① 《荣家企业史料》下册第203、246—248页。

② 荣宗铨：《乐农自订行年纪事续编》。

完工，翻砂间、第二金工间、冷作间、发电间和办公室、职工食堂等，在此后一年间相继建成。其中第一、第二金工间是按外国图纸施工建造的，其余各项建筑均由国华公司设计。

开源的机器设备来自三个方面：一是联合国善后救济总署从美国剩余物资中调拨的13种46台机床，是20世纪40年代比较新颖的小型机器厂成套设备，价值43.5万美元。二是从日本赔偿物资中获得的10余种52台机器设备，约值18万美元；上述两部分都是由荣一心以公益铁工厂经理的名义向国民党政府行政院申请得到的。三是自购的7台机床和4套热处理、铸工、锻工设备，以及从申新三厂搬来的320匹马力柴油发电机组。各类机床具体来源如下[①]：

类别	美国剩余物资	日本赔偿物资	自购物资	总计（台）
车床	22	33		55
钻床	8	3		11
冲床	5	3	1	9
铣床	3	6	2	11
磨床	5	3		8
锯床及其他机床	3	4	4	11
各类机床总数	46	52	7	105

开源的资本总额定为老法币165亿元（合100万美元），由荣德生管辖的申新三厂和申新二、五厂各出43.725亿元，各占总投资的26.5％；其余由荣德生及其子、孙三代个人投资，其中荣德生、荣尔仁、荣毅仁、荣研仁、荣鸿仁、荣智谦各出8.25亿元，各占总投资的5％；荣智勤投资28.05亿元，占总投资的17％[②]。

---

① 《奋进之路——无锡机床厂四十年大事记》第4、11页，扉页。

② 《申新系统企业史料》第四编第一期第71—74页。

开源建厂前后，荣德生、荣一心父子通过各种关系，物色了一批学有专长的高级科技人员，其中有著名的机械工程专家孙德和博士、材料学专家周惠久教授（后来他们都当选为中国科学院学部委员）以及刘德诚、刘先志教授等，聘请他们担任厂长、总工程师、公用部主任和设计部主任等职务。在开源建厂初期的工程技术人员中，有留学生六人，工程师十多人，获得博士学位的三人，担任过大学教授的三人。这样一支高水平的工程技术力量，在当时一般机器制造厂家中，恐怕是绝无仅有的。

1948年9月，通过推荐和严格挑选，开源机器工程公司招收了第一批工人，共50余人，不但要求他们体格健壮，而且技术等级要在五级以上。10月，又招收了20名艺徒，报名的条件之一是必须具备初中毕业文化水平，应试者竟达260人，录取后进艺训班进行培训。至1949年末，开源已有职员35人，工人157人[①]。

从1947年至1949年开源建厂时期，没有自立账户，收、支、付各项业务均由无锡申新三厂和上海申新二、五厂代为办理。在开源创办过程中，荣一心发挥了重要作用。从工厂的筹建，策划到机器设备的购买，以及技术人员的引进和职工的招考，几乎都由他一手操办。毋庸讳言，开源机器工程公司生不逢时，外部遭到风雨飘摇中的国民党反动政府种种倒行逆施的摧残，内部又有迁厂逃资逆流的干扰，原定在无锡之外再设数厂的计划已经无法实现，但无锡的开源厂终究建立起来了，而且规模、设备、技术力量都比原先的公益铁工厂胜过一筹，这是荣德生晚年对发展我国的民族工业作出的又一贡献。

1948年11月，从美国进口和日本赔偿的机器设备陆续运到，开源厂随即一边建设、一边安装、一边开工生产。按照原定宗旨，以生产棉纺织机器为

---

① 《申新系统企业史料》第四编第一期第71—74页。

主，每年制造一万锭，逐步更换申新各厂的陈旧设备。12月，荣一心去香港飞机失事殒命，工厂一时无人主持，经济来源濒于断绝。荣尔仁接任经理后，曾努力重新疏通资金渠道，但收效甚微，申新各厂这时都已自顾不暇，开源厂不得不调整业务方向，扩大服务对象，在生产纺织机械的同时也生产其他机器。有关资料表明，至1949年底，开源厂共生产了自由式榨油机30部，煤气发生炉1台，钢领网26000只，棉纺并条机7部[①]。然而，开源厂并没有因此走出困境。

　　1949年4月无锡解放以后，人民政府立即予以扶持，加工订货的任务和人民银行的贷款，给开源厂带来了新的活力。1950年春，华东工业部下达生产2米立式车床的订货任务，经过工程技术人员和工人群众近一年的共同努力，于1951年4月试制成功，这是我国自行研制的第一台重型机床（重26吨），也是开源厂生产发展史上一个重要的转折点。此后，开源厂的生产几乎完全转到制造各种"工作母机"，而不再以生产纺织机械为主。为了克服当时遇到的严重困难，广大职工正在党和工会的教育下，自觉加班加点，主动降低工资，团结资方，努力完成生产任务，显示了高度的自我牺牲和主人翁精神。1951年，共计制造"小车床17台、2米立式车床4台、牛头刨2台、12吋车床30多台、麻纺机10台、鼓风机2台以及卷扬机等"。[②]企业出现了新的面貌。但是，资方看到有利可图，便不顾工厂的实际生产能力，滥接订货，造成了严重的后果。由于订货不能如期交付，一再脱期，国家财产受到损失，企业多次被罚，刚有转机的开源厂重新出现亏损，先后贷款旧人民币76亿元，有三分之二的机器挂上了人民银行的抵押标记。1952年7月，荣德生因病逝世。由于经营困难，他的四子荣毅仁在6月间代表资方，主动向苏

---

① 《申新系统企业史料》第四编第一期第71—74页。

② 《奋进之路——无锡机床厂四十年大事记》第4、11页，扉页。

南人民行政公署工业处提出了公私合营的请求，10月得到批准，定名为"公私合营开源机器厂"（1953年3月改名为"无锡机床厂"），直属中央第一机械工业部领导，是无锡最早实行公私合营的企业之一。从此，这个厂走上了一条稳定发展的康庄大道。经过近40年来不断的扩建、更新，如今的无锡机床厂不仅成了无锡地区最大的机器制造厂，而且成了全国机械行业中精密磨床的生产和研究基地。许多产品在国内处于领先地位，在国际市场上也享有盛誉。

开源机器工程公司是荣家企业中唯一成规模的重工业厂家，是荣德生奋斗毕生到晚年才摘取的一个硕果。它的创建，反映了荣德生渴望独立发展我国民族工业的执着追求，表现了荣德生敢于在帝国主义、封建主义和官僚资本主义压迫的缝隙中谋求自身的生存和发展、把理想变为现实的顽强意志。从公益铁工厂到开源机器工程公司的发展历程，又比较集中地体现了荣德生的实业救国思想以及发展企业既要善于使用和培养人才，也要引进先进的机器设备、走自力更生道路的创业思想。同时，又使我们清楚地看到了在旧中国民族工业发展的艰难。所有这些，至今仍然值得我们深思和牢记。1987年11月，无锡机床厂庆祝建厂40周年，荣毅仁副委员长作了"继往开来，为国争光"[1]的题词，这不仅是对机床厂广大职工的期望和勉励，也是对荣德生爱国主义思想和创业精神的最好纪念！

（原载《江南大学学报》1991年第10期）

---

[1]　《奋进之路——无锡机床厂四十年大事记》第4、11页，扉页。

第 四 章

创业之艰：面临困境与救济方案

中国经营实业之困难及其救济方策[*]

荣宗敬

中国经营实业，困难已达极点。知之而不言，言之而不行，则困难永无解决之日，而实业将扫地无余。某经营面粉、纺织两业30余年，历尽苦辛，以至今日。以为从前种种困难，虽不敢希望完全解决，庶几逐渐减少。孰意非特不能减少，所感受之困难，视从前为尤甚，姑举其大者言之。

一、经济问题 吾国无资本家，创办一种实业，无论为有限性质，无限性质，自订立章程，招足股本，以迄开始营业，所有资本悉化为机器、厂房，经济能力已觉竭蹶万状，不得不仰给于银行钱庄，以资周转。幸有盈余，须偿欠息，股东之官利，非所计及，遑论红利！不幸亏蚀，债权逼迫，急于星火，不支则破产以应之。实业界经济窘迫若此，何堪再受外人经济之侵略？以故工厂之若存若亡，随起随仆，比比皆是。此经济之困难亟待救济者一也。

二、人才问题 有专门事业，须有专门人才。然学术与经验不宜偏重，重理想而略事实，厚新进而薄老成，鲜有不偾事者。现今各工厂新旧人才未

---

　　*　原件系毛笔抄正稿，署名"荣宗敬"，共7页，无写作日期。

能冶为一炉，时有格格不入之象。是宜设法沟通，以学术补助经验之不足，以经验发展学术之本能。无如专门人才本感缺乏，加以狃于习惯，有门户之见存；用非所习，竟弓冶之互冶。此人才之困难亟待救济者二也。

三、劳资问题 劳资之关系，犹唇之与齿，皮之与毛，相爱则久，相厄必伤。资方压迫劳方，在青天白日之下，固属必无之事，劳方不谅资方之困难，日以压迫资方为事，是奚可者？现今展缓施行之《工厂法》及甫经颁布之《工厂规则》，皆为劳方计也。为劳方计，独不为资方计乎？资方经济困难，既如上述，为自身营业计，为工人生计计，犹竭力支撑，各尽纳税之义务，自谓可告无罪于社会国家。若劳资间再引起纠纷，使垂毙之实业不能延其残喘，责任谁属，自有公评。而社会国家，或恐因此蒙绝大之影响。鄙意劳资问题宜平心静气，消弭无谓之争执，提起互助之精神，改习惯之不良者为人情之相近者，工厂无停顿之患，即工作无中辍之虞。非然者猜忌愈深，情感愈劣，资方呼吁无门，而又不能禁劳方之事端，唯有束手待毙已耳。此劳资问题之困难亟待救济者三也。

四、税率问题 鄙人经营之粉、纱两业，皆在统税范围之内，虽一物不两税，而税率之重，实为吾国空前之举。各业想同此困难，不独粉、纱两业为然。成事不说，唯有希望用人行政力求简单，厘卡时代之勒索留难情事，使之永不发生。而额定税则外，勿再另立名目，增加负担。唯一希望，尤在现今税率作为暂行税率，试办一年，若厂家不胜负担，应有减轻税率之余地。此税率之困难亟待救济者四也。

五、保护及奖励问题 工厂设立政府之下，即在政府保护之中。外人在华经营实业，其保护方法不遗余力，平时之工作与临时发生纠纷情事之处置，迥非华厂所可比拟。鄙意工厂既尽纳税之义务，应享保护之权利。无他，求厂方安全，不受无形及意外之损失而已。至奖励问题，在实业幼稚时代认为当务之急，但授以虚荣，不如予以实利。例如纳税若干，退还奖励金若干，既可辅助国货之推销，又可杜绝外货之输入，出品既多，税收自裕。此保护及奖励问题亟待实施者五也。

以上五端，皆人人所尽知，人人所欲言者，苟能依次解决，实业庶有一线生机。尤望朝野上下，不生隔阂，勿以呼吁为多事，视请愿为具文，了然于实业关系国家前途，至深且巨。现今办实业者，莫不焦头烂额，有欲罢不能之势。整理交通，以便利运输；永息兵革，以增进农产；提倡国货，以杜塞漏卮，实业前途庶几有望！

按内容推测，应写于1930年国民政府征收粉纱统税以后。

（原载《纪念中国民族工业先驱——荣宗敬
先生诞辰一百四十周年》）

飞跃的发展　惨淡的经营

—— 申新一厂建厂始末

朱龙湛

　　国营上海第二十一棉纺织厂，设在沪西周家桥，拥有纱锭10万余枚、线锭1万枚、布机1600台，职工5000余人。它的前身是近代中国大企业家荣宗敬、荣德生兄弟创办的申新纺织第一厂。后来，申新从一厂扩展到九厂，以及其他不少企业。荣氏兄弟成为名扬中外的实业巨子，追本溯源，是从申新一厂开始的。所以，他们常说它是"荣家的发祥之地"。可是，这个厂在公私合营以前的整整40年中，经历的是一段沧桑变易、崎岖坎坷的道路。

一、组织上的特点

　　申新一厂创办于1915年秋，至1916年初全部开齐。荣氏兄弟创办该厂之前，已在无锡办过茂新面粉厂和振新纱厂，在上海开设了福新面粉厂，积累了相当资金，对棉纺织工业也取得了一定的经营管理经验。因为他们与振新部分股东意见不合，而退出振新，另在上海设厂，取名"申新"。

那时的周家桥，远在上海市区之外，还是一片荒烟野草，孤冢累累，人迹鲜到之地，既无市镇，也无马路。荣氏兄弟选在此地设厂，还有一段故事。据说《杨公堪舆记》上有这样一句诗，叫做"吴淞九曲出明堂"，意思是吴淞江入口处经过九个弯曲的地方是好风水。吴淞江即今天的苏州河，从外白渡桥到周家桥，恰恰经过九个转弯。而且这九个弯曲，从第一曲至第八曲都是小转弯，到了周家桥，却是个九十度的大转弯，每天子午潮水涨落，由此以西就不很明显。荣德生笃信风水，认为这是一块好地。这时，恰有一位经营地产的意大利人雪尔佛尼多，在白利南路（今长宁路）周家桥以东有一处地产，本由程姓、殷姓二人用来合办织呢厂，没有成功；另有一家轧油厂，因经营不利，将产业抵押于教堂。两处合计共有基地24亩，办公房屋两座，单层厂房一幢，以及几种制油机械和引擎、锅炉等设备，愿以4.1万两价格出售。经"张园"主人张叔和介绍、接洽，荣氏兄弟作了实地勘察，原有厂房虽然已旧，但建筑比较牢固，尚可利用，估计可装纱机1.2万锭，于是决定买下，并在一星期内办好了各项手续。

厂基购好以后，荣氏兄弟一面对旧厂房进行修葺改建，一面集资30万元，向安利洋行订购英国爱沙里斯（Asalees）厂制造的纺机36台，共12960锭。当年八月订机运到，立即安装，十月初就部分投入生产。从发起到投产，前后仅用五个多月，办事之果断迅速，由此可知。当时，适逢欧战爆发，各交战国实行战时经济，减少民用生产。向有棉纺织工业霸王之称的英国，生产大幅度下降。中国纱厂因此获得了一个暂时的发展机会，被称为棉纺织工业的"黄金时期"。申新一厂的创办，正好赶上了这个有利时机。

申新资本的筹集和企业的组织形式，在棉纺行业中是非常突出的。首先，在资本总额中荣氏兄弟的投资占55%，张叔和占25%，其余20%为散户小股东所占，全部股东共23人。小股东几乎都是荣氏兄弟的老伙计和有关往来户，其中如王尧臣、王禹卿、吴昆生、荣渭卿、严裕昆等是茂新或振新的老职员，潘调卿、李裕成则是与荣家企业早有往来的花行和钱庄老板。申新开办后，他们大多担任了本厂重要工作，或与厂有密切的业务往来，因此对企业的经营管理全心全意，团结一致，力求减少浪费，杜绝漏弊。于是荣氏兄弟就可总揽大权，指挥自如，得心应手，而无掣肘之患。其次，一般近代企业大多为股份有限公司，而申新却采取无限公司组织来登记立案。因为荣氏兄弟在开办振新纱厂时采用有限公司组织，后来经营得法，他们力主扩大再生产，而董事会不同意，结果被迫下台。所以申新成立时，他们经郑重考虑，决心采取无限公司这样与众不同的组织，奠定了申新企业不断扩展的基础，同时也种下了抗日战争时期申新没有被日厂吞噬的善果。

二、面粉袋和标准纱

　　申新一厂开办时，由于第一次世界大战爆发，西方国家忙于战争，生产缩减，运输停顿，中国棉纺织品获得了畅销国内外的良好时机。根据海关报告：战前1913年进口棉纱269万担，1918年减至111万担，下降一半以上；进口棉布，1913年由英国输入716万匹，由美国输入228万匹，至1918年分别减少为97万匹和10万多匹，下降了将近90％。世界棉纺织品因生产减缩而价格大俏，每件棉纱从90余两上升至200两，纱厂莫不获利倍蓰，出现了"一件棉纱赚一只元宝"的说法。这是当时中国民族纱厂所共同遇到的机会，但为时短暂。欧战结束，外国资本主义卷土重来，棉纺织品价格跌落，不少民族厂家面临摇摇欲坠之势。而申新依旧再接再厉，不断扩展，历久不衰，因为它在产品竞争上另有两个优胜条件。

　　第一，荣氏兄弟在开办申新之前，已设有茂新、福新面粉厂。欧战发生，面粉畅销，利润优厚，粉厂生产大增，茂、福新面粉年产量由10万包增至800万包左右。这800万只面粉袋的供应，如果由申新来承担，岂不两得其利。于是，申一在1916年添设织部，安装布机，织制袋布。其后陆续增添织机至1378台，并装置缝袋机和印刷等设备。面粉袋的制造，给申新带来了双倍利润，使它的产品在市场有利的情况下，比其他同业厂赚钱更多，而在市场不利的形势下，即使货价跌落，它仍然有利可图。据老职工估计，欧战期间，申新从面粉袋上就赚得了三个厂（即最初原始资本的三倍）。

第二，荣氏兄弟在企业经营上，力主不断扩大生产规模和引进新设备，采用新技术，以增强自己产品在市场上的竞争能力。荣宗敬说过："商战必须争取时间，造厂力求其快，设备力求其新，开工力求其足，扩展力求其多。"他认为，机器生产，产量越多，成本越轻，利润也就越高；竞争如同打仗，能多添一只锭子，就好比多得一支枪，可以加强竞争实力。所以申新一厂历年盈利，大部分用于扩大再生产。1929年，荣氏兄弟引进新式纺纱机，在厂旁空地增设申新八厂，与一厂统一管理。此外，申新还比较注意提高产品质量，适合用户需要，所以申新业务人员常夸耀本厂产品，在市场上能做到"人滞我不滞，人销我盛销"。第一次世界大战发生，中国纱布畅销，上海成立"华商纱布交易所"，各种棉纱的成交价格，均按标准纱升降。而作为标准纱，必须具备一定的质量和数量规格，此时申新的"人钟牌"棉纱恰恰符合要求，因此被定为"标准纱"，成为市场筹码，声名远扬，销路大畅。后来，在1928年，由于外纱倾销，中国市场一度出现花贵纱贱的局面，不少民族棉纺厂陷于停工减产的境地，而申一却照常开工，生产还有扩展，这同"人钟"被定为标准纱是分不开的。

三、惊人的发展

申新开办的第一年只开工三个多月，而且只开一部分纺机，年终盈利除去开办费外，尚余2万元；第二年盈余11万元；第三年余40万元，盈利率133％；第四年余80万元，盈利率为267％；第五年增至100万元，盈利率达333％；第六年余110万元，盈利率高至366％；第七年仍余60万元，一直到抗战前夕，几乎年年赚钱。仅开办后短短七年，盈利额就超过最初投资的十三倍半，也就是说每半年就可赚到一个厂。如此巨额的利润，荣氏兄弟自经营企业以来从未有过。但他们并不以此为满足，而是全心经营，不断添建新厂，扩大生产规模。现在就从申一的资本、设备和厂房建筑来看它从创办到抗战前为止的22年中企业的发展概况。

1. 企业资本的增加。根据注册登记，申一资本额开办时为30万元；1922年第一次增资为300万元，相当于开办时的十倍；1930年第二次增资至350万元，1933年第三次增为420万元，1937年第四次增为600万元，比开办时净增十九倍。这些增加的资本，都从企业盈余中积累而来。股东们除开办时投资外，以后每年都收进部分股息、红利，而从未再有现金投资。

2. 机器设备的添置。申一开办时仅有纱锭12960枚，至1937年申一、申八两厂共有纱锭122800枚，22年间增加至九倍半。另有织机1387台，按通例每台织机换算为纱锭40枚，则等于纱锭55480枚。两者合并计算，就是增加了将近十三倍。而且后期增加的，大多是当时最新式的"立达"（Reiter）纱机。这种纱机，在30年代初，中国棉纺厂采用的还很少见。还有18台大牵伸机，当时也称为先进设备。

3. 厂房规模的扩大。申一开办时有厂基24亩，次年即在附近购进空地40余亩，添设织部和工人宿舍184幢。1918年，在苏州河北岸购进基地五亩多，供建筑职工俱乐部之用。1919年建新厂房，占地8.3亩；1920年建单层厂房作为织布车间，占地15.4亩。1928年建厂长住宅。1930年建申新八厂，厂房全用钢筋水泥，造价35万两，在不到三个月的时间内建成开工。上述这些厂房基地，都是申一开办后陆续向邻近农户和锯木厂、砖瓦窑厂等买进的，全厂总面积增加到150余亩。

新建的申新八厂技术人员大多是从日厂招来的青年职工，或录用纺织学校毕业的优秀学生。申一、申八的纱布出品，产量、质量都在上海名列前茅。那时候，人们对这个厂有"新厂房、新机器、新职工、新出数、新产品"的赞誉。荣德生在他的《乐农自订行年纪事》中也这样写道："申新一厂开办后，年年有余，不仅自己赚钱扩展，还以余力帮助各兄弟厂。"1934年申新总公司周转困难、几告搁浅时，申新一厂就曾出力帮助。直至抗战前夕，申一、申八的业务，还是相当发达的。

周家桥地区也因申新一厂的创办，市面逐渐繁荣起来。荣宗敬在《茂、福、申新总公司三十周年纪念册》中曾说："当本厂尚未开办时，四周一片荒土，既无所谓市场，更无所谓马路。迨本厂建筑工房以后，工人日夜往来，顿形热闹，始有人在本厂附近建造房屋，开设店铺。工部局亦将原有土路改筑柏油路，交通便利，商市渐盛。工厂之能促进市政，于此可见。"

四、战争的创伤

1937年7月卢沟桥事变后，日本帝国主义于8月13日发动了对上海的军事进攻。申一、申八地处"租界"之外，于8月16日起停工，职工纷纷逃难，疏散回乡。一个月后，主持厂务的荣伟仁（荣德生长子）、王云程（荣宗敬女婿）决意复工，把已经避难返乡的职工招回，9月17日开始部分恢复生产，对于日本侵略军随时可能发动的突然袭击，厂方没有采取任何预防措施。

10月27日早晨，一场空前的灾难从天而降。据当时申一布厂工程师孙锦文回忆，那天上午8点40分左右，日军重型轰炸机九架盘旋在申新上空，先在八厂细纱间屋顶投下千磅以上重型炸弹十八九枚之多，受苦受难的职工兄弟均在车间内工作，听到隆隆轰炸声已来不及躲避，只有以无辜的血肉之躯来抵御无情的炸弹。厂内烟火弥漫，职工欲逃无路，欲走无门，叫哭之声，震天地，泣鬼神。接着，日机又从西向东，由北而南，在申一的布机间，细纱间，钢丝、清花等车间逐一投下炸弹，全厂火起，成为一片火海。

轰炸机方去，医务人员正在施救，忽然又飞来六架战斗机，用机枪向有人处猛烈扫射。当时尸骸满地，受伤者呻吟呼救，为日机扫射而殒命者有数十人。据事后统计，那时复工人数仅2000余人，为全体职工之半数，是日共死伤430余人，为复工人数的五分之一，其中当场死亡者70多人，重伤者300多人。职工李鸿泉、李文通由炸弹穿过的二层楼空穴中跌落，撞在钢丝机上，一个折断肋骨四根，一个满口牙齿全落，鲜血进流，经送医院医治一年方愈，而身体已成残废。此种惨状，目击者无不伤心；日寇肆虐，我人民切齿痛恨！

事发时，厂长荣伟仁正在厂内。荣德生曾经写道："抗战事起，申一尚照常开工，渠正在厂，突然被炸，在工场逃出，险遭不测。"事发后，荣宗敬派儿子荣鸿元到厂察看。根据当时的报告，走近厂门，只见一片瓦砾，幸存的部分厂房亦已百孔千疮，门窗全无。野狗成群在楼上车间乱窜，大概尚有尸体未及掩埋，臭气熏鼻，惨不忍睹。从此，这两个厂在抗战初期就沦于万劫不复之地，直到解放前夕始终没有恢复旧观。

日本军国主义者除了以强暴野蛮的军事行动残酷杀害中国劳动人民和破坏民族工厂以外，还用种种卑鄙无耻的阴谋手段进行损害。申一邻近的日商丰田纱厂，看到申新地段比丰田好，占地比丰田大，机器新，产品好，对它既嫉妒，又羡慕，觊觎已久。乘此战争混乱时期，他们暗中雇用日本浪人和汉奸、流氓用铁锤、铁棒将申一的细纱机逐台捣毁，车头、马达、油箱均被敲破，皮带盘、滚筒等被打得粉碎，还把重要机件如马达、钢丝轴等拆光抢走；仓库里的纱、布、原棉及机物料悉被劫去。国民党军队撤退，沪西沦陷，申一被日军占领，不久就由丰田接受"委任经营"，改名丰田第三纺织厂。当日方派员来厂整理时，有个日本人慨叹说："日本人心太狠了！自己用人工破坏申新，现在自己要来修理。但是，一厂部分还可修理开工，八厂则根本无法修理，岂非自作自受呀！"

由于战争损失和人为破坏，据事后调查，申一、申八原有纺机12.3万多锭，只剩下3万余锭，仅及原有设备的四分之一，原有布机1300多台，被毁三分之一，留下900余台。幸存下来的设备，也大多残缺不全。

五、丰田的迫售

丰田占用期间，正是上海"孤岛"时期，纱布价高货缺，获利丰厚，虽鸠占鹊巢，还心犹未足，企图长期霸占。1940年3月，日本军部发表声明："拟以从来代管之华方财产，尽速移交中国政府（指南京汪伪政权），由中国政府交还于合法之所有者。"1942年4月，所有军管和委任经营的工厂统交国策公司分批发还，或解除军管。这一消息发布后，丰田就与日本在华使领计议，打算以廉价强制收买的手段，来达到永久占有的目的。

1942年8月，日方提出收买理由：他们借口丰田在"八一三事件"时毁损严重，日本官方为了弥补其损失，提议由它强制收买申一、申八全部资产。同时，他们开列清单提出：申一，申八财产总值为252万日元，而丰田五年来所投入的修理复旧费达246万日元，丰田只需找付申新买价六万余日元。这一拟议，不久即由汪伪政府实业部通知申新总公司，并谓"为敦睦中日邦交，必须顾全大局，同意让售"云云。那时，荣宗敬已于1938年2月在香港病逝，申新企业由荣德生、荣鸿元叔侄主持。伪上海市社会局几次派员到申新催促，荣德生不为所动，并十分愤慨地指出："丰田如要继续占用，何需申新让售。我是中国人，决不把中国产业卖给外国人。"他还亲自起草驳复，义正词严，拒绝收买，表现了高尚的民族气节。

但是，日方坚持要收买。他们深知，仅恃压力，不易成功，必须采取软硬兼施的办法。他们一面发动当时上海伪商统会理事长闻兰亭、副理事长童侣青、华商纱厂联合会理事长江上达等出面，对荣氏威胁利诱，进行说服；一面示意荣氏有关亲友，婉言劝导，企图迫使荣氏同意让售，至于价格方面，可以从容协商。结果，都为荣德生所拒绝。日方还不甘心罢休，又改用分化申新股东、制造内部纠纷来达到他们的目的。这时，申新部分小股东（大多系第二代）战后避居"租界"，手头拮据。于是日方啗以厚利，唆使他们要求召开股东会，对申一、申八让售问题提出不同看法。并由汉奸褚民谊出面充当后台，组织查账委员会，企图迫使荣氏俯首就范。但荣氏始终坚拒，日方未达目的。这是因为申新系无限公司组织，按照公司法规定，只要有一个股东不同意，就无法改变公司产权。这就是上文所述荣氏兄弟最初立案注册时采取无限公司组织所种下的善果。

在抗战期间，这个厂长期为日人占用，申新总公司无法过问，工人大多转业，有的做摊贩，有的跑单帮，有的帮佣度日，有的甚至流离失所，绝少转入日厂工作。他们熬过了水深火热的八年岁月，盼到了抗日胜利的一天，原以为从此可以安居乐业，不料得来的却是企业的支离破碎，困难重重。

六、修复到瘫痪

1945年8月抗战胜利后，按理申一可以重整旗鼓，恢复旧日规模。无奈经过战争破坏，一厂尚可部分修复，开工生产；八厂则厂房机器全毁，重建没有资金，而将地基租与启新纱厂，从此申八就成了一个历史名词。

这时，申新总公司已由荣鸿元任总经理，荣德生只当总监理，又因年老体衰常居无锡，申一厂务自荣伟仁1939年病故后，由王云程主持。申一的修复，从1万锭开始，边修边开工。由于二次大战以后，世界棉纺织品极度缺乏，中国棉纺织业一度出现了繁荣景象，所以申一收回以后，立即加紧赶修。1946年，已修复至28000锭，并陆续向国外订购新机，添建新厂房。1947年进行全面配备和大检修，至年底，共修复纱锭4万多枚、布机1100台。此外，还添购纱机15120锭，线机2000锭，精梳机12台等新设备，扩大厂基67亩。但是，始终没有恢复到抗战以前申一、申八的规模。

尽管那时纱布价格猛涨，企业利润优厚，但在国民党政府的反动统治和官僚资本的压迫控制之下，许多不合理的花纱布管制，强迫认购大量美金公债，捐税重叠，敲诈勒索，使企业生产遭到了严重的困难。例如，1948年国民党敌伪产业清理处通知，丰田在申一厂内遗存有裁断机18台及其他一些设备，均应收归国有，限期送往该处估价标售。而对丰田代管申一期间从申一搬走的100多只马达，虽经纺建公司查明属实，但清理处还要申一"提出所有权之确切证件及中途并未转让的有力证据"，否则不予发还。这完全是有意作难，蓄意侵吞。

由于国民党政府实行恶性通货膨胀的反动政策，企业虽然复工，广大工人的生活却日趋恶化。为了生存，上海许多工厂的工人开展了"反饥饿、反迫害"斗争，申一职工也自动关车，要求厂方配给面粉。结果，遭到反动军警和工贼的迫害。职工们工作消极，企业的劳动生产率必然下降。

随着解放战争节节胜利，国民党反动统治的末日来临，申一当局从1948年起暗中抽逃资金，拆迁厂内机器设备，运往香港、台湾设厂；同时，把1946年向国外订购的3万枚纱锭和28部钢丝车等设备，直接装运港、台。解放前夕，反动军队在申一附近广筑碉堡，作军事部署，并有把该厂作为司令部之说，加上厂内一批工特的捣乱，一时间闹得人心惶惶，乌烟瘴气。工人们做一天歇两天，生活苦不堪言，整个企业陷于瘫痪！

七、解放后的新生

上海解放初期，申一亏空已达20支棉纱1000件左右，资金周转极其困难。由于人民政府和国营经济的正确领导，申一得到了重点照顾，大力扶持。通过加工订货，紧急配棉，人民银行大量贷款，企业逐渐获得了恢复。同时，中新企业系统进行改组，成立了总管理处，健全了规章制度，由荣毅仁先生统一领导，申一也归总管理处管辖。在工人群众的参与、监督下，整顿和肃清了厂内的不良分子，严格执行奖惩制度，增加工人集体福利，加强劳动保护，改善工人生活，提高了工人的生产积极性，劳动生产率不断增长，企业得到稳步发展，资方也以"四马分肥"方式，获得了一定的利润。

1955年，申一与启新、纬昌等纱厂合并，实行公私合营。从此，由于企业性质的变化，整个面貌发生了重大变化。企业规模和生产能力都比过去大大扩展，产品质量达到国际先进水平，充分表现了这个老厂工人的智慧和工艺能力。60年代，它便跨入国营厂的行列，成为今天的上棉二十一厂。近60年来，这个厂获得了更进一步的发展，取得了更加巨大的成就。

（原载《江南大学学报》1991年第10期）

为维护纺织面粉工业生存节略

荣宗敬

宗敬厕身商界三十年矣，所经营者为纺织、面粉两业，敬将两业之现状为明公略陈之。

欧战而后，华商竞设纺织厂，外商知纺织业之有利可图也，于是不旋踵而外厂林立。我国产棉之区，如苏之南通、太仓，浙之余姚，以及陕西等省，年岁丰稔，尚不足供华厂半数之用。自产地至厂，层层捐输，种种亏蚀。外厂则挟"三联单"得以自由采办，不为我国税率所束缚。迨制成熟货，运销各埠，通行无阻。遇华厂纱价略高，则洋纱源源直接输入。以视我国之货物囤积，遵陆则货物停驶，溯江则到处踏船之痛苦为何如？今岁印度、美洲棉价骤增，外商若再来华采办，则华棉势必继长增高，而垂绝之华厂，内感管理之困难，外受棉荒之打击，亦唯有停机歇业，置数十万工人生计于不顾。于此而言维持，一宜禁止华棉出口，如事实上有所窒碍，宜抽一二五税以减少出口数量；一劝导工人尽心工作，俾了然于工商息息相关，绝无独存之理。华商之生机唯此，华商之属望亦唯此。此纺织业之大略也。

更言面粉业，我国面粉自清季始用机制。外粉进口，载在约章，例所不禁。昔之供给外侨食品者，今则充斥市廛，夺我华商之利。而且奖励出口，如香港等处则销澳、美之粉，大连则销日本之粉。华粉价高，外粉则自产地直接运输，攫我金钱而去者，每岁不知凡几。回顾我国面粉业则何如？小麦产额逐年加增，无如征税重叠，交通阻滞，加以人心欺诈，原料往往掺杂灰沙，使厂家受无形之亏折。幸面粉向奉免税，苟遇粉销畅旺，尚有薄利可图。而原料昂贵，粉价随涨，不悉商情者，不曰操纵，即曰把持。不知潮流所趋，百物昂贵，有不期然而然者矣。唯望出厂税早日实行，粉税视麦税为轻，保护厂商即所以维持民食。此面粉业之大略也。

1927年8月

（原载《申新总公司函稿汇登》，抄录于上海
社会科学院中国企业史资料研究中心）

棉纱业之困境与救济方案

荣宗敬

呈为胪陈棉纺织业困苦情形，仰祈鉴核，并予救济事。

溯自欧战以后，英、法、德、俄等国，以其农工商品国外市场为日、美等国侵夺殆尽，于是努力生产，奖励输出，以相角逐。其对于外货也，或重加关税，或禁止输入；其对于币制也，或停止兑现，或禁止金银出口；其对于工人也，或禁止罢工，或减低工资；其对于经济也，或减低利息，或长期贷款。彼以此来应对其近数年来酿成之生产过剩、民众失业，竟以生产落后之我国为其尾闾。

吾国以资金之不能集中，政府之不能维护，民众之不能团结，以致外贸进口额与年增加。以近年天灾、匪祸、内乱、外侮，相继而作，无时或息，不独轻重工业毫无创设企图，甚至主要农产品亦须仰给外国。于是，与此相激相荡之倾销怒潮，乃向太平洋之西岸澎湃汹涌而来，以工业幼稚之我国当之，几如摧枯拉朽，莫可抵御。近两年来以入超太过之故，内地黄金输出几尽，现在贸易全赖少数银块、银圆以为市易。似此情形，实属岌岌不可终日，有识之士未尝不深抱殷忧。

就目前本国工业言，资本较为雄厚，制品较为繁多，可以代替一部分外货者，棉纺织业可称首屈一指。然自关税自主以还，各国对我经济侵略日益加甚，以从前购买我国原料，加工制造，转售与吾之方法，尚认为不能彻底也。进而设工厂于吾国，输入最新之机器，任用熟练之技师，与华厂巍然对峙，上海、青岛、汉口、天津，到处皆是，以制我棉业之死命。且彼恃其不平等条约以为护符，如工人之管理易于就范，捐税之征收可以避免（如派销公债，缴纳印花税、营业税等）。至于原料之进口运输便捷，资金之运用息率低微，犹其余事。凡此种种，即在平时，华厂与之相较，无不相形见绌。况前年长江一带之巨灾，去年"一·二八"之惨祸，东北已告沦陷，平津时闻警报。现在农民有破产之虞，金融有枯竭之象，更何能与彼全国一系大规模之倾销相抵抗？是以近数月来，我国纱厂停闭者已有隆茂、同昌、永豫、裕中四家。现全国纱厂因纱、布存积日多，议决自4月22日至5月21日，每星期六、星期日停止工作，即减工23％，此系不得已救急之计。若不谋根本救济之方，恐此后全国纱厂之将停闭者，不在少数。

夫纺织业关系于民生者至大，吾国现有纱锭450万，而属于日人者占200万，彼除在我国设厂外，复以其本国棉货倾销于我国。近三年来，日本棉纱及人造丝之织品输入者，平均每年在2万万元以上。瞻顾前途，不寒而栗！

第考我国纱厂，不能与舶来品竞争之原因有三：（一）日本输入原棉无税，而我国输入原棉，每百斤须纳税4元2角，即每包原棉须纳税15元1角2分。（二）日本棉货输入我国无出口税，而我国纱厂所制棉布、粗纱，每百斤须纳税2元7角5分，细纱每百斤3元7角5分。（三）我国受《中日互惠协议》之束缚，不能重加进口税。

至于不能与在华日厂竞争之原因，亦有六端，兹列于下：（一）日厂恃领事裁判权之保护，不受党部之干涉与工潮之影响，故训练、管理日臻于合理化。（二）日厂资本雄厚，贷款利息低微，较之华厂，每包纱成本相差六七元之多。（三）日厂以东棉日信、江商等行为其采购原料、推销熟货之机关，在世界各地遍设分行，原料每担可省1元以外，熟货销行畅旺无阻，无形利益不胜数计，华厂则无此便宜。（四）日本设立纺织专门学校，计达24所，人才辈出，技术日精。我国则除南通一校外，别无所闻，人才缺乏，遑言竞争！（五）华厂须摊派公债，负担印花、营业等税，地方军警、教育、慈善、公益等捐款，种种额外开支，不可胜计，而为日厂所绝无。（六）日厂分设我国者，以近五年为最多，其机械之新颖，产量之宏多，欧美人闻之，皆为咋舌。我国号称有250万锭，其中十分之四机械，皆在20年以上。至于最新之厂，足与日人比拟者，不及十分之一，言之可为浩叹。综此数因，华厂虽欲振奋自拔，努力改良，实属戛戛其难。华厂制纱成本每包较日厂高20元至25元，华布每匹较高1元以上。由此以言竞争，宁有立足之余地！

近即以上海一隅言之，存纱已逾16万包，存布150万匹以上。行见货品愈积而愈多，即受累日增而日重，实业已濒危境，工人生计固将灭绝，国家税收亦必停止，其结果盖有不忍言者。年来抵货之声甚嚣尘上，而日厂不独进行如故，且加扩充，诚以成本低廉，故能尽力倾销，以与华厂竞争，非使之摧毁罄尽不止，其用心之险狠有如此者。往者厘金未废，内地厂商犹赖税轻，调剂挹注，彼于兹稍留竞争余地。自改办统税以来，中外工厂同等待遇，而地方捐税又为外厂之所无，华厂遂至陷于重围之中。

政府注重民生，对于棉业想不漠视，从前立法院制定《褒奖条例》，三中全会又经通过《保护纺织实业提案》，属会翘首企望，未见实施。今日火热水深，濒于破产，谨拟救济方案六则于后。

（一）统税加级：查海关棉纱入口税共分四级，本国纱厂统税，亦请改为四级，其支数与海关则略有差别，33支以上为第一级，每担征税6元；23支至32支为第二级，每担征税5元；13支至22支为第三级，每担征税4元；1支至12支为第四级，每担征税3元。棉布税亦应照棉纱等级重量征收，从前

11、12磅，13、14磅，15、16磅共一税率，有失公允，应即停止。

（二）退还统税：上条修正统税，中外厂应一律征收。对于华厂所收之数，每月月底由钧部以奖励名义，以一半退还该厂，于征税时划抵，以资补助。

（三）增加关税：查《中日协定》于本年5月16日满期，应于是日起，所有从日本进口之棉布、丝光布，照先行关税增加2倍，又人造丝织品增加3倍，再加增本国现行棉纱统税。

（四）退还原棉进口税：查原棉进口税，民国十五年尚系每担1元2角，现已加至4元2角，拟请对于华厂所收税款，由钧部以奖励植棉经费名义，退还半数，交属会承领。此项退款，由属会以一半发还纳税之厂，其余一半由属会津贴各省植棉场为改良棉种之用，政府得随时派员指导、监视其进行。

（五）低利贷款：华商纱厂受重利之盘剥，为不能与日厂竞争之最大原因，应请由中央银行、中国银行、交通银行，各划巨款，组织实业贷款，银行以低利长期贷与各华厂，俾资营运。

（六）取缔工会：查日厂每万锭雇用工人一百七八十人，华厂在上海者用三四百人，汉口、天津等处须用700余人，工资相差倍蓰，何能竞争？应请明令各省、市党部，以后各华厂开除工人，工会不得横加干涉，俾资整顿。

以上所陈，仅能举其纲要，如蒙采纳施行，国计民生受益匪浅，临颖不胜迫切待命之至。

（本文原为1933年4月21日荣宗敬以"主席委员"名义，代表上海华商纱厂联合会送交国民政府实业部的呈文，原载《中国政史汇编》第2辑第22册）

第 五 章

发展壮大:"面粉大王"与 "纺织巨子"的形成

荣氏家族的实业巨子

——记荣宗敬、荣德生兄弟

荣廷泰

荣宗敬、荣德生兄弟是中国近代史上著名的民族企业家。他们所创办的荣氏企业，包括茂新、福新面粉公司的16家面粉厂和申新纺织公司的十多个纺织厂以及其他一些工厂。荣氏企业以其悠久的历史，巨额的资本，宏大的规模，广阔的销路，巨大的影响而著称中华。荣氏企业的创办人荣宗敬、荣德生也因此而成为近代中国的"面粉大王"和"纺织巨子"。

办实业获利，荣家发迹

荣宗敬（1873—1938）、荣德生（1875—1952），江苏无锡县人。他们的祖父是个小商人，父亲荣熙泰曾经做过学徒、账房。1883年，荣熙泰到广东谋生，先后在磨刀口厘差、三水河口大差任职。1887年，在肇庆府知府任上任总账。荣熙泰的妻子石氏，在家种桑养蚕、纺纱织布。因此，荣家便成为一个外有俸禄、家有田产的小康人家。荣宗敬、荣德生兄弟就诞生在这样一个江南小康家庭之中。

或许是遗传基因的作用，或许是子承父业的缘由，荣氏兄弟很早就走上社会，自谋生路了。他们在少年时代先后做过学徒、跑街、账房。中日甲午战争爆发后，荣氏兄弟曾一度失业。1896年，荣熙泰在上海与人合资3000元，开设广生钱庄。荣宗敬任经理，荣德生管账。不久，在无锡设立分庄，由荣德生任分庄经理。

广生钱庄开业三年，没有任何盈余，另外三个合资人各将其股金抽出，广生钱庄乃由荣家独资经营。但此时正值清政府发行新银币，上海、无锡之间的汇款利率拉大，这使钱庄每年都有盈余，以后收入逐年增加，为荣氏投资于工业积累了原始资本。

1899年冬，荣德生再次到广东担任补抽局总账房。工作之余，他博览群书，当读了《美国十大豪富传》以后，茅塞顿开，开始萌发了创办实业的动机。1900年，荣德生回到上海，一方面仍在广生钱庄任职，另一方面寻求时机创办实业。当时，中国各业清淡，经济萧条，唯有面粉业一枝独俏。这是由于面粉是在华洋人的生活必需品，故面粉生产享受免税的特权，同时，中国又有着巨大的面粉原料——小麦，而且价格便宜。一心想"兴新业而占大利"的荣德生，终于看中了面粉业。于是他与人合资3万元，在无锡创办了保兴面粉厂，由荣德生任经理。

建厂初期，保兴面粉厂雇工30余人，设备简陋，每天仅产粉300余包，获利甚微。1903年，荣德生吸收怡和洋行买办祝兰舫入股，使保兴面粉厂扩大股金至5万元，改组为茂新面粉厂，荣德生任经理、荣宗敬任批发经理。改组后的茂新面粉厂虽然改进了技术，增添了设备，面粉的质量和产量均有提高，销路也不太难，但是由于厂小势弱，无法与一些大厂老厂（如增裕与阜丰等厂）相竞争。1905年，荣德生以分期付款的方式，向怡和洋行订购英产钢磨六部，并扩建了三层楼的厂房。这样，茂新面粉产量达每天800包，粉色和出粉率都有了很大的提高。此时，正值日俄大战，茂新面粉大量北运，每日可盈利500两白银，到年底获利6.7万两，资本额增至6万元。这就为荣氏兄弟进一步扩大经营范围，发展实业，奠定了较为丰厚的基础。

1905年7月，荣氏兄弟看到纺织更有利可图，于是便与上海的一些洋行买办、钱庄老板一起集资27万多元合资开办振新纱厂。他们订购了英制细纱机28台，计1万余纱锭，于1907年开工，1908年厂董事会聘请荣德生任经理。

茂新面粉厂添机后，一度大获厚利。但好景不长，由于外国面粉大量倾销，严重冲击了中国民族面粉业，在1906—1909年期间，茂新面粉厂出现了巨额亏损。荣氏兄弟面临着经商以来最困难、最棘手的考验。他们不得不关闭广生钱庄，并用自己的田单作抵押，向各银行钱庄借款，才得以勉度难关。1910年，他们又用分期付款的方式，向美商恒丰洋行添置新机，并改建厂房，增置新机器，扩大销售量。由于新粉品质良好，颇有销路。

长期的经营实践使荣德生体会到，要想在激烈的内外竞争中立稳脚跟，击败对手，提高产品质量尤为重要，而面粉的质量除了与机器设备好坏有关以外，关键在于小麦质量的好坏。当时，许多人看到经营面粉有利可图，纷纷开设面粉厂，为此大家竞相争购小麦。1911年春季，江浙一带大水灾情严重。荣德生外出巡视，见多数麦仓外墙泛潮，墙脚水痕有的高达一二尺。他立即觉察到当地小麦一定会因浸湿而引起霉变，而这种霉变的小麦必然会影响面粉的色、香、味。他取样试验，证实了自己的判断是正确的。于是，他及时通知各地采购人员，务必注意不收潮麦、坏麦，牢牢地把住小麦收购关。进厂的小麦如发现混有热坏麦粒、砂石、杂质，他不惜雇工拣剔。结果那年无锡各面粉厂都因烂麦使产品质量大受影响，唯独茂新厂的"兵船牌"面粉保持品质优良，它以其色泽白、韧性大、味道好而一举成为名牌，与阜丰厂的名牌"老车牌"面粉齐名，实现了荣氏兄弟梦寐以求的愿望。1912年初，面粉市场曾一度供过于求，销路不佳，各厂面粉滞销，唯有"兵船牌"面粉走俏，销路顺畅。对此，荣德生颇为得意，他告诉别人，他的成功，得力于精选原料。

在面粉业发展的同时，振新纱厂贷款添购了1.8万只纱锭。1914年，新机装齐，每日出纱70余件，一年盈利20万元。

1912年，荣氏兄弟与王禹卿、王尧臣兄弟和浦文汀、浦文渭兄弟合资4万元，又在上海创办福新面粉厂，由荣宗敬任总理，王尧臣任经理，浦文渭任副经理，荣德生为公正董事。该厂作为茂新的兄弟厂，产品也用"兵船牌"商标。由于是名牌产品，因此销路甚广。往往货还未生产出来，就为客商订购一空。这样，福新厂开业不到几个月，便赚了4万元。次年，福新又集股3万元，租办上海中兴面粉厂。1914年，荣氏又以福新一厂的盈利，筹建福新二厂、三厂。福新三厂全套引进美制设备，于1916年6月正式开机。

至此，荣宗敬、荣德生兄弟经过十多年的苦心经营，终于在我国面粉和纺织界崭露头角了。

"实业巨子"地位的确立

1914年，第一次世界大战爆发，欧美帝国主义列强因忙于战争，无暇东顾，暂时放松了对我国的经济侵略，中国出现了有利于民族工业发展的局面。在战争期间，各交战国粮食生产减少，不但无力输出，而且还要向国外采购。由于我国面粉价格低廉，自然成为各国的主要采购对象。外商纷纷涌向中国，在中国采购面粉，而且不论粉色、牌名都拼命采购，这种饥不择食的抢购风大大刺激了国内面粉工业的发展，不少新厂陆续开设，一时间形成了面粉工业蓬勃发展的"黄金时代"。

茂新厂在战争爆发后的半年内，获利十多万元。巨额的利润，更大大刺激了荣氏兄弟扩大再生产的动机。从1914年到1919年的短短五年内，茂新面粉厂就从一个扩大到三个厂，福新面粉厂从三个厂扩大到八个厂，生产能力由日产5000包扩大到8万包，增加了16倍。以荣氏兄弟为中心的福新，茂新面粉企业，其生产力占全国民族资本面粉厂的1／3，占全国所有面粉厂的1／4，在同行业中成为佼佼者。荣德生在1919年《纪事》中曾有这样的记载，"茂、福新粉销之广，尝至伦敦，各处出粉之多无出其上，至是有称以大王者"。荣氏兄弟因此以"面粉大王"而自豪。

振新纱厂的利润也超出一般，它在战争的头六个月就盈利2万元左右。但是，一心想干一番大事业的荣氏兄弟岂会因此而感到满足？所以，他们经常到各地参观调查，积极筹划发展新企业，不断扩大再生产。然而，荣氏兄弟无限扩大生产规模，遭到一些主要股东的反对。这些股东主张把所有赢利统统分光。这种急功近利，缺乏战略眼光的主张理所当然为荣氏兄弟所不容。股东内部意见不一，加之权力之争，矛盾日益激化，直至涉讼法院。后虽经过调解，纠纷暂告平息，但荣氏兄弟感到大家的经营思想和企业目标的不同，已无法继续合作下去，故于1915年春从振新拆股，另砌炉灶，开办申新一厂。申新一厂创办资本为30万元，分作3000股。荣氏兄弟出资18万元，占总股份的60％，荣宗敬出任总经理。1917年，他们又购下恒源纱厂为申新二厂。由于第一次世界大战的原因，外国纱布向中国进口量大大减少，1917—1919年棉纱进口量降为战前1913年的59.2％，棉布进口量降为73.4％，这就大大刺激了中国民族棉纱生产的发展。1916年，申新一厂棉纱产量为3584件，盈利2万余元。1917年产量增至9723件。同时，申新一厂还增设矿布厂，购置布机350台，棉布产量达29002匹。由于纱、布价格猛涨，全年盈利总额增至近12万元。于是再添布机250台，使1918年生产棉钞9811件，布棉产量增加到128719匹，连同其他棉制品，全年盈利达22万余元。

1919年，继续添置纱锭布机，增产纱、布，全年盈利高达104万余元。

申新一厂所获得的巨额利润，不断激发着荣氏兄弟扩厂添机和增建新厂的强烈愿望。当时正值"五四"运动，全国各地纷纷掀起了抵制日货的高涨，从而使日纱的对华输出大为削减。1918年，日纱输华总量为74.6万担，1919年下降为53.1万担，减少28.8％。1920—1922年间，平均每年进口的棉纱数量继续下降，为战前1913年的48.7％，棉布进口数量也只有战前的73.2％。市场上一时出现了棉纱供不应求的走俏状况，致使棉纱价格上升。申新一厂在1919年盈利104万元的基础上，1920年盈利127万元，1921年盈利73万余元。在这段时期内，申新一厂以历年盈余为本厂添购纱机25000锭，布机400台，申新二厂也添购了新机同时，荣氏兄弟还加紧在无锡购地筹建申新三厂。

申新三厂集股150万元，荣氏兄弟认购108.50万元，占全部股本额的72.3％，荣宗敬任总经理，荣德生任经理。1920年，申新三厂厂房建成，但订购的英制纱机因英国工人罢工未能及时运到。不久，荣德生得知有人出售订购的美制纱机2万锭，而且价格也较市价便宜，于是决定改购美机。1922年2月，申新三厂开车，5月又增建布厂，10月正式开车。全厂共置有纱机5万锭，布机500台，并购置电机两座，自建电厂，发电能力3200千瓦，除保证申新三厂用电以外，还解决了茂新面粉厂的用电问题。开工后的申新三厂年生产棉纱3万余件，棉布30万匹左右，成为无锡地区首屈一指的纱织业大户。

这一时期，申新系统的生产规模有了较大的扩展，机器设备获得了较快的更新，这些机器设备是荣氏兄弟采用分期付款的办法向英、美、日洋行订购的。1917年，先后两次向日商三井洋行订购英制纱机7600锭；1919年以后又分别向美商洋行订购纱机六次，向英商洋行订购纱机一次，向日商洋行订购纱机一次，共订购纱机13万锭左右，其中约半数用来扩充原有各厂。

这样，在第一次世界大战期间，以荣氏兄弟为主，建立了茂新、福新、申新三个企业系统（即“三新”系统），他们所占有的资本从战前的80万美元扩大到600万美元，五年内翻了六七番。仅就申新一厂来看，其全部资本共30万元，而1917年一年就获利40万元，超过了其资本总额，1918年比上年的利润又翻了一番，1919—1920年，每年利润都在百万元以上。至此，荣氏兄弟从1903年创办的第一个工厂——茂新面粉厂，到1922年为止的20年时间里，一共创办了茂新，福新面粉厂12个，申新纱厂四个。工厂分布于上海、无锡、汉口、济南等四个大城市，工人总数达12900人。经过20年的苦心经营和奋力拼搏，荣氏兄弟不仅登上了中国“面粉大王”的宝座，而且还摘取了国内“纺织巨子”的桂冠。随着企业规模的日益扩大，工厂分布的日益广阔，各厂的供产销业务也日益纷繁。为了统一经营管理，荣氏兄弟于1919年在上海江西路筹建茂、福、申新总公司，1921年正式成立。荣宗敬任总公司及其所属16个粉、纱工厂的总经理。

为了吸取振新纱厂的教训，“三新”总公司采取了无限股份公司的组织形式。股份公司可以分为无限股份公司和有限股份公司，股东也可分为无限责任股东和有限责任股东，前者是股东对于公司所负债务，负连带无限清偿责任，而不受其股份金额的限制；后者是股东对于公司所负债务，只负有限责任，仅以他所投入该公司的股份金额为限，而不以其私人的全部财产负责。无限公司的股东人数不多，股东在未得到全体股东的同意之前，不能把自己的股份转让给局外人，而只能转让给内部的其他股东。而且企业可以随时改组，这就有利于兼并其他股东，尤其是小股东，无限公司也便于集权经营。荣氏企业系统的经营大权，包括资金调度、成品销售、原料采购以及人员聘用，均由总经理荣宗敬全权统管。很显然，这种股份形式对荣氏兄弟来说是十分有利的。

“三新”总公司在总经理之下设立八个业务部，即庶务、文牍、会计、粉麦、花纱、五金、电气、运输等部。各部设主任、副主任以及若干办事人员和练习生。

各厂经理、厂长对本厂的生产制造负全部责任，原材料的采购、供应、产品销售、资金周转以及人事安排等方面则由总公司集中管理、统筹规划。在上海的各厂经理每日按时集中于总公司，开会汇报当日生产业务情况及存在问题，外地各厂则以邮电通信方式互相传送情报。

总公司本身没有资本，它和各厂并无资本上的从属关系，既不是各厂出资组成的联合组织，也不是各厂的投资机构。各厂均实行独立的经济核算，但多余资本必须存放总公司，存款利息比银行、钱庄略高一些。

总公司实际上是荣氏兄弟为保证实现其一整套经营管理而设的指挥机构。它的组织形式，集中指挥有余，科学管理不足，体现出较多的封建性和落后性，因此，改革企业管理制度，乃是荣家企业获得进一步发展的重要任务之一。

"恩威并用"的企业改革

中国民族工业发展的"黄金时代"并没有持续多久。一次大战结束以后，帝国主义又卷土重来，我国民族企业绝大多数再度陷入困境，有的被迫倒闭。荣家企业当然也面临着严重的威胁。为了进一步提高劳动生产率，和外国纱厂竞争，勇于进取的荣氏兄弟决心从改革企业管理入手。从1924年开始，推行管理改革。

首先改革管理体制。荣氏企业早期的管理体制是"工头"制。这一制度是旧中国半封建、半殖民地社会条件下的产物，最早由外商在中国办厂中推行，以后为国内厂家仿效沿用。这是一种十分落后的企业管理体制。这种"工头"制分为文、武场两个系统，文场总管的地位在武场总头脑之上。武场总头脑掌管着全厂的生产技术管理及人事管理大权；文场的职员一般不懂生产技术，他们不能直接管理工人，而负责记账、统计、人事、劳动工资、交通运输等工作，从行政事务上管理监督工人。由于各部门工头各自为政，因此在工头管辖下的工人也形成各种帮派，工头们在生产活动中不断巩固和扩大自己的势力范围，各帮派势力之间互相倾轧、排挤，斗争十分激烈。这些工头们还利用自己的权力对工人进行恣意勒索，巧立名目克扣工资，甚至打骂和侮辱工人，从而造成了劳资关系的紧张。显然，这种封建落后的工头制限制了新的生产技术和先进管理方法的采用，阻碍了企业生产力的发展。因此，荣氏兄弟首先在申新纱厂系统着手改革工头制。

1924年1—2月间，荣宗敬派原在日本丰田纱厂工作的楼秋泉，到申新三厂担任粗纱间领班。同年4月，又委派杭州甲种工业学校毕业生余钟祥进申三担任改良指导员。在改革中，荣氏兄弟提出"旧学为体、新学为用"的改革原则，本着"务实"的精神，不急于求成，而采取稳妥渐进的步骤从两方面进行改革：一是在原有文、武场中都任用一部分受过高等、中等专业技术教育、懂管理的新职员，并扩大他们的权力；二是根据科学管理需要新建了一些诸如"保全部""考工部"、试验室等新的管理部门，并统一了行政、技术的领导人员。对于原来的工头，不是采取全部辞退的办法，而是采用调离岗位或逐步减少其权力，待其年老退职，给予津贴等办法，使之自然淘汰。

在当时的条件下，即便这种改革也不是轻而易举的，主张改革和反对改革的斗争十分激烈。由于改革触犯了工头们的切身利益，因而遭到他们的极力抵制，甚至发生过工头唆使工人殴打新职员、阻挠实行科学管理的罢工事件。后经荣德生亲自调解处理，肯定和维护已经进行的某些管理改革，宣布任用工程师、技术员是厂方的事，同时对少数不称职的新职员进行调离，保留原有的领班和工头的权益。实际上是放慢改革的步子。

然而，荣氏兄弟并没有因此而动摇改革的决心。当时欧美和日本的许多先进企业都已采用"科学管理法"，使经济效益大大提高，这不能不使荣氏兄弟为之向往和羡慕。为了在荣氏企业推行科学管理，从1927年以后，他们实行了"恩威并用"的改革原则，并主要在技术、设备和劳动、财务管理上进一步实行改革。

在技术管理上，他们设立质量检验、试验室等部门，委任工程师、总工程师或技师、总技师，统一管理工厂的一切技术工作，并按照泰罗制①原则，制订和推行了各工种的"标准工作法"。为了推行"标准工作法"，他们十分注意加强对工人的技术培训和技术指导，尤其重视对青年工人的技术培训。申新三厂首先于1932年设立工人养成所，招考15—20岁的养成工。每个养成工都要通过相当于高小程度的识字、算术测验；并要经过持续性、记忆力、注意力、插拔筒管、个别谈话和体格测验才决定是否录用。录取后，再进行为期三个月的文化教育和技术培训，学习期满后才分派担任相应的工作。通过技术培训，大大提高了工人的技术水平和劳动熟练程度，从而大大提高了劳动的质量和生产率。

在设备管理上，荣氏兄弟针对企业设备设计不善、机器老化、配置不佳、管理不力的状况，加以改进。一是按照科学方法调整各种机器设备，进行合理配置。二是在组织上专门设立机器保全部门，委派得力的技术人员担任领导，充实技工队伍，负责各种机械设备的维修和保养。三是建立提取设备折旧费制度，创办铁工厂及其他工厂，制造和更新设备。四是在各企业中

---

① 泰罗制：亦称"泰勒制"。美国工程师泰罗首创的一种生产组织和工资制度。内容是：从企业中挑出最灵巧、最强壮的工人，使他们极端紧张地工作；用秒或几分之一秒的时间为单位，记录完成每一操作的时间。并据以规定生产规范和标准时间。实耗时间低于标准时间的少数工人，能得一天的工资和极少的奖金；实耗时间高于标准时间的大多数工人，只能按大大降低的计件单位获得工资。列宁把泰罗制称为"榨取血汗的'科学'制度"。它"一方面是资产阶级剥削的最巧妙的残酷手段，另一方面是一系列的最丰富的科学成就"。

建立严格的机器保养、维修制度，以确保设备的正常运转。

在劳动管理上，荣氏兄弟在各厂建立劳动管理部门，以加强劳动管理。其主要措施有三：第一，制订严格的《工务规则》，严禁工人迟到、早退、旷工、停工、怠工，违者扣工资。第二，实行严格的定额管理，定人员、定任务。如申新四厂原来3万纱锭，用工1800—1900人，实行定额管理后，4万纱锭只用1100人。第三，实行奖金制，奖励出勤率高、劳动效率高的工人，激励工人的劳动积极性。

在财务管理上，荣氏兄弟设立会计部，加强财务的统一管理。总公司成立以前，三个系统权力分散，各自为政，企业管理涣散，财务方面更缺少健全的规章制度。因此，各企业的财务收支凭证记录简单，票据无人签名、盖章，甚至有遗漏错误，都无人查核，这样，贪污和浪费就难以避免，更谈不上产品成本核算，无法为企业经济活动分析提供准确的数据。这种落后、混乱的财务管理制度无疑是企业进一步发展的障碍。总公司成立以后，荣氏兄弟立即对下属各厂的财务管理制度进行一系列的整顿和改革：第一，制订了一些必要的规章制度，统一各厂的会计账册、会计科目以及各种统计报表等；第二，推行产品成本核算，规定年终决算必须编制各企业的资产负债表和损益计算书，以加强财务的统一管理，提高企业经营管理水平。以上改革基本上克服了过去那种财务管理落后混乱的弊端。

荣氏兄弟的上述改革措施，贯穿着"恩威并用"的原则。荣德生曾说过："余素主实际，不尚空谈，尽力做去，以事实对付竞争，三厂对职员主教以习，对工人主恩威并用，兼顾其自治及子女教养。"所谓恩，即给工人的奖励，在管理上注意一定的"宽容"之道；所谓威，则是指严格的规章制度和严厉的惩罚办法。"恩威并用"，是荣氏兄弟的治厂之道。

荣氏兄弟"恩威并用"思想的进一步发展，到30年代开始实行"劳工自治"，推行一定程度的"惠工"政策。

"劳工自治区"最先于20年代末在申新三厂试办，正式建立于1933年。以后在其他各厂先后推行。在"自治区"内，有男女单身工人宿舍和职工家属宿舍。宿舍按区、村、室三级组成；有工人子弟小学，工人晨校和夜校，设有女工养成所，办有医院、食堂、浴室、影剧场、合作社、图书馆以及养兔场等等。在"自治区"内除各种生活设施外，还设有国民党县党部的"社会服务处"，负责"训练工人""改良风纪"，有"工人自治法庭"，处理工人纠纷案件，等等。这些措施给企业带来的好处是：第一，工人的出勤率有了保证，他们不会因路远、交通不便或气候变化而不能来厂上班；第二，改善了劳资关系，减少了劳资纠纷，使工人感到厂主在关心他们而努力工作；第三，限制了工人与外界的联系，使他们"不受外界的影响或诱惑"而安心在厂劳动；第四，提高了工人的劳动技术水平，提高了劳动生产率和劳动产品的质量。这些措施的实行，收到了预期的效果，30年代前期，在各厂普遍亏损的情况下，唯独申新三厂能有盈余，这不能说与实行"劳工自治区"无关。所以，继申新三厂之后，这套"试点经验"被无锡各厂竞相效仿。

　　以后，荣氏兄弟还在申新四厂、福新五厂进一步实行"惠工措施"。这些"惠工措施"包括：第一，发给生活补贴，工人上班期间可以免费在厂里就餐；第二，垫支服装费用，即由厂方垫款制作统一制服、被褥等，以后分期从工人工资中扣除；第三，增加假期福利，每人每月例假三天，假日厂内放电影、演戏，丰富工人业余文化生活；第四，实行免费医疗，工人除患花柳病外，其他疾病一律免费就医（这项措施只实行到1936年，以后工人看病完全自费）；第五，工人因公致死，发给抚恤金、安葬费50元（相当于三个月的工资额），一般死亡，发给丧葬费6元。荣氏兄弟采取的这些"惠工"政策，在当时整个社会普遍不关心工人利益的情况下，无疑是一种开明之举，因此在社会上很有影响，对工人颇有吸引力。

敢冒风险，善于经营

荣氏兄弟经营面粉、纺织工业所以能取得远远超过国内同行业的发展速度，在它的发展过程中，除了第一次世界大战的客观有利因素和抓了企业改革和科学管理之外，还与荣氏兄弟敢冒风险、善于经营有关。这些方法主要有：

（一）租办、收买的兼并方式

租办和收买别的企业，是资本主义竞争状态下的资本兼并与集中的一种形式。荣氏兄弟创办的全部工厂中，有相当部分是采取先租办，后收买的方式开办起来的。如茂、福新面粉系统，在1921年以前，曾先后办过15个厂，其中租办的有六个厂。租办期满后，被收买的三个，继续租办的一个。因此，到1921年为止，荣氏企业实有粉厂13个，其中收买和租办的有四个，占全部粉厂的30.8％。荣氏纺织系统到1922年，申新四个厂中，收买一个，占25％。到1931年，申新纱厂扩展为九个，这新添的五个纱厂中，有四个是收买过来的，占新增工厂的80％。

被荣氏兄弟收买的工厂，都是原有厂因无力维持而停业或因破产被债权人拍卖的。荣氏兄弟看到，采取这种形式扩大企业规模有多方面的好处。其一，这些租办和收买的企业可以不付现款，而且收买价格比造价便宜得多。如福新四厂原是租办的中兴面粉厂，1915年，荣氏以12万元的价格买进，仅及中兴厂原投资额的四成左右。福新六厂原是租办的华兴面粉厂，1919年被荣氏以25万两白银的价格买进，采取分期付款的方式于1921年底才全部付清，这些款项均是从该厂盈利中支付的。其二，兼并一个厂，不仅扩大了荣家企业的规模，增强了在同行中的竞争实力，而且也减少了竞争对手。其三，这些厂的设备、人员俱全，主要是因经营管理不善而导致亏损停工关闭的，因此，只要加以整顿，改进生产技术，或添装一些新设备，就会使老厂很快获得新生。如茂新租办的惠元、宝兴面粉厂，经过整顿改革，产量质量都得到明显提高，年年获得盈利。再如1931年10月，荣氏收买的上海厚生纱厂，原有纱锭7万，布机900余台，规模巨大，设备较新，因连年亏本，无力偿还债务，被迫停业关闭。荣氏买进后改为申新六厂，立即从申新各厂调派工程师、职工和技术工人到该厂进行整顿，临时招雇工人，当月开工。有多少原料和半成品，就开多少车。各道工序一一衔接，从不停顿或间断。由于工作效率高，前后一星期全厂开足，出纱上市，广大同仁和用户为之刮目相待，惊叹不已。

（二）举借债款的资金周转方法

在租办、特别是在收买企业的过程中，荣氏兄弟懂得，要经营这些兼并过来的企业，需要大量的资金，如果仅仅依靠其自身的资本积累是远远不够的。经营钱庄出身的荣氏兄弟，十分懂得银行资本对工业资本的特殊作用。他们采取向银行大举借债的方式来解决资金不足的实际困难。荣宗敬就说过："你有银子，我有锭子，我的锭子不怕你的银子。"他认为，千方百计举借债款，筹集资金扩厂投产，多一枚锭子，就会多一分银子。荣氏兄弟在购厂添机中所需要的资金，大都是他们依靠企业已有的规模和信誉，从银行借债取得的。

为了从银行贷款便利，荣氏兄弟还涉足于金融界。他们与中国银行、上海商业储蓄银行都有密切的关系，并以申新纺织总公司的名义在中国银行投资25万元，在上海银行的投资则更多。1919年，荣氏就向上海银行投资20万元，占该银行资本总额的20%，以后又增加到45万元，成了上海银行的大股东，荣宗敬则担任了这两家银行的董事。荣家企业因此比其他企业更容易得到银行贷款。

荣宗敬总结荣家企业以这种方法增资扩厂的经验时说："茂、福、申新各厂得力于：造厂力求其快，设备力求其新，开工力求其足，扩展力求其多，因之无月不添新机，无时不在运转，人弃我取，以旧变新，以一文钱做三文钱的事，薄利多做，竞胜于市场，庶几其能成功。"荣氏的这种经营之道，固然有着很大的冒险性，但是，一个有作为的企业家，没有甘担风险的进取精神，是不可能在激烈的内外竞争中取胜的。荣氏兄弟正是以他们的雄才大略和经营之道，才使得他们的企业在国内同行中处于独占鳌头的地位。

荣氏兄弟在扩展企业所需的资金中，除了向银行借款外，还有一个重要来源，就是十分注意向职工筹集资金，他们在企业设立了"同仁储蓄部"（即厂内"小银行"）。总公司成立以后，荣氏原先用旧式存折方式吸收职工存款，每年吸收资金在100万元以上。为了扩大储蓄业务，增加企业的营运资本，1928年，荣氏兄弟决定筹办"同仁储蓄部"，并制定了有关章程。荣宗敬自任储蓄部经理，他的次子荣鸿三为储蓄部主任。荣家为了更多地吸引职工的存款，他们规定了灵活多样的存款方式（如定期存款、定期复利储蓄存款、定期取息存款、零存定期存款、零存整取存款、活期存款、礼券存款、活期流通券存款等）和流通方式，同时规定厂内存款的利息率略高于银行的利息率。因此，储蓄部成立的当年，广大职工纷纷存款，当年存款就达147万元，连同总公司旧式存折存款103万元，共达250万元。"同仁存款部"吸储最高额达到754万元之巨。荣氏的这个"小银行"为荣家企业的发展无疑起到十分重要的作用。它不仅部分地解决了企业因不断兼并扩充而日益增加的流动资金的需要，而且每年光因利用这批存款进行营运周转，就节省了如向银行贷款所付利息支出的20万—30万元。更重要的是，它因此激发了工人的爱厂精神，从而能把企业的发展与工人的实际利益密切地联系起来，真可谓"一举三得"。

（三）不失时机地扩大销售

荣氏兄弟深深懂得，中国民族工业的盛衰成败，与中国人民的反帝爱国运动息息相关。第一次世界大战结束以后，帝国主义加强了对华侵略，激起了中国人民的极大义愤，民族爱国运动不断高涨。在抗日战争以前，出现过两次最大的反帝爱国运动：1925年的"五卅"运动和1928年的"五三"运动。

1925年"五卅"惨案发生后，全国范围内掀起了群众性的抵制英、日货运动，大大地抑制了外国资本对华商品倾销；外国在华工厂的工人相继罢工，使日、英纱厂的纱、布产量大幅度减产。这种形势无疑是推销国货的极好时机。善于审时度势的荣宗敬，就在"五卅"惨案之后的6月1日，登报发表"提倡国货宣言"。6月12日，无锡申新三厂也在《锡报》上刊登推销国货布匹的广告，为客商"定织、并代理漂染，限日交货不误"。荣氏的广告宣传，使国产棉纱的销售一反多年来销路呆滞的状况。申新各厂的棉纱畅销各地，各厂都转亏为盈。以申新厂为例，该厂1925年纱、布产量比1923年分别提高5.2％和48.1％；1926年又有增长，比1923年提高17.3％和76.6％，申新一厂1925年盈利19.2万元，比1924年增加47.7％，1926年盈利12.8万元。

1928年5月3日济南惨案发生以后，又一次激起了全国人民的愤慨，大规模抵制日货的爱国运动遍及全国，其中以上海和华南一带的抵货运动尤为激烈。这场运动给日商沉重打击。上海日商纱厂库存棉纱大量积压，以1928年4、5月底平均库存棉纱量为100的话，10、12月底则为194.8，1929年1、3月底又增长至407，4、6月底为303.6。抵制日货的结果，使国产纱、布销路大开。荣氏兄弟不失时机地抓紧销售，申新产品一时供不应求，"人钟""宝塔"等牌子的棉纱成了国内商号的抢手货。1928—1929年，申新各厂纱布产量均比1929年获得较大幅度的增长；整个申新系统中除申新七厂因刚刚购进，生产尚未正常而略有亏损外，其余各厂均有盈余，总计盈余480.9万元，其中申新一厂两年共盈余105.1万元，申新三厂计盈利168.5万元。

（四）采取得力措施培训人才

由于行业之间的竞争日益加剧，提高企业生产技术水平和管理水平更为迫切，而提高生产技术和管理水平主要靠人才。其实，人才对于企业的意义，荣氏兄弟早于实践中深有体验。荣德生说过："俗谓'秀才为宰相之根苗'，又谓'宰相必用读书人'，可知事业之成，必以人才为始基也。"因此，荣氏一向把培养人才作为办好企业之基础，为之千方百计，不惜代价。荣氏兄弟培养专业人才的主要方法是：

第一，致力于教育事业。

荣氏兄弟非常赞赏张謇的"用教育来改进实业"的主张。因此，随着荣家企业的创办和发展，教育事业的进展也相当迅速。

荣氏兄弟早在1906年就开始在无锡创办了公益第一小学，1908年又办起了竞化第一女子小学。辛亥革命以后，他们先后在无锡办起了公益第二、三、四小学以及竞化女子第二、三、四小学和上海申新一厂子弟小学，鼓励职工子女就近入学。1919年，创办了无锡公益工商中学。抗战胜利以后，荣德生大规模扩充教育，将1940年创办的三年专科制的中国纺织工业专科学校改为四年本科制的中国纺织工程学院。1947年，该校设有农艺、食品、电机、机械、化工、数理等系，并在全国首创面粉专修科。荣氏兄弟创办的这些学校，以层次多、专业广、应用性强等而闻名全国，它们为荣家企业输送了大批人才。

第二，注意对现有管理人员的培养提高。

为了提高企业管理人员的专业素质和管理水平，荣氏兄弟曾挑选一部分管理人员出国考察、留学，学习外国企业先进的管理经验和管理方法。1919年秋，他们派同族兄弟荣月泉到欧美各国考察。后来，为把他们的子女培养成为企业的训练有素的接班人，又分别送他们出国深造。从30年代中期起，荣氏把企业管理人员的在职培训提到重要的地位。他们多次举办在职人员培训班，一直到抗战结束几乎没有中断过。江南大学在新中国成立初期还增设工业管理系，专门培养既懂技术又懂经营管理的企业管理人才。应当承认，荣家企业之所以能成为国内一流水平的大型企业，与它们具有大批一流水平的企业管理人才是分不开的。

第三，十分重视职工教育和岗位培训。

除了培养企业管理人才之外，荣氏兄弟还十分重视职工的职前教育和岗位培训。在1928—1932年间，申新总公司在无锡开办了"职员养成所"，培养中等纺织技术人才，这些人后来都成了申新各厂的技术骨干力量。从1936年起，荣氏兄弟还在各地积极培训在职技术人员。至1940年止，仅上海、无锡两地就共培训技术人员250人。在抗战期间，申新总公司在上海开办了中国纺织染工程补习学校，这所学校除招收荣家企业系统的在职技术人员以外，还兼收同行业其他各厂的在职人员。学制两年半，前后共招七届学员，总计400人。不仅如此，荣氏兄弟还十分重视普通工人的在职教育。如前所述，荣氏企业招收工人，都要经过严格的文化考试，工人进厂后，要在"劳工自治区"内开办的工人夜校、晨校，按照标准工作法的要求，进行技术学习和操作训练。经过培训的工人，生产操作技术十分纯熟，劳动生产率大大提高。

荣氏兄弟一生创办实业，始终重视教育培育的人才做法，在今天对于我国社会主义企业的发展，仍然有其重要的借鉴意义。

民族危机中的荣氏兄弟

1931年"九一八"事变后，东北沦为日本帝国主义的殖民地。日本继而对华北大量倾销商品，这对中国民族工业的发展无疑是一种严重的遏制。

1932年，"一·二八"沪战，致使上海停市达三个月之久，申新各厂被迫停工。因此，从1933年起，荣家企业连年亏损，这使荣氏兄弟"无日不在愁云惨雾之中"，痛苦万分。虽然茂新、福新面粉厂凭借其雄厚的生产能力，优良的产品质量，争到了为国民党政府的代磨美货小麦的机会，故在全国面粉业普遍危机之际仍能获利，然而，申新系统的企业资金却入不敷出，债台高筑。这时福新厂唯恐殃及自己，便从茂新、福新、申新总公司中独立出来，另设福新总公司，由王禹卿任总经理。福新的分裂，是荣、王二氏之间的利害冲突明朗化的标志。

为了挽救申新系统，荣氏兄弟绞尽脑汁。他们曾打算求助于英美，建议"庚款借锭"，即用庚子赔款基金购买外国纱锭借给申新，以应燃眉之急。同时，荣宗敬还向国民党政府谋求支持，但所有这一切努力，都统统落空。到1934年6月底，申新系统资产共值6800余万元，而负债总额达6300万元，已经到了濒于破产的境地。

为了摆脱危机，拯救申新，荣宗敬于1934年6月，向国民党政府呼吁调查救济，请求由政府保息，发行公司债券。但是，荣氏兄弟万万没有想到，此举不仅未能如愿，反而引狼入室。实业部派员到申新厂调查，以救济申新为名，行阴谋并吞之实。他们一面唆使中国银行等全部停止对申新的贷款，一面炮制"申新纺织公司调查报告书"，蓄意低估产值，指责申新资不抵债，无组织、无管理，必须加以"整理"，迅速"清理债务"，"改换经营组织"，变私营为"国营"，并准备派员接收和改组申新总公司。

面对国民党政府的吞噬阴谋，荣氏兄弟拼死抵制。与此同时，各地同仁眼看申新陷入魔掌，深感唇亡齿寒之痛，群起激愤，全力声援申新公司。慑于社会舆论的普遍反对，加之国民党政府内部派系矛盾重重，才迫使他们不得不停止接收申新，改由中国、交通、上海三银行组成银行团，实行监督管理，"由荣氏本人大加整理"，实际上申新的财政权已被国民党政府所控制。

申新厂虽然逃离虎口，但仍难走出深渊。由于美国实行购买白银的政策，致使中国白银大量外流，经济形势日趋紧张，银行利率升高，借贷十分不易。随着银价上涨，美国棉花价格猛涨，而我国棉产不足，加之日本纱布猖狂走私，操纵中国市场。在这种情况下，国民党政府却不顾民族工业的利益，修改进口税率，减布税而增棉税，为外商向中国倾销商品大开方便之门，造成中国市场棉贵纱贱布更贱的反常情况，这无疑是给中国民族纺织工业雪上加霜。荣氏企业直接身受其害，打击更为惨重。在这种局势下，荣宗敬如坐愁城，成日四处呼吁求援。他还直接写信给蒋介石、汪精卫、孔祥熙等人，要求政府免税记账，准予发行公债或担保借款。但是，国民党政府根本不予理睬，逼税如故。此刻，债主们纷纷上门催债，荣宗敬钱袋空空，又试图向国银公司和外国银行借款。惯于"锦上添花"而不愿"雪里送炭"的金融资本家哪肯在这时慷慨解囊！终于迫使申新二厂和申新五厂暂时停工。到了1935年，因申新无力归还汇丰银行的200万元押款，汇丰银行在没有经过法律手续的情况下，以债权人的资格，由英商鲁意师摩洋行登报公开拍卖。这一事件发生后，上海各界为之震惊。社会舆论纷纷谴责汇丰银行的非法行径，申新厂的全体工人更是誓死反对，他们自觉行动起来，奋力护厂。国内厂商联合会也号召全体会员联合起来，与外商银行断绝来往。在中国人民的强大压力下，汇丰银行终于取消拍卖，押款转期。此刻，与荣宗敬素有矛盾的王禹卿却釜底抽薪，公开声明不愿再为申新厂担保债务。1935年4月，申新各厂全部资产总额为6200余万元，而全部债务总额达6500余万元，出现资金倒挂，实际上已经破产。

为争取申新二厂和申新五厂的复工，荣宗敬多次给宋子文写信，请求政府援助。宋子文对申新垂涎已久，见时机已到，便想乘机把荣氏一脚踢开，把申新全部吞下。荣宗敬虽然不愿束手就范，但慑于宋家的权势，又不敢正面反对，便请荣德生出面拒绝。只是由于申新债权人中国和上海两银行之间的矛盾，宋子文鲸吞申新的企图才未实现。

1937年，抗日战争全面爆发。日本侵略军所到之处，烧杀抢掳，无恶不作，使荣氏企业在劫难逃。随着上海、无锡等地的先后沦陷，荣氏兄弟在上海旧租界区以外的企业，全部被日寇破坏和强占，所造成的经济损失达数十万计。在如此巨大的打击之下，荣宗敬对民族的前途和企业的复兴一度丧失信心。上海沦陷以后，他曾与上海南市华商电气公司经理陆伯鸿等人参与筹组变相的伪维持会组织——"上海市民协会"。上海各界人士举行集会，警告他们"切莫自绝国人，自毁人格"。不久，陆伯鸿被人暗杀，荣宗敬的住宅也被人监视起来。荣宗敬急忙于1938年元旦登报声明，宣布所谓他参加市民协会的传言"与事实不符"，要求各报"赐予更正"。然后，便离沪避居香港。1938年2月10日，荣宗敬在惊悸忧郁中逝世，终年65岁。

1937年10月，在无锡沦陷前夕，荣德生也离锡避居汉口。荣宗敬的去世，使他痛苦万分，然而更令他操心忧虑的则是荣家企业的生存。荣德生的子侄们力举他出来，王禹卿也写信要他担任总经理，荣德生于1938年4月3日写信给荣鸿元（荣宗敬长子），要他和荣伟仁（荣德生长子）当协理，荣卿三（荣宗敬之子）、荣尔仁（荣德生次子）当襄理，表示"俟大局安定，即到申料理"，来"通盘计划及复兴程度"。

1938年6月，荣德生来到上海，在上海旧租界内闲居，以收购书画古籍自娱。实际上总公司的一些重大事务，他仍是参与的。同时，他还计划另创一个规模宏大的企业——"天元实业公司"，准备将他名下的茂新、申新的股份和资金，作为"天元"的资本，由他任总经理，七个儿子当副经理。经营范围参照金、木、水、火、土"五行"分类：属于"土"的方面，有煤炭、石灰、水泥、砖瓦等等；属于"金""木"方面，有采矿、冶金、铁工、化工、塑胶以及筒管、棉条筒，等等；属于食品方面，有面粉、饼干、点心之类；属于"水"的方面，有漂粉水等；属于"火"的方面，有纺织、印染、整理、裁制、缝纫等。这种囊括一切的宏伟"复兴计划"，说明年近古稀之年的荣德生还雄心勃勃，创业之心不减当年。

在抗战期间，荣德生没有参加敌伪机构。他坚决同日伪势力的威胁利诱作斗争，并且千方百计支持中国人民的抗日民族运动，充分表现出一位爱国企业家的高风亮节。

"八一三"沪战爆发，8月16日无锡各界人民组织了抗敌后援会，号召大家共同维护后方治安，募捐物资款项，慰劳前线将士。"国家兴亡，匹夫有责。"荣德生在第二天立即率先响应，致函"后援会"，捐助面粉1万包；仅隔两天，又捐面粉1万包，作为前线将士的慰劳品；又隔几天，再捐1万包，以救济难民。他还把申新三厂装运原棉的船只，无偿交给荣永记轮船公司，到上海装载难民回乡。

在抗战期间，日军屡次采取威胁利诱的手段，对荣德生施加种种压力，企图收买申新一厂和八厂的产权。但荣德生不畏强暴，严加拒绝，在太平洋战争爆发前，日商曾企图与荣德生"合作"经营申三、茂二等厂，均遭到他的坚决抵制。他说："宁为玉碎，不欲瓦全！"宁可毁灭搬空，也决不与日商合作。所以，荣家各厂始终没有一个厂与日商同流合污。1940年，荣德生的次子荣尔仁遭匪徒绑架达58天之久；1942年，他的三子荣一心又被日本宪兵队扣押。当时，不少人都劝荣德生亲自向伪市政当局和权贵人士求情疏通，而他始终不允。这一切，充分表现出荣德生"横眉冷对千夫指"的民族正气和爱国主义精神。

抗日战争前夕，荣氏企业负债累累，资不抵负，银行索欠涉讼，处于风雨飘摇的困境。在抗战期间，蒋介石和汪伪卖国集团实施恶性通货膨胀政策，在这种情况下，荣家企业不仅偿还了债务，而且还大获盈利。申新厂欠款还清以后，荣德生大有"无债一身轻"之感。他曾要召集股东会，准备出任总经理大干一场，但他的侄子们和王禹卿此时已另有打算。这样，荣氏家族几十年来亲密合作的关系破裂了，从此形成"西摩路"（荣宗敬上海住寓）和"支恩路"（荣德生上海住寓）两房各自为政的局面。荣德生对于"各厂人事行政，渐趋分歧，各顾其私，破坏大局"的行为感到无比的忧伤愤懑。荣家企业经过四十年的发展，由总经理荣宗敬大权独揽、统理一切，靠封建宗法关系和血缘关系为纽带来维系的一统局面终于开始打破了。这是资本主义生产方式发展的历史必然。

终身办实业，晚年志不衰

抗日战争期间，荣家企业已经初步呈现分裂的趋势。抗战胜利后，荣德生力图重建荣氏大一统，但所有这些努力都不能奏效。随着荣家内部矛盾的加深，申新总公司各厂终于"一分为三"：一是以荣鸿元为代表的总公司系统，包括申一、六、七厂和鸿丰、二厂及鸿丰面粉厂；二是荣德生为代表的申二、三、五系统，包括茂新一、二、四厂，申新二、三、五厂和广州二厂、天元公司、合丰公司、开源公司；三是申四系统，以荣德生的长婿李国伟为代表，包括宝鸡、汉口、重庆、成都、上海等地的申四、福五等16个厂。

荣德生对荣氏企业这种"多元化"发展的局面也无可奈何，不过仍然想在有生之年干一番大事业。他曾指望通过国民党政府向日本索取赔款，补偿荣家企业在战争中的损失，并得以向政府借取大量贷款，使他能集中力量，独资经营比"三新"系统规模更大的"天元实业公司"。然而，抗战胜利后，官僚资本对民族资本的压榨，却变本加厉，这使荣德生十分寒心。他在失望之余，慨叹"政府措施舛谬，有失民心"，抱怨国民党当局对民族资本采取"竭泽而渔""杀鸡取蛋"的政策。这就不能不得罪国民党政府的权贵们。1946年4月，荣德生在上海遭到以淞沪警备司令部为主体的军统特务的绑票勒索。经过33天，才以美金50万元赎回。这场险遇，使荣德生身心倍受打击，元气大伤，他饭不思，茶不想，很快骨瘦如柴。

1948年9月，上海市警察局以"私套外汇嫌疑罪"将荣鸿元逮捕，将其拘禁达79天之久。后经国民党当局的特别刑事庭判处有期徒刑六个月，缓刑两年。在拘禁期间，荣家企业又被敲诈勒索财物金银、"国币"、美钞计50万美元。1949年5月，上海地方法院检察处以莫须有的"贪污"罪名，又对荣德生的四子荣毅仁提出公诉。原定5月25日开庭审理，适遇上海解放，荣毅仁才绝路逢生，幸免遭殃，但也被敲去了10条黄金，5000元美金。

国民党政府对荣家企业的强盗式的掠夺，说明官僚资本对民族资本的压迫盘剥的加剧和升级。如果说国民党政府过去对荣氏兄弟采取的手法主要是乘人之危，利用荣家企业资金周转困难而阴谋吞噬的话，那么，现在他们则穷凶极恶地运用暴力手段和特务流氓势力相勾结来明抢直夺了。国民党政府的所作所为，使荣德生对国民党反对政府的黑暗统治，达到"万念俱灰的地步"。所以，在全国解放前夕，他表示不愿再跟蒋介石集团逃离大陆，而"决心留在祖国"与他们的企业共存亡。荣德生在关键时刻作出的正确抉择，表现出一位爱国正义的民族企业家的高尚品格。

1949年春，蒋家王朝处于分崩离析之中。许多资本家纷纷去香港、台湾或去外国。不少好心人也劝荣德生随之出走。可是，他镇定自若，坚决表示："我非但决不离沪，并决不离乡，希望大家也万勿离国他往。"当他得悉三子荣一心和五婿唐熊源乘他不在无锡之际，要把申三厂的两万纱锭拆到台湾的消息，便立即从上海赶到无锡，严加训斥，命令将已拆下机器重新安装，已运上船的，一律搬回厂中。1949年1、2月，荣德生主持的申新二、三、五厂总管理处还先后决定将合丰公司已运至台湾的27箱54只马达重新运回上海。荣德生密令各厂："今后方针，以维持原有局面为原则"，凡已迁往香港、台湾、广州的物资，"应一律从早出售或搬回"。由于荣德生的努力，在他所主管的企业范围内，大大减少了迁厂逃资的损失。

新中国成立前夕，荣德生还派无锡区协理钱钟汉前往苏北解放区，对共产党表示欢迎之意，并决心坚持留在无锡，等待祖国解放。

新中国成立以后，党和人民政府给予荣德生以崇高的政治荣誉和莫大的理解信任，并且委以重任。党中央邀请荣德生参加了中国人民政治协商会议，并被推选为第一届全国政协委员。1950年，荣德生又被任命为华东军政委员会委员、苏南人民行政公署副主任，还被选为中华全国工商业联合会筹备委员，苏南各界人民代表会议协商委员会委员等职。党和政府还根据共同纲领中关于"发展生产、繁荣经济、公私兼顾、劳资两利"的方针，大力扶助和支持荣家企业克服困难、恢复生产。

荣德生对共产党和人民政府的信任与支持内心感激，他决心利用有生之年，为荣家企业大展宏图，为国为民多做贡献。他认识到，要克服困难，重振大业，亟待改革企业的经营管理制度，建议筹组统一的总管理处，以加强组织管理。人民政府对他的这个计划，给予了大力支持，并由人民银行贷款100万元予以资助。在充分酝酿协商的基础上，于1950年5月正式成立了上海申新纺织厂总管理处，将所属申一、二、五、六、七、九厂，合丰、裕中八个企业单位集中，统一经营。总管理处设管理委员会，由荣德生任主任委员。下设秘书、业务、财务、工务、计划、购料六课，由荣毅仁任总经理，吴中一、汪君良为副总经理。1951年7月，无锡申三厂加入上海申新总管理处，隶属于无锡区处。1952年1月1日，广州第二纺织厂也正式加入了申新总管理处。至此，申新系统除汉口的申四厂仍由李国伟主持外，其余各厂均由总管理处集中统一管理。

上海申新纺织各厂成立总管理处以后，在统一财务、业务、生产、购料以及管理制度等各方面都取得了一定的成效，企业经营状况明显好转。

为帮助荣家企业克服困难，恢复和发展生产，人民政府在国家财力物力都比较紧张的情况下，给予它们大批贷款和原棉、棉纱，解决它们在生产过程中原料和资金的困难。荣家企业的广大职工也自觉改进技术，节约原料、节衣缩食，与厂主一道共渡难关。工人和职员还自动地降低工资，节省企业的流动资金。如申新三厂，在1949年到1950年两年中，亏损总额达40余万元，在1951年就转亏为盈，旧欠也开始还清，到1952年，生产形势进一步好转。

党和政府的大力扶持，工人们顾全大局、自我牺牲的实际行动，使荣德生受到深刻的教育，也使他逐渐加深了对党的政策和自己光明前途的认识。他尽管已进入垂暮之年，但仍在积极组织荣家企业恢复和发展生产，同时积极参加各种社会政治活动。他曾带病出席苏南区人民代表会议、华东军政委员会第二次会议。1952年5月，荣德生患紫斑症，经多方医治无效。在病势垂危之际，他对祖国的前途充满信心，他说："余从事于纺织、面粉、机器等工业垂60年，历经帝国主义、封建势力、官僚资本主义及反动统治的压迫，艰苦奋斗，幸中国共产党领导全国人民革命胜利，欣获解放。目睹民族工业从恢复走向发展；再由于今年'三反''五反'的胜利，工商界树立新道德，国家繁荣富强指日可待。"他口授遗言，勉励其子女"要积极生产，为祖国努力"，并谆谆嘱咐在国外的子侄从速回国，参加新中国的建设事业。7月，荣德生在无锡逝世，享年78岁。

党和政府暨各界人士深切悼念荣德生逝世。苏南人民行政公署成立了治丧委员会，在纪念哀悼荣德生逝世的集会上，高度赞扬他对中国民族工业发展所做出的贡献，充分肯定他对祖国的热爱和对新中国建设事业的满腔热忱，表彰他一生艰苦创业、锲而不舍，尤其是晚年所表现出来的"老骥伏枥，志在千里"的进取精神。

（原载《江苏文史资料》第34辑）

"面粉大王"和"纺织巨子"

——荣宗敬 荣德生

白寿彝

　　荣宗敬和荣德生是我国近现代著名的民族企业家，他们主要经营面粉厂、纺织厂，被人称为"面粉大王"和"纺织巨子"。

　　第一次世界大战爆发，上海面粉工业迎来"黄金时代"，荣氏兄弟1915年收买上海中兴面粉厂，改为福兴四厂，1917年又将在上海组办的华兴面粉厂改为福新六厂，这期间荣氏兄弟还向汉口发展，1918年兴建福新五厂，同时原在无锡茂新面粉厂也在扩充，在1916—1917年间，无锡五家面粉厂中，有四家荣德生经办，到1919年底，荣氏面粉生产能力与"一战"前相比，增长了近二倍，荣氏兄弟因此获得了"面粉大王"的称号。

　　他们的经营之道主要有：一是充分利用分期付款的方式向洋行订购机器，以此来不断扩充生产设备；二是依靠信誉，大量抛售远期栈单，作为调度资金的手段；三是采取控制原料的办法，抢先买下大量的新麦；四是十分注意生产技术的改进和产品质量的提高。还在面粉里放铜元，作为"彩头"以扩大销路。在面粉业发展过程中，荣氏兄弟利用第一次世界大战爆发的有利时机，努力发展纺织业，到五四运动时纺织厂已发展到四个，拥有纱锭13万余枚，1921年茂新、福新、申新总公司在上海成立，荣宗敬任总经理，标志着荣氏企业系统基本形成。

1922年以后，外国资本卷土重来，中国民族资本黄金时代结束，代之而来的是更加动荡和不安，荣氏企业也和全国所有民族企业一样，在内外压迫下，蒙受不少损失，荣宗敬为了逃避日本侵略军的胁迫，于1938年1月避居香港。2月因脑溢血症复发去世，享年65岁。荣宗敬去世后，荣德生由汉口返回上海，1946年遭绑架，被国民党当局敲诈了60多万美元，1948年下半年他制止了自己的亲属将申新三厂机器拆运到台湾的企图。新中国成立后，他拥护中国共产党，人民政府给予他较高的荣誉和地位，他先后担任全国政协第一届委员、华东军政委员和苏南行政公署副主任。1952年7月因病在无锡去世，享年77岁。

（摘自白寿彝主编《中国通史》）

荣宗敬、荣德生兄弟与茂福申新企业

黄汉民

1986年6月15日，一个引人注目的回国观光团到了北京，他们是一批来自美国、加拿大、澳大利亚、联邦德国、巴西、瑞士以及港、澳地区的荣氏亲属。18日上午，中共中央顾问委员会主任邓小平在人民大会堂会见了这个由200多人组成的荣氏亲属观光团，同他们合影留念，亲切叙谈。邓小平高度赞扬了荣氏家族为祖国所作的贡献，他对荣氏亲属中最年长的、全国人大常委会副委员长荣毅仁的胞兄——荣尔仁说，你们荣家对发展中国民族工业是有功的，是推动历史前进的，人民是不会忘记的。这个荣氏家族的父辈，就是在中国近代工业发展史上有着重要地位的著名实业家荣宗敬、荣德生兄弟。这两位荣氏企业的创始人，从1900年起，先后创建了茂新面粉公司、福新面粉公司12个厂和申新纺织公司9个厂，以及其他一些附属企业，成为中国民族工业中规模最大的一个企业集团。

钱庄学业　石磨起家

荣宗敬、荣德生兄弟是江苏无锡荣巷人。荣宗敬，又名宗锦，号锦园，生于清同治十二年（1873年）八月初二日。荣德生，又名宗铨，号乐农，生于清光绪元年（1875年）七月初四日。他们的祖辈多以经商为业，至祖父荣锡畴当家时，家境已经衰落。到他们的父亲荣熙泰时，祖传家产仅剩下两间旧屋和10余亩田地。荣熙泰远离家乡，辗转到广东谋得一个厘卡官吏的职位，但他为两个儿子选择了经商的道路。

1886年，荣宗敬年方14岁，父亲把他送到上海南市一家铁锚厂当学徒。第二年，经人介绍到上海永安街豫源钱庄拜师学业。1889年，荣德生15岁时，由哥哥的友人推荐，也到永安街通顺钱庄学业。兄弟俩在学徒期间，刻苦好学，长进很快。荣宗敬19岁满师后，在南市森蓉泰钱庄当跑街，专管无锡、江阴、宜兴三地的汇兑收解，接触的客户多经营棉麦等农产品，使他对于中国的棉麦产销情形，增长了不少见识。22岁那年，因受甲午战争的影响，森蓉泰经营失利倒闭，荣宗敬便失业返回故里。荣德生在钱庄学业时，由于细心钻研，很快熟悉了汇兑批水业务，并练就了一套记账结算的好方法，受到了钱庄经理的赞许。但是，荣德生嫌钱庄薪水低微，便在18岁满师后离沪回了老家。然而，这短短几年的钱庄学业生涯，终究使荣氏兄弟在创业的道路上迈出了第一步。每当回忆起这段经历，荣德生常常津津乐道地对人说："余之一生事业，得力就在这时。"

荣德生回到荣巷后，一度随父亲赴广东三水河口厘金局任助理账房。1895年底，荣熙泰得病在身，父子俩便相偕返回无锡。这时，荣宗敬已经闲居在家。荣熙泰打听到同乡老友中在上海经营钱庄发了财的不乏其人，便带病赴上海，实地了解。他看到南市一带，钱庄林立，生意确实不错，当即决定让两个儿子在南市鸿升码头开设一家广生钱庄。荣熙泰自己拿出1500元的积蓄。另外招股1500元为资本，光绪二十二年（1896年）二月初八日正式开业。荣宗敬任经理，荣德生为管账；并在无锡设立分庄，由荣德生任分庄经理。不久，合伙股东拆股退出，广生钱庄便由荣氏兄弟独资经营。

这时，中国处在甲午战败之后，帝国主义利用不平等条约加强了对中国的经济侵略，同时也刺激了中国资本主义工商业的发展，钱庄业务渐见兴旺。广生钱庄经营无锡、常州、宜兴、溧阳等地的汇兑业务，也迅速发展起来，连年获利都在六七千元左右。但是，荣氏兄弟认为，"钱庄放账，博取微利"，还不如自己直接投资经营实业为好。1899年，荣德生又应邀在广东厘金局任总账，目睹免税的外国面粉大量进口，销路甚畅，漏卮日巨，遂与荣宗敬商定筹办面粉厂。1900年10月，他们以6000元钱庄盈利作资本，与人合伙，购置了四部石磨，在无锡办起了第一个面粉厂——保兴面粉厂，于1902年建成投产。

创业伊始，步履维艰。石磨的面粉，质量差，成本高，难以在市场竞销。无锡的封建乡绅又恶意中伤，散布保兴面粉有毒的谣言，以致销路大受影响。大股东朱仲甫退出了股份，保兴厂面临散伙的局面。荣氏兄弟坚定不移，并增资扩充，将保兴改组为茂新面粉厂，由荣德生任厂务经理，荣宗敬为批发经理。为增强茂新的竞争能力，他们准备到上海的几个大面粉厂去参观，看看人家的底细。但英商增裕的制粉车间不让看，华商阜丰、华丰不让进。荣德生找门路偷偷地溜进了华丰厂，参观各种机器设备。回无锡后，他马上采取措施，改进设备，并增添新式钢磨，使面粉的产量和质量有了明显提高。茂新面粉终于赢得了市场的信誉，尤其在东北市场上打开了销路。

1905年以后，民族工业在挽回利权运动中得到了新的发展。荣氏兄弟又以钱庄和面粉厂的6万元盈利作投资，与买办荣瑞馨等合资在无锡筹建振新纱厂。1907年振新建成开工，实收资本共27万余元。振新创办之初，厂务实权掌握在荣瑞馨手中，因管理混乱，亏损甚巨，引起股东不和。1909年进行改组，由荣宗敬任董事长，荣德生任经理。兄弟俩受任要职以后，着眼于降低产品成本，提高质量，立即对供、产、销各个环节进行整顿，终于使振新棉纱能与日纱并价齐卖。

两厂经过改组、整顿，荣氏兄弟俩密切配合，一个抓厂务管理，一个抓产品销售，企业经营都有了转机。荣氏兄弟勇于开拓的企业家才干开始显露头角，从而进一步为他们立志投身于兴办实业增添了勇气。1908年，他们收歇了广生钱庄。

"兵船"驶向海内外

荣氏兄弟依靠四部石磨，终于在兴办实业的道路上艰难地闯出了第一步。

1909年夏，他们向上海美商恒丰洋行订购到最新式美国面粉机12部，还得到了分期付款的优惠条件。他们立即着手改建厂房，把四部石磨拆去，装置新式电动设备。1910年3月，新机全部安装完毕。这时，全厂共有新式钢磨18部，实际生产能力比初创时增长了九倍，大大降低了产品成本，提高了生产效率。新产品取名"兵船"，当中，茂新厂就获得了盈余。

1911年，江浙一带水灾为患，一些厂栈存麦遭受水浸发霉。荣德生当即觉察到用这类原料生产面粉，必定色差味异。于是，他亲自把好原料关口，严格制定小麦选购和仓库保管的一套办法，通知各地办麦庄绝不准采购失晒热伤小麦；发现混有热坏麦粒、砂石、杂质的，即雇工拣选。如此层层把关，茂新兵船牌面粉的色味都较他厂出品为优。次年，在粉市呆滞的情况下，他们又大胆购进一批四川小麦，使茂新产品更臻上乘。结果，他厂面粉因受质量影响积压滞销，唯独兵船牌面粉脍炙人口，深受客户欢迎，售价也超出了阜丰老车牌。1912年，茂新盈余高达12.8万两，终于还清了各项欠款。

兵船牌面粉在市场上创出牌子以后，荣氏兄弟从事企业活动的信心倍增。辛亥革命之后，他们的企业活动开始从无锡向上海发展。他们与王禹卿兄弟、浦文汀兄弟合资创建福新面粉厂，资本4万元，荣宗敬任总经理，于1913年2月建成投产。福新开办初期，原麦采购统由茂新进货，福新面粉也采用兵船牌商标。因此，福新产品还未出厂，栈单早被抢购一空。福新的业务得到了意想不到的顺利发展，开工不到一年，即获利3.2万元，盈利率达80％。福新厂的优厚利润，刺激了荣氏兄弟要在面粉工业上干一番事业的勃勃雄心。他们一面继续扩大茂新、福新规模，一面在无锡和上海接连租办或收买老粉厂。经营规模一年比一年扩大。

根据茂新的办厂经验，荣氏各厂都十分注重小麦质量。每年收麦季节，兄弟俩都悉心研究当时的小麦情况，以便及时发现问题，采取对策，保持产品的声誉。各厂还仿效茂新的做法，无论新建厂还是租办或收买的旧厂，都购置最新式机器，或对旧机器进行更新改造。对于引进的国外机器设备，他们仔细研究它的性能，以便最有效地发挥机器效率。外国的制粉机，是根据外国小麦的品质设计制造的，我国所产小麦泥灰杂质较多，进口粉机的清麦筛理能力不能适应，不仅直接影响面粉质量，也限制了产量的提高。因此，荣氏兄弟请来有经验的面粉师、技术人员共同研究摸索，进行革新改造，终于增强了清净麦粒的效果和出粉能力。结果，面粉的质量进一步提高，实际生产能力也比原来的设计能力增加了50％到100％。

由于荣氏兄弟经营得法，经过第一次世界大战时期的迅速发展，茂新、福新连租带买和自己投资新建的工厂，先后共有14个之多。内有租办的面粉厂6个，其中租期满后收买下来的有3个。到1921年止，荣氏兄弟继续经营开设的面粉厂一共有12个，即茂新一至四厂，福新一至八厂，分布于上海、无锡、汉口、济南等地。此外还经营一家租办的面粉厂。这时，荣氏面粉厂之多，在全国同行业中首屈一指。其拥有粉磨301部，日产面粉能力达76000袋，在全国民族资本面粉工厂生产能力总数中占31.4％，如果包括在华外资面粉厂的生产能力在内，也占到23.4％。各厂所产的面粉，畅销全国各地，其中极大部分运销华北地区。它的兵船牌面粉，更是远销英、法、澳大利亚及东南亚各国，在第一次世界大战期间，出口达80万吨，在国内外市场上享有盛誉。荣氏兄弟为中国民族面粉工业的发展立下了汗马功劳，成了中国有名的"面粉大王"。

"对外竞争，非扩大不能立足"

荣氏兄弟从开始创办实业时起，就确立了以粉、纱工业为自己的投资目标。粉厂经营的成功，又进一步促动了他们对纱厂事业的浓厚兴趣。担任振新经理的荣德生，准备以少分红利，厚积资金，采取"肉烂在锅里"的办法来扩大振新规模，主张在上海、南京、郑州等地增建三个新的纱厂。但是，他的主张遭到一心只想多得现金、多分红利的大多数股东的反对，引起了股东间的纠纷。荣氏兄弟便毅然于1915年春退出了振新纱厂。

这时，正值第一次世界大战，中国民族工业获得了空前的发展。荣氏兄弟用粉厂盈利，在上海另行招股创办了一家拥有30万元资本的申新纺织公司（即申新一厂）。荣氏兄弟出资18万元。荣宗敬自任总经理。申新一厂自1916年正式投产以后，连年盈利丰厚，1919年全年盈利达104万余元。意外的高额利润，为荣氏兄弟添机扩充、增建新厂提供了有利条件。此时上海正巧有一家原先由日商经营、后为华商祝兰舫等合资购下改名恒昌源的纱厂，急待出售。荣宗敬便以40万元购下了这个旧厂（即申新二厂）。以后考虑到上海外商纱厂林立，华商纱厂受压严重，申新便向无锡、汉口扩展，先后建立了三厂、四厂。到1922年止，申新四个厂的纱绽已达13万余枚，成为一个具有相当规模的纺织企业集团。此时，以荣宗敬为总经理的茂、福、申新总公司正式成立。

大战结束以后不久，帝国主义势力卷土重来，中国民族工业又进入了一个艰难的时期。茂、福、申新企业在外货压迫下，出现了巨额亏损。这时，荣氏兄弟在茂新、福新粉厂系统采取了保守的策略，不再大事扩展，而把主要力量转向发展申新纱厂系统，采取了"对外竞争，非扩大不能立足"的战略方针。荣宗敬有一条指导自己行动的信条，就是多建一个厂，便多一个赚钱的机会；多买一个旧厂，便少一个竞争的对手。他希望在自己50岁时拥有50万纱锭，60岁时拥有60万纱锭，70岁时拥有70万纱锭，80岁时达到80万纱锭。因此，即使借债，他也不错过任何机会去大力扩展申新的规模。在荣德生的支持和共同配合下，自1925年至1931年间，申新集团共增加了5个厂，内有新建的一个装有全套最新设备的申新八厂，其产品在市场上可与日纱相匹敌；另有4个厂是收买来的旧厂，其中有收买英商东方纱厂后建立的申新七厂。这时，申新在上海、无锡、汉口共有9个厂，共拥有纱锭46万枚，布机4757台，分别占全国民族棉纺业总数的18.9％和27％。它的发展速度远远超过其他民族棉纺织厂；其中20年代的纱锭增长率甚至超过了在华日商纱厂。申新的人钟名牌棉纱和兵船牌面粉一样，畅销于市场，成为全国闻名的标准纱之一。由于荣氏兄弟为发展民族棉纱业作出了重要贡献，又被人们誉为旧中国的"棉纱大王"。

为什么荣氏企业能不断扩大迅速发展呢？

第一，正如1932年荣德生在荣宗敬60寿辰时所说：非恃有充实之资本，乃恃有充实之精神，精神为立业之本。

第二，他们具有强烈的竞争意识。荣德生说过：为了增强竞争能力，"非扩大不能立足"。荣宗敬也常说，竞争如同打仗一样，多买一只锭子，犹如多得一支枪，也就可以在竞争中多增一分实力。因此，他们主张："造厂力求其快，设备力求其新，开工力求其足，扩展力求其多。"在造新厂之外，他们又积极收买旧厂，"人弃我取，以旧变新"，经过整顿以后，形成了新的生产力，在市场竞争中处于更有利的地位。

第三，他们具有远见卓识和开拓创新精神，以"不能过陷于自封之境域"为企业的经营方针，在注重先进设备的引进和旧设备更新的同时，还十分重视原料的改良和技术人才的开发。如投资试办棉麦良种试验场；创办公益铁工厂，自制面粉机、纺织机；开设公益工商中学、职工养成所，以后又办面粉、纺织专业的大专院校，等等。这些对于荣氏企业的不断发展，都发挥过重要的作用。

荣氏兄弟各负重任，平时相互尊重，分工配合，顾全大局，从不固执己见。在企业遭遇挫折时，他们总以共同事业为重，同舟共济，渡过难关。尤其是荣德生一贯尊重兄长，"从兄行事"，经常给兄长以支持。兄弟俩这种合作谅解、同心协力的精神，也是荣氏企业集团取得成功的重要因素。

挽狂澜于既倒

20年代，是荣氏纺织工业积极发展的年代。但由于外国资本主义势力的重重压迫，这一繁荣时代转瞬即逝。荣氏企业大量举债扩充，经济负担日益加重。当申新拥有9个厂的时候，整个荣氏企业对外的负债总额已达5000万元以上，大部分厂产已抵押殆尽。进入30年代以后，由于世界经济危机的影响，外国面粉、纱布的大量倾销，尤其是日本帝国主义侵入我国东北地区，紧接着又入侵上海，民族工业的市场危机更为严重。荣氏兄弟这时才深感自己背上了一个难以卸脱的大包袱。为了扭转这个逆势，荣宗敬一面在各种场合大声疾呼，请求政府减轻捐税负担，停止战乱，便利交通运输，为发展民族工业提供良好的条件；一面和荣德生亲自分赴广东、香港和西南、西北各地调查商情，寻求新的市场。与此同时，在企业内部实行紧缩政策，减工减薪，裁退工人。但是，一切努力都没有产生什么明显的效果。1933—1934年间，荣氏上海各厂全面减工，并一度全面停工，亏损连年增加，债台越筑越高，到期应还押款不得不一再恳请行庄转期。荣宗敬哀叹，这是他办厂以来最为痛苦的时期。

1934年6月底，是荣氏兄弟永远不会忘记的灾难性日子。这几天，行庄债权人每天派人到公司，通宵达旦坐索借款。荣宗敬一筹莫展。6月29日凌晨，荣德生从无锡赶到上海，竭力设法筹措。他用自己和荣宗敬所有股票和存折，再加上申新三厂和七厂的押余作担保，与中国、上海两行商妥押借500万元，以应燃眉之急。但中、上两行付至280万元时，突然停付，申新开出的支票遭到退票，一切经济活动终于搁浅，荣宗敬被迫一度退职。这时，国民党政府实业部企图以300万元代价接管申新。荣宗敬闻讯大怒说："拼死也要同他们弄个明白。"后来，由于申新股东的强烈反对和社会舆论的压力，以及荣氏兄弟的坚决抵制，并通过国民党元老吴稚晖的说项，申新才没有被实业部接收。

同年8月起，申新各厂先后由主要债权人组成银团垫款开工。申新二、五厂因亏损过重，被迫停工达一年零八个月之久。申新七厂与英商汇丰银行有押款关系，因到期未还，被该行擅自拍卖。荣宗敬不胜愤恨，他痛斥说："这是帝国主义势力对我国实业素具摧残野心的一个明证。"后来由于全厂工人的坚决抵制和社会各界的有力声援，"拍卖"才被迫解除。

在最艰难的日子里，荣宗敬几乎每天去中国银行向宋子文求援。宋子文赤裸裸地对荣宗敬说：“申新这样困难，你就不要管了，你家里每月2000元的开销，由我负担。”企图把申新一口吞掉。

在严酷的形势面前，荣氏兄弟并不灰心丧气。荣宗敬向报界公开表示，虽然“国内实业日处风雨飘摇之中，但本人将竭力奋斗，以图破此难关”。

他们深知，为了尽快改变处境，唯一的出路就是依靠自己的力量，在企业内部进一步实行改革。于是他们成立申新改进委员会，荣宗敬亲自领导，由15名各厂的高级管理人员和工程师组成。委员会从申新企业全局出发，对生产技术和经营管理的改革，以及企业组织的整顿等方面，作出了整体性的统筹改进。

1936年，随着全国经济的复苏，荣氏企业的业务也开始好转。1937年上半年起景况更好，盈利激增。不仅汇丰银行的债务全部还清，而且各厂设备还稍有扩展。至抗战前夕，茂新、福新两厂的面粉日产能力已增至近10万袋，申新各厂的纱锭达57万枚、布机逾5000台。企业欣欣向荣，荣氏兄弟振作精神，准备再展宏图。

日寇侵略　灾难临头

宏图未展，灾难临头。日本侵略者发动了侵略战争，荣氏企业遭到了空前浩劫。其中如申新八厂、茂新一厂被敌人炮火摧毁殆尽，成为一片废墟。在抗战中，大约有1／3的纱锭、一半以上的布机以及1／5的粉磨，均被破坏毁损。幸存下来的机器和设备，也大都被敌人“军管”劫夺。那时，荣宗敬留居上海租界，目睹手创的事业被毁于一旦，造成了精神上的严重创伤，以致积郁成疾。1938年1月，65岁的荣宗敬，为了避免与敌伪势力发生任何瓜葛，离沪前去香港。到港不久，病情恶化，于同年2月10日逝世。

荣德生于1937年10月中旬，在炮火纷飞中撤离无锡到了汉口。他把公益铁工厂的机器设备和申新三厂的一部分纺织机拆迁转运至后方内地，准备继续投入生产。但因途中屡遭敌机轰炸，只有公益铁工厂一小部分机器运到重庆建厂复工。复工以后，依靠随机到渝的几十个工人和技术人员，制造面粉机器和机床，为神圣的抗日战争提供了一部分急需的民用产品。

当时，由荣德生的女婿李国伟担任经理的汉口申新四厂和福新五厂，为了支持长期抗战，决定全部内迁。荣德生嘱咐李国伟，要抓紧时机前去陕西宝鸡等地选定厂址，为"报效国家社会，在荒僻创造事业"。在李国伟的主持下，经过广大职工的艰苦努力，申四、福五两厂先后在四川的重庆、成都和陕西的宝鸡、天水等地建起了11个工矿企业，经营范围除了原有的面粉和纱布两业外，又新办了铁工、造纸、煤矿等企业，为战时后方物资供应作出了贡献。

1938年6月，荣德生离开汉口到了上海。环境所迫，他不再过问总公司业务，也不与外界往来，独自居家，以收购古书画为消遣。1942年，日本侵略者开始发还"军管理"工厂，曾数度派人联系要与荣家"合作"经营，并企图强制收买申新一、八厂。荣德生深明大义，立场坚定，断然加以拒绝。他说："我是中国人，决不把中国的产业卖给外国人。"所以，直至抗战结束时止，沦陷区的荣氏企业除了一部分工厂被敌人强行以"租赁"形式实行控制之外，并没有让出一个工厂与敌人"合作"，或被收买。

雄心壮志　尽付东流

抗战时期，由于受战争环境的影响，以及荣宗敬病故之后企业内部人事关系的变化，茂、福、申新总公司不能集中权力，逐渐分立为三个管理系统。属荣德生主管的，主要是上海的申新二、五厂和无锡申新三厂、茂新各厂及其他有关企业。虽然，荣德生在沦陷时期大多闭门闲居，但他回忆过去，思索未来，思想上始终没有闲过。1942年，他开始撰写一部5万余字的回忆录——《乐农自订行年纪事》，记叙了他自1875年出生至1934年60年间的经历。过后不久，又继续编写1935年以后的纪事续编。这部《纪事》以丰富、生动的具体材料，记录了他一生从事实业活动的艰辛历程，总结了他创办民族企业的一些经验和教训。这部《纪事》为后人研究近代中国民族企业和民族工商业者的历史，留下了不可多得的有价值的资料。

荣德生在抗战后期的叙述中，强烈地表现了他期待着战后复兴的心愿，并制订了新的实业计划，准备再创建一个比茂、福、申新的规模更大的"天元实业公司"。这份计划不仅规定了新公司的经营范围，而且对厂址的选择、工厂的管理制度、人才的培养、计划实施的步骤，都提出了明确的要求。

抗战结束以后，他根据这个计划陆续采取了锐意进取的步骤。他一面积极恢复和扩充原有企业，把申三扩建为当时江苏省最大的一家棉纺织厂，把茂新一厂在废墟上重建起来，成为战后我国设备最先进的一家面粉厂。同时，他开始实施"天元实业公司"的创建计划。但是，他仅在无锡办了一个麻毛棉纺织厂，后又创设一个开源机器厂。由于国民党政府对民族工商业实行严厉管制和进行疯狂的榨取，荣德生抱怨指责："事事限制，不啻无形之梏桎；层层苛税，何异万民之锁链。"

与此同时，不幸遭遇更是相伴而来，1946年4月的一天，荣德生突然被土匪绑架，成为当时震惊上海工商界的一起绑票事件。在社会舆论的压力下，国民党军警当局进行了侦缉"破案"。72岁高龄的荣德生在匪窟中度过了34天之后回到家中。在整个事件中，他先后被官、匪勒索去的"破案酬金"和"赎款"，总计高达60多万美元。1948年8月，国民党政府发行金圆券，实施限价政策，颁布《财政经济紧急处分令》，荣宗敬的大儿子荣鸿元，以违反法令的罪名，被军警当局扣押了77天之久，结果也被敲诈去约50万美元的钱财，才得释放。

荣氏企业与所有民族企业一样，在限价劫掠中迅速瘫痪。荣德生的雄心壮志到此尽付东流，他对国民党政府失去了最后的信心。1948年底，国民党反动派在溃败前夕，曾煽动并胁迫民族资本家迁厂逃资。荣德生虽然对共产党的政策不够了解，心中还有疑虑，但他不肯跟着国民党走。他一面秘密派人去苏北解放区联系，了解共产党对民族工商业的政策，一面极力阻止企业的迁逃活动。当得悉无锡申新三厂已经拆机装箱，正待运往台湾时，他立即从上海赶到无锡，严加申斥，命令将已拆下的机器马上重新装回，已运上船的，一律搬回厂中，并规劝大家切勿离厂远往他乡。后来，荣德生还决定，他所主持的各个企业中，凡已迁往香港、台湾、广州的物资，"应一律从早出售或搬回"。由于荣德生阻止迁厂逃资做出了积极果断的努力，终于使企业极大部分的机器设备得到了完好的保存。从此，荣德生把振兴国家、发展民族工业的希望，完全寄托在中国共产党的身上。

爱国家风传后代

1949年10月1日，中华人民共和国宣告成立，中国人民从此站起来了，荣氏企业也得到了新生。

经过半个世纪的辛勤创业，荣氏兄弟为新中国留下了一大笔宝贵的社会财富。在人民中国的大地上，从沿海到内地，从西北到华中、华南，他们创建了不少工厂企业。新中国成立时，荣家各个系统的企业共拥有64万枚纱锭、4000多台布机，相当于全国民族棉纺业设备总数的1／5左右；拥有日产面粉8.8万袋生产能力的粉磨设备，约占全国粉厂设备总数的1／4；其他还有机器厂、电机厂、造纸厂、麻纺厂和丝厂等，总共达40多个企业。

荣氏兄弟除了创办一大批工厂企业外，还十分重视人才的培养。他们大力举办教育事业，不仅办小学、普通中学，还先后创建了公益工商中学、中国纺织染工业专科学校（后扩展更名为中国纺织染工程学院）。新中国成立前夕，荣德生又在无锡创办了江南大学等。这些教育机构为荣氏企业培养了许多专业技术人才和管理人才，也向社会输送了一批有用的建设人才。此外，他还热心地方建设，在无锡家乡兴办社会公益事业。如创办了一所大公图书馆，藏书9万余卷；沿太湖开筑环湖风景线；创设"千桥会"，在江南水乡建造桥梁，建成者88座；修筑开原、通惠等公路。

荣氏兄弟在一生兴办实业的实践中，为发展中国的民族工业，还提出过许多颇有见地的观点。如：强调多办工厂，急速实现国家工业化的观点；积极发展重工业的观点；振兴农业的观点；大力开发地方资源的观点；重视兴办教育事业、培养建设人才的观点；等等。这些精辟的见解是中国民族企业家思想宝库中的一个重要组成部分。

新中国成立后，荣德生受到了国家和人民的尊重与信赖。他被推选为中国人民政治协商会议第一届全国委员会委员、华东军政委员会委员和苏南人民行政公署副主任。他虽然年事已高，体弱多病，仍积极为实现祖国的繁荣富强而忙碌着。1952年7月，荣德生躺在病床上留下了一份充满爱国主义激情的遗嘱。他说："余从事于纺织、面粉、机器等工业垂60年，历经帝国主义、封建势力、官僚资本主义及反动统治的压迫，艰苦奋斗，幸中国共产党领导全国人民革命胜利，欣获解放。"当他目睹荣氏企业与全国民族企业一样，在人民政府的大力扶助和职工的艰苦努力下，很快地从恢复中走上了发展道路时，他完全相信"国家繁荣富强指日可待"，中国的民族工业有了光明的前途。他由衷地感到无限的欣慰，谆谆嘱咐海内外的子女，"要积极生产，关心国家建设，为祖国出力"。同年7月29日，荣德生与世长辞，终年

77岁。

荣德生逝世后不久，分布于全国各地的荣氏企业，都先后申请公私合营，迈入了一个完全崭新的历史发展时期。荣宗敬、荣德生兄弟的儿女子孙及其亲属继承了他们的遗愿，在海内外的各自岗位上，继续发展着先辈的事业，正在为祖国的四化大业效力。在他们中间，就有世界闻名的企业家荣毅仁。

荣毅仁是荣德生的第四子，新中国成立以后，担任上海申新纺织公司总管理处总经理，主动将申新系统的纺织品交政府统购统销。经过他的努力，上海申新各厂于1955年8月实行公私合营，走上了社会主义的大道。1956年1月，在全行业公私合营的高潮中，荣毅仁和盛丕华还代表上海市工商界，向人民政府提出了全市工商业实行公私合营的申请。1957年，荣毅仁被推选为上海市人民政府副市长，两年后又调任中央纺织工业部副部长；并先后担任全国人大常委会委员、副委员长和全国政协常委会委员、副主席，国家副主席等国家领导职务。荣毅仁说："父亲一生留给我们的最大教益是'爱国实干'四个字"，"我要把自己的命运融于祖国的繁荣之中"。

1979年1月，中共十一届三中全会刚刚开过，荣毅仁找了几位工商界老朋友商量后，向中央提出了成立国际信托投资公司的报告，经批准以后，于1979年7月成立了筹备组；同年10月，公司正式开张，由荣毅仁担任了董事长职务。邓小平主任对荣毅仁说："人由你找，事由你管，由你负全责。"荣毅仁不负所托，夜以继日地积极工作，至1986年底，公司已组建了54家中外合资和合作企业，吸收国外直接投资约12亿美元；与国内合办了115个建设项目，并在国外发行债券，筹集建设资金。现在中信公司正朝着社会主义企业集团方向发展，它探索着把自己办成一个利用外资，从事生产、技术、金融、贸易、服务五位一体的综合性企业集团。几年来，公司取得的成绩，得到了国家和人民的赞扬；公司办事的高效率，也赢得了海内外的信誉。1987年美国《幸福》杂志评选出1986年世界上50位最富魅力的经济界人士，荣毅仁就是其中之一。

荣氏在国内的亲属，有的在科技、文教界服务，贡献自己的才华；有的热心于社会公益事业，捐助资金、财产，办理各种福利设施。

荣氏有400多位亲属分布在世界各地。他们中许多人在不同的国家和地区，从事机械、电子、纺织、面粉、医药、文教等事业，是工商界、科技界知名人士，在国外有着比较高的社会地位。他们虽然身居海外，仍然关心着祖国的四化大业，继承祖辈爱国的传统，为祖国利用外资，引进先进技术和设备，做了不少工作。

荣氏老一辈的爱国家风，正在后嗣中发扬光大。

（原载中国文史出版社《近代中国工商人物志》第一册）

荣宗敬、杜月笙不打不相识

徐　鸣

　　"双黄蛋"荣宗敬（面粉大王、棉纱大王）生性傲慢，不屑与官府、帮派为伍，更不愿找所谓的靠山。但是在残酷的现实面前，荣宗敬不得不低下头颅，与上海滩上炙手可热的闻人杜月笙打交道。

抵制日货设立纱交所

　　为了扩大对中国的经济侵略，日本效仿欧美，在上海三马路（今汉口路）办起了"取引所（即交易所）"。1919年9月1日，日商取引所决定兼做棉花贸易，并在浦东建成栈房做囤花之用，妄图操纵中国的棉花市场，将众多华商纺织厂置于死地。

　　"上海华商纱厂联合会"自然不甘束手就擒。闻听此消息后，立刻商量对策。众棉纱界大佬毅然决然与日商取引所一争高下，提出首先是各纱厂不往取引所购买棉花，且必须坚持到底；其次是强烈抵制日商操纵棉花市场，成立华商自己的纱布交易所，并趁热打铁制定了相关条约，推举荣宗敬、穆藕初、聂云台、徐静江、刘柏森、郑培之、吴寄尘和杨翰西为筹备组成员。纱布交易所总股本300万元，实缴半数。各股东若想退股或增股，必须待年终结账后方可进行。

1921年7月1日，"上海华商纱布交易所（简称纱交所）"正式开张营业。交易标的是棉花、棉纱和棉布；交易方式为现货和期货。营业初期每日午前、午后两市各买卖两盘（每盘最多500包）。

纱交所最初租房于爱多亚路（今延安东路）9号。后因该房子空间过于狭小，不久便搬入爱多亚路260号由"通和洋行"设计的大厦内（上海解放后，曾经作为自然博物馆）。

荣宗敬以"申新"名义坐12号席位。20世纪20年代的交易所买卖，全部是现场有纸化交易，所以荣宗敬不得不常去纱交所，亲自主持棉纱现货、期货交易。荣宗敬明里坐12号席位，暗中以"新诚昌"名义领68号经纪人牌号，一明一暗一边吃进另一边抛出。荣宗敬为了改变花贵纱贱不利于华商的局面，同时扭转洋棉花对中国的倾销，故采取明修栈道暗度陈仓之策，由12号席位虚做空头，68号席位实做多头，以此抬高纱价。然而日本纱厂凭借其雄厚资本，大量收购棉花，令棉花行情一日数变。而纱交所里一些投机商人也助纣为虐，买空卖空，搅得行市乌烟瘴气。华商纱厂在内外夹攻下经营十分困难。

人多力量大。荣宗敬、穆藕初和聂云台等人研究后，觉得在关键时刻，华商应该团结一致，共同对付贪婪的日商，决定联合起来成立一家经纪公司，在纱交所里扮演多头角色，专门拉抬纱价，以便让存货较多的华商纱厂能够拿到比较公平的价格，顺利出货，从而扭转华商备受日商冲击的被动局面。

多空博弈引火烧身

1928年夏，荣宗敬等华商成立了"复兴公司"。复兴公司分批向几家有关的经纪人大量买进期纱。68号席位代表荣宗敬；1号席位代表聂云台。鉴于这两个席位的交易量相当大，成为纱价的风向标，其一举一动格外引人注目。因为复兴公司专做多头，关系到各华商纱厂的盈利甚至生存，所以一切操盘都得严格保守秘密。当时，荣宗敬等人准备将纱交所仓库内库存的滞销棉纱全部悉数吃进，然后低价抛给外地客商，造成市面上无现货供应，以阻止纱价下跌，进一步逼迫纱价回升，这时，内部出了奸细，聂云台的经纪人故意将该信息提前捅了出去。

结果弄得复兴公司十分被动。荣宗敬更是火冒三丈，要聂云台撤换此人。聂云台自知用人不当，立即答应查办，并请荣宗敬提出接替人选。荣宗敬顺水推舟，让世交诸广成的儿子诸葆忠协助聂云台操作。1921年纱交所开张时，诸葆忠就在荣宗敬的帮助下，领到68号经纪人牌照帮荣宗敬炒股。1927年荣宗敬指派诸葆忠改做12号经纪人，代理申新业务。诸氏父子对荣家忠心耿耿，荣宗敬对诸葆忠绝对信任。

而交易所里风云变幻无常，为了便于直接听取荣宗敬的指令，诸葆忠天天都要跑到江西路三新公司大楼向荣宗敬请示汇报。荣宗敬便经常面授机宜：比如空方交割现货，一般都用价格较低、品质较差的杂牌纱。对于品质较差的杂牌纱就要按照一定价格进行收购，否则杂牌纱价会更低，同时标准纱价格也将受拖累。因此收购品质较差的杂牌纱，就是为了维持标准纱价。而那些杂牌纱吃进后绝不能给上海的纱厂用，要设法将杂牌纱运到南方一带去。这样上海市场上杂牌纱的筹码所剩无几，便能够减轻对标准纱价的压力，防止纱价的下跌。

荣宗敬文化程度并不高，但在钱庄的几年历练以及多年商场的浸润，使得他能在云谲波诡的股市中自学成才。诸葆忠对老板的套路佩服得五体投地，自然照章办事。然而事情太顺利往往潜伏着危机。复兴公司尽管在多空交战中获胜，但空方依靠其后台势力，指控荣宗敬等人串通交易所操纵行市；并抓住交易所每天公布的外国商情译文表达含糊不清把柄，诬陷复兴公司钻空子哄抬价格。空方还将译文拍成照片，向国民政府设在租界里的临时法院起诉。临时法院姓陈的推事和空方是一伙的，蓄意要对荣宗敬等人作出不利的判决。多空双方都延请了律师，争辩非常激烈，成为上海滩一大新闻。1929年2月10日上海《时事新报》在本埠新闻栏内，刊载黄介民等人控告上海纱布交易所理事荣宗敬等串通该所经纪人杨习贤等舞弊诈财。《时事新报》在国内新闻界享有盛誉，其"论说"栏目和"时评"栏目，对国内重大事件进行评述，与北平的《晨报》南北呼应，以"议论最真实、消息最灵通、材料最丰富"著称，属于热门报纸。

荣宗敬早餐时翻报纸，读到这篇报道，气不打一处来。于是当即拿起毛笔，致函《时事新报》编辑谢子介："贵报是项新闻，是否有人投稿，抑系派人公堂探访得来？此案曲折甚多，孰是孰非，终须大白。宗敬经商上海，垂30年，横逆之来，一向可哂。俟执事答复后，当将此案颠末直陈左右，谅亦执事所乐闻也。"

多空双方从交易所贴身肉搏到法院对簿公堂。官司自1929年四五月间打起，一直拖到1930年，公堂争执未决出胜负。空方无计可施，竟然使出黑社会的伎俩。1930年10月下旬，荣公馆信箱里发现一封匿名信。拆开一看，信里全是威胁的语气："宗敬老翁先生台电，闻他人已有信致阁下警告，谅已明白。阁下已为商界兼花纱业巨子，从中可以掌权。阁下虽如此，鄙人等难有生路。如再坚持市面，鄙人等不得已出此下策，即以相当对付。特此预告。"

荣宗敬看完信心一慌手一抖，从信封中竟然掉出一颗子弹。

荣宗敬一见子弹脸色大变。他在商场上纵横驰骋，也是个手无寸铁的规矩商人，从未同杀戮沾过边。是谁打算向他下毒手？荣宗敬不敢想象。

事情赶巧了，都凑到一块。这时，永安纱厂老板郭顺慌慌张张跑来。原来他也接到了装有子弹的匿名恐吓信。郭顺告诉荣宗敬，写信人的后台乃杜月笙。

荣宗敬禁不住倒吸一口冷气。杜月笙是上海滩上三大亨之一，势力遍及工商业、金融业以至文教、新闻各界。此人混迹江湖，心狠手辣，连国民政府和租界当局也奈何他不得，他荣宗敬岂能惹得起？

郭顺还说，刚才进门时，无意之中瞥见公馆围墙外面有几个穿黑香云纱的家伙在游荡，他怀疑是杜月笙派来的杀手。荣宗敬当即决定快刀斩乱麻，先委曲求全，请个中间人，把眼前的事情摆平。

郭顺问请谁合适？荣宗敬认为"中国棉业公司"的胡筠庵最有把握。因为他交游广阔，在上海滩上属于兜得转的人物。

说走就走，荣宗敬执意拉上郭顺，钻进林肯牌自备车，直奔胡府请胡筠庵出面从中斡旋。胡筠庵看在老朋友份上答应帮这个忙。但他是有条件的，即不能让他空着手去做调解人，要两位老板有所表示。

荣宗敬直截了当请胡筠庵一并开个价，其中包括胡筠庵的费用。

胡筠庵摇摇头："两位老板误解我的意思了。杜公馆里不缺钞票。杜先生有辰光一高兴，随手拿出百十来条大黄鱼捐给慈善机构也是常有的事。实际上并不需要两位老板破费多少钱财。只要请杜先生在上海纱联会里当个理事就可以了。杜先生要的是进入纱交所管理层。"

荣宗敬坚决不答应："我荣某人身为纱联会会长，堂堂正正、清清白白，绝不与黑道中人为伍。"

"宗公这就迂腐了。"胡筠庵笑了笑，"打开天窗说亮话。棉花、纱布买空卖空赚快钱，一本万利。杜先生早就打算插足纱布交易所了，你们几位纱厂老板不肯给他面子。这次碰巧交易所多空对决，空方有好几个人输得精光，跑去杜公馆告了状。杜先生正好借题发挥。这还是先给你们一点颜色瞧瞧。如若再不识相，那就不光是投封匿名信吓唬吓唬开开玩笑了。完全有可能是杀身之祸。两位老板应该听讲过，杜先生曾经投机外汇失败，就抱怨孔祥熙透露的情报有误，要求中央银行给予补偿，遭到孔祥熙拒绝。杜先生的手下便将一口上等棺材放到孔家门口。逼得孔祥熙不得不召开中央银行董事会紧急会议，一致同意补偿。连皇亲国戚都对这个混世魔王服服帖帖，难道宗公敢跟杜先生拗手劲。"

胡筠庵好像什么都知道，看来坊间传说他与杜月笙关系密切不是一点点深。荣宗敬不得不让步。他有气无力地对胡筠庵说："事到如今，也只能这样，就让杜月笙当个理事好了，纱业界同仁那里我去打招呼。"

胡筠庵纠正道："宗公你错了。不是你们让他做理事，而是你们请他当理事。上海滩上有许多机关企业团体都争着请杜先生挂名挂职呢。再讲杜先生这个人绝对拎得清，他不会白领你的情的。"

"行。请——杜月笙当理事。"荣宗敬极不情愿地说。

通过胡筠庵的调停，拱手请杜月笙做了纱联会的理事，并承诺补贴一定的损失给空方，这一场多空纠纷终告结束。通过此事，荣宗敬意识到磨子（面粉）锭子（纺纱）硬不过人家的枪杆子。

巧借祝寿登台唱戏

荣宗敬暨原配夫人将于1932年迎来花甲双庆。此时荣宗敬在上海工商界中地位显赫炙手可热。由于一人身兼24个总经理职务，整天在沪上忙于实业，荣宗敬与老家宗族乡亲鲜有见面机会，所以一直引以为憾，因而想利用生日之际，回故里省亲叙旧。荣德生了解兄长的意思后，决定为兄嫂办一个盛况空前的寿庆。

听说荣大老板做六十大寿，各路人马争先恐后前来捧场。杜月笙与上海实业界人士一行400余人，乘坐9月1日下午3点45分专列，于晚间7点22分抵锡。然后分乘荣家预备的客车，赴小箕山梁溪河埠锦园画舫，由荣宗敬亲自作陪，共进晚餐。

1932年9月2日（农历八月初二）寿庆当天，从上海、汉口、济南、南京、镇江、常州、苏州等地赶来祝寿的嘉宾，以及无锡本埠的贺客，约13000余人，浩浩荡荡。前来祝寿的大人物，政界有实业厅长何玉书，财政厅厅长舒石父；上海银行界有宋汉章、张嘉璈、陈光甫；社会名流和实业界有蔡元培、宋子良、穆藕初、刘鸿生、袁履登、闻兰亭和朱弃尘等；上海闻人有杜月笙、王晓籁、杜康侯、虞洽卿、沈田莘、季云卿、杨千里、许修直、刘春圃、胡颂铭、毛鉴清、李旭堂等；上海棉花纱布各业头面人物；无锡商会400余人在会长杨翰西率领下全部出动。

为了增加喜庆、热烈气氛，荣德生要求生日筹备处，特地在梅园、锦园外和路口，高搭戏台，搬来无锡庆升戏院班子，整整唱了三天三夜，专门邀请荣巷和附近的邻居、乡民们随意观赏。9月2日上午10点和下午4点分别开演两场堂会，一直演到凌晨。9月2日下午，杜月笙四夫人姚玉兰，在其住处试嗓，演唱汪笑侬派戏曲。后又再歌一曲青衣。

夫人唱结束，杜月笙亲自登台亮相，串演著名京剧表演艺术家唐韵笙先生的代表作《劈三关》，饰演老生角色雷万春，同各剧社名票友飙戏。杜月笙门人、上海元和糖行老板、中华公剧社会员黄振东还串演《二进宫》《秦琼卖马》。

杜月笙兴师动众出席荣宗敬寿庆典礼，既给足了荣宗敬面子，也向外界展示自己与实业家、金融家的"朋友圈"关系。

（原载《掌故》2017年第12期）

百年中國記憶 BAINIAN ZHONGGUO JIYI

第六章

实业救国：荣氏兄弟谈商业

在第一次全国工商会议上提出的三个议案

荣德生

一、推广纺织业案

人生必需之品，衣食宿三者为大宗。今专就衣一项而论，吾国四万万人民，每人每年平均需用布半元，共需款二万万。本国所出纱布之数，尚不足供国人之要求，遂相率而购用外国货，费额每年以一万万计，此近年漏卮之大，以纱布为最，实为吾国贫困之一大原因也。

查英国现有纺织机5000万外锭子，美国2500万外，法、德亦皆近千万，印度亦有600余万。日本人口仅有我国十分之一，有纺织机220余万，其本国所出原料，向不足用，必购用印度花外，又购用中国花。购办额数，在上海一口，每年30万担，其余长江上流一带以及山东、直隶诸省，皆不在内。计其以我之花成纱而后仍运销中国，即此一转移间，被其占去工资等费已约25%。宜彼之工商日见发达，而我之工商日形贫困也。

今以吾国之地大人众，约计纺机不过80余万锭，故棉产虽可有余，每为他国购去，而纱不敷用，反致畅销洋纱。则欲弥此种漏卮，欲图工商发达，舍推广纺织无他术；欲棉产早日发达，亦舍推广纺织无他术。

鄙人自前清光绪二十八年始考察纺织业，至三十一年，发起组织纺织公司，创办经理，至今七年。虽无大进步，而每年营业，在百万元左右，内含有工资及各种开支25分，此固彰彰可考者。此次赴会，自津浦一路而来，沿途考察，凡以前所种罂粟之地，今皆改种棉花。则产棉之地日见其多，而纺织厂亦应赶紧提倡，务使发达，毋让外人独步，实为第一要义。

鄙见今日果能兴办1万锭子，即添百万营业，塞百万漏卮，并养1000男女苦工，实中国商业兴败之一大关键也。唯所推广之地点，应审择于产销并著之处。鄙见若江苏之南京，皖之芜湖、安庆，湖南之长沙，江西之九江，四川之重庆，山东之济南、德州，直隶之天津、东光，皆为佳胜之地。其开办之法，必招至办有成效之厂家，毋分畛域，使之协同土著商家，极力进行，庶少失败之虑。倘一时财力实在不足，则由公家设法，以资助之。务使全国一体，毋相倾轧，以专心于对外贸易。如此行之，敢一言以决之曰：十年以内，能使吾中国为最富强之国也。

是否有当，请公决。

二、请选派海外实业练习生案

我国工商学识尚在幼稚时代，欲谋工商之增进，要在见闻各国现在工商情形，以谋交相贸易之方法，则派员考察之举，万不可缓。

然现在各地工商，均尚无直接出洋考察之程度。其公家所派之考察员，又仅能举其大，而断不可恃。为切近之谋，则莫如令各厂家，自择学生中之能娴习外国语言文字而无力出洋游学者，即由该厂代为资送，与该生订立合同。俟学成以后，即为该厂技师，按级升用，于义务期内，不得遽接他家之聘。则该厂之与该生皆有切近之关系，非向之泛泛遣送出洋者所可比拟也。

且该生之能外国语言者，一到彼国之后，学何项营业，即能与何项商人狎昵相近，直接咨访，而探听其情形，可随时报告。则中外情形，亦自能渐渐贯通，而少隔阂之虑。在各厂家，每年出入甚大，仅令资派一二学生，所费亦力所能为，可无烦公家补助。积而久之，自然工商两业中所造就人才，亦日见其多，不致如前隔膜，一举而数善备焉。

三、兴办制造机器母厂以振起各项工业案

近来兴办实业，欲求大利，非购用机器不可。然机器皆造自外洋，是未及兴利而已流基本金矣。方今民国成立，首重实业，需用新机奚止数千万。兴办之后，须添日常应用之件，又不知几千万。若长此不谋自造，漏卮将伊于胡底？惟念及此，可胜浩叹。查他国维新之初，机器亦多购自异国，嗣后逐渐自制，迄于自立。东洋即其明征也。

顾吾国今日，可不急谋自造乎？欲谋自造，宜创立最完备之制造机器母厂，内分六类：一铁路材料，二航业战舰材料，三电机材料，四纺纱材料，五农矿各种普通机器材料，六各种军械器用。每类专立一厂制造之，延聘各项专门人才主其事。唯国中此等专门学人才无多，故又宜每类考选20人，分送各国著名制造厂留学。内中十名速成，以备初创管理等事之用；十名专门实习，以备母厂成立后用作机器师，可以如法制造。母厂既成，则各种矿质出品自有销路，而专门学人才亦得其所矣。兹就兴办制造机器母厂一案，酌拟办法大纲数则如下：

一、此项工厂，于国际上、国势上、工商业上、矿业上、人才上，均有极大关系。欲谋全国之富强，不得不先从此等事业入手。在筹备之初，应先由国家定下造端宏大之方针，次第布置，定于三年内筹备完全。其造本一切，需戒

滥支，统计成本若干，报告大众，以便招商股接办，为完全商办之先河。

二、创办时，应聘请本国人之平日办理制造厂素有经验者，分类聘为主任员。凡所设施，自有把握，不致虚靡公款。

三、由国家通电驻外各使，查明本国人留学外国曾习机械专门学者，及熟于制造之工人若干，先行延请到厂。如缺乏何种专门家，不妨暂延西人充之。一面选派学生出洋学习，务求各项人才全备而后已。

四、凡办进之材料及制成之器件，无论转运国内，输出国外，均须免税，俾成本减轻，得与世界各国竞争。

五、办理此种工厂，资本愈大，则收效愈速。吾国经济困难，欲于国内筹集此项巨款，决然不易，唯此等生产事业，万不能因无款中止，致永久处于贫困之地位。故宜专借一款兴办之，分若干年付还，唯不可与以干涉厂事之权。

六、设厂地点，就目前而论，宜在大冶之左近。因该处出有煤、铁，取材甚便也。以大势论，宜设在浦口，开利国驿之铁，运驿县之煤，均尚近便，又与铜官山、广德州之矿相近，且该处气候寒暖适中，可以通年工作。

七、购办制造机器之母机，应先考察何国制造何项机器最为精良，择其尤者购之。如德之军械、电机，英、美之兵舰及纺织机等，皆著名者，宜指定购办其母机，不可贪其价廉，草率从事。盖购置机器不良，则将来所出物件，势必在各国之下，无人顾问，贻误全局。故此事应先订明章程，如果贪得回扣，购置不良之机件及材料者，定以极大之惩罚。

八、厂之左近，设立高等工业学校一所，以厂中六类之制造为课程，从学生中选择其与何项制造最近而才力出众者，送至外洋学习，余皆俟毕业后入厂实习。如此则人才辈出，精益求精，不难与各国并驾齐驱矣。

（原载《工商会议报告录》，1913年3月北京共和印刷公司铅印本）

关于发展农工商业之管见

荣德生

德生从事工商垂六十年，于工商业闻见较切，更以祖业务农，故于农事亦认识稍多。当此国家改制更新之际，谨就耳目所及，本知无不言、言无不尽之精神，敢于农工商三者，根据现实情况，略抒管见。尚望贤明当局，熟察本末，因势利导，则国家幸甚，民生幸甚。

一、关于农的方面

吾国自古以农立国，全国人口向来以农为最多，占总人口的80%以上。政教措施，一以便农劝农为首要，是以物产殷饶，自给有余。自近百年来，国际资本势力侵入以后，农业社会遍被其殃，农业基础，日见衰微，即粮食、棉花等主要农产品，尚远不敷自给，遑论其他。益以水旱兵灾，数十年来迄无休止。恋迁牟利，厚于借田收租；摊贩营生，易于力作耕耘。是以资金群集于都市，劳力奔趋于商贩，农田荒芜，生产减退，致使已没落之农村，益形凋敝，贫瘠日甚。

故今日首要之图，不患无田可耕，而在如何使劳力归农，如何使其辛劳所获，不复感有剥削之痛，则厥在复兴农村经济，推进农村合作运动，保障土地主权，与确保地租收入，使垂绝之农业渐次昭苏。

盖吾国农业，其初本无所谓地主与佃农之别，大部分为一家老幼合力耕作，自种自给，借以生活。此可称之为家庭农，即所谓自耕农。其后或因一时急用，或遇天灾人祸，或以游惰好闲，倾其资产，遂将自耕田亩售于仓厅，以济急需。同时与仓厅立约，合作耕种，酌还租息；仓厅收入地租，亦须完纳田赋。双方权益义务，均尚相称（固亦有许多仓厅借此剥削农民者，应加改善），此可称之为合作农。盖足以调剂贫农缓急之需，亦补救社会安宁之道也。

唯向因农具简陋及产销条件落后，致发生劳动效能与土地生产力低下之现象。今后科学发达，为耕作上及管理上之便利计，亟宜推行集体农场，或合作农场，以及集团耕种等等，使农民得有集体产销之利。其各省公有荒地，尚望政府辅助人民，组织大规模之国营农场，根据自然环境，划分农区，应用机械动力及科学技术，领导推广。至边区大地，则酌用移民方式，并于战事平定、裁军减编、解甲归田之时，即以前往开发垦殖，庶几地尽其利，人尽其用。农具、耕畜、肥料与种子之改良，农产品之加工运销，农仓之建设，农场之改善，家庭农之必须扶植，确保合作农之地租，而改善其方法。建立现代农产运销制度与发展农村工业，推行高度之机械化生产，以克服自然障碍，农工两者配合进行，方可奠定国家经济建设之根基。

二、关于工的方面

工业生产与农业生产必须相辅而行。工业生产大部分以农产品为原料，故农业乃工业之基础，无农业即无工业。反之，农产品亦赖工业之加工制造与储藏运输，始增加其时间与空间之价值，而提高其效用。并由于近代化学工业及机械工业之发达，其农作工具，以至土壤肥料，均得赖工业而改良。故工业亦为农业之所凭依。而农业之发展，尤有赖于工业之配合与扶持焉。

吾国工业素称落后，自外国机械输入，迄今不过六七十年，中间复迭经战乱，毁损搬迁，劫余仅存，以视诸工业先进国家，实瞠乎其后，可毋庸讳言。即孙中山先生亦屡主建设新中国，必须振兴实业，发展工业，而以节制资本防其弊。然反观吾国之工业，即雏形犹未成就，遑论节制。亟宜维护培养，鼓励投资，扶助其发展，解除其困难，确保私人利润，规定分配制度。并采用合作方式，务使人人有饭可吃，有衣可穿，有屋可住。毛主席于《新民主主义论》中亦一再宣示"劳资一体，公私两利"，直接解决民生，简接亦裕国计。爰就国营工业、民营工业、合作企业三者约述如下：

（一）**国营工业**　凡国防工业、重工业等均属之。以国家利益为前提，政府为代理人，所有员工对政府负责，设立各种有利于员工之合作社，俾员工生活，得有安全保障。

（二）**民营工业**　革新伊始，日端待举。政府应办事业綦多，不能专力集中于国营工业一项，计唯有奖励与辅掖私人经济，或由人民按照政府计划，自力经营，规定应得合法利润；更有盈余，则平均分配，及积极发展各种员工合作组织，以改善从业人员生活，或扩充生产及再生产机构，并应尽可能采用合作方式组织，使各人都有争取权益之机会。如此则员工与厂方发生密切关系，劳资纠纷亦可免除。在发展公营经济以外，先从发挥私人资本的积极性来发展社会生产力，尤为当前之急务，庶几增加社会财富，保证职工生活，有裨财政收入。

依愚见所及，以为工厂从业人员，本无所谓严格的劳资对立关系。所谓劳资，亦如唇齿之互依而不可缺一，应站在同一阵线而非对立关系。凡工厂之成立，必具下列三种人才：一曰组织工。系热心事业，负责组织，筹划一切整个工厂之创造，厂务之设施和管理，均由其领导实施。故其人必具有坚忍之毅力，精密之思虑，勤奋之精神。此种组织工，最为难得而难能，既须劳心，复须劳力，是以其权益方面，亦应较为丰优。二曰技术工。系学有专长，精研机械，故亦成就不易，其任务在设计指导，及处理机械方面与其他各种工作。在我机械落后之国家，此种人才，亦当善用其长。三曰劳力工。即纯以劳力易资生活者，虽招致较易，而工厂生产效能之高低，实在乎是。

凡一工厂，必具此组织、技术、劳力，三者切实联络合作，互体艰困，通力团结，方能达生产之目的。所谓增加生产，系包括提高生产力，增加产量，并增高出品质量而言。故政府亟应制定民营工业组织办法，确保私人应得利润，强调劳资团结，提高工作效力，讲求精进之道，始有发展振兴之望。

（三）合作企业 凡各种合作社、合作农场、合作园艺、合作联合社等均属之。此系基本的农业与进步的工业密切衔接的一种企业。先用全力发展农业，使农业生产大量增加，同时扩大合作企业于各工业部门，使工业生产趋于合理化与标准化，逐渐建立合作经济体系的中心。

三、关于商的方面

农工之所生产，必赖商为媒介。农工生产品必运销进入市场，然后原料或成品发生供求作用。农产品由工厂购入，制成工业品，而工业品亦得赖以输售于农村，配合需要，各得其用，各从其求，如是才能沟通城乡关系，调剂资金，稳定物价。故发展农工生产，首须发展商业，因商是工业生产和农业生产中间的桥梁。发展商业为发展工业和促进农业之重要条件。

反观新中国成立之前，通货膨胀，游资泛滥，民有资金剥蚀殆尽。且视生产事业为畏途，大量资金脱离生产部门而入于投机市场，搅乱人心，波动物价，莫此为甚。因此造成金融上之一种矛盾现象及恶劣之后果。

今则游资渐纳正轨，行庄业务已入正常状态，只须交通畅达，即能寻求正当运销，以谋自力更生。同时更可以国产品推销国外，采购必需品输入国内，则尤关系国际贸易之利益而不可缺者。

以上农工商三者，不过举其荦荦大端。民生衣食所在，关系国家经济建设至钜且重，尚望政府制立法度，详加规定，俾人民得有遵循。当此连年战祸，百业残破，闾阎凋敝之际，人民甫离水火，尤望乐业安居。故论今日首要，事莫急于安定秩序，政莫要于确定建制。培养元气，徐图建设，政通人和，唯此是赖。一方面秉承当局节用爱物之旨，守之以俭，行之以勤，相率树为风尚，而茹苦建业为社会倡，庶几全国同胞，万众一心，共进于安定繁荣之佳境，以树国家富强康乐之丕基焉。

（原载《荣德生诞辰一百三十周年纪念册》）

提倡振兴工商实业说帖

荣宗敬

工商业为立国要素，是故世界列强无不注重工商业之发展。我国自清季创办南洋劝业会，奖励实业，实业萌芽，即基于此。自辛亥革命以迄于今，无岁不战，无地不兵，匪盗横行，水旱迭见，工商业直接间接所受之痛苦，视农民为尤甚。乃者北伐告成，全国统一，不得不竭诚呼吁，俾工商业同享革命之利益。我廉洁之政府，其垂听焉！

一曰减轻税率。纳税固人民应尽之义务，然必视其力之所逮而征之，庶几乐于输将而无所怨。我国因关税不能自主，商民痛苦莫可告语，乃日用必需之货物犹复层层剥削，处处留难，提倡国货之谓何？体恤商艰之谓何？现今裁厘加税，施行有期。商民闻裁厘则遍然喜之，喜数十年之苛政一旦革除也；闻加税则惶然惧之，惧特立名目无货不税也，惧已税之货有加无已也。夫裁厘为一事，加税又为一事，若不分别缓急，权衡轻重，酌剂盈虚，惟抵补之是务，则加税适成为变相之厘金，口惠而实不至。商民之感想为何如是？宜审核货物之性质及种类，何者为日用必需，何者为奢侈消耗，应先者先，应减者减。用人尤宜审慎，手续务取简捷，货物加增，税收自裕，剔除中饱，实惠及民。此应请政府注意者一也。

一曰便利交通。军政时代运兵运饷，所至舟车，商民无与也。原料积滞病在农，熟货壅塞病在商，工厂则因原料关系作辍无常，因熟货关系损失尤巨。夫国家之有交通，犹人身之有脉络，必脉络贯通，而后五官百骸极运用之能事。今则陆运车辆犹虞缺乏，货物堆积，运输不易；水运则河道淤塞，积久不雨，舟车易位（江北患旱，农民用小车载麦在河道中行）。即在上海之苏州河，亦可谓航行水道，然往往帆船舟舶相接，鱼贯数里，事隔多日，犹待疏通，其他乡僻之河港可知。现今全国视线所集，愿唯裁兵，实行后可规定若干名额，专任筑路浚河之事，由乡而邑而省而国，务使陆行有平坦之途，水行无濡滞之患，一面请交通部整顿路政航政，俾便运输，然后商贾无远弗届，国货推行便利。治道成梁，古有明训，经国要图，无分今昔。此应请政府注意者二也。

一曰防止工潮。工人于厂，犹唇之有齿，关系密切，无逾于此。自工人为外界诱惑及利用，于是劳资间遂起纠纷，不知厂家集资数十万或数百万，创办工厂，一方面为国家发展实业，一方面解决工人生活问题。而时局之不宁，金融之竭蹶，捐税之重叠，在与厂方以重大之打击，乃工人不谅，犹复借故为难，必使厂方无法维持，而后决心停工。最近如姜案，轰动一时，迁延数月，始告解决。案情如何，又一问题，因姜案而停工之各丝厂，所受损失何可胜数！现今丝茧业已成弩末，何堪再受此重大损失乎！回忆去年工潮最剧烈者为汉口，厂方当时所受损失亦最巨，今则劳资两方回复原状，可知掀起工潮者非工人之本意，去害群之马，拔乱苗之莠，而工潮平矣。本埠工厂林立，五方杂处，良莠不齐，与其止之于已然，不如防之于未然。此应请政府注意者三也。

凡此三者，商民视如当务之急，于民生主义实无背谬。际此百业待兴，与民更始，用敢据实上陈，倘承鉴及刍荛，立予施行，岂唯工商业之幸，家国前途利赖之。

1928年7月

（原件系手抄稿，存上海社会科学院中国企业史资料研究中心）

谈工业建设

荣德生

以粉、纱大王驰名全国之著名实业家邑人荣德生氏，前日赴镇出席江苏省临参会返锡，昨日下午3时，在四郎君庙巷八号申新办事处，邀晤各报记者。荣氏年逾七旬，精神矍铄。最近在沪被绑，脱险未久，家人及友好以其年高，颇多劝其颐养者，荣氏以自身对国家社会不但有任务，且有义务，故仍决然赴镇出席省临参会。昨日与各报记者晤商后，除详谈其被绑经过外，并自述其对工业之意见及今后复兴计划，一再自称为"事业迷"。不仅于矍铄精神中透露其无限之雄心及毅力，关于其个人之成功及今后中国工业之复兴，尤多扼要之启示，弥足为后辈钦崇及师法。兹列记其大要如下：

自述成功经过　宏业始于小厂

荣氏衣派立斯罩衫，灰袜黑直贡呢圆口鞋，须发全白，而面色红润，虽不久曾被困于绑匪达30余天，最近数日，复仆仆赴镇，但绝鲜风尘之色。与记者娓娓长谈三小时半，尤绝无倦容，据谈：本人自幼即为"事业迷"先兄宗锦为"大迷"，而余为"二迷"。余方15岁时，即出任事，19岁入钱庄，月薪8元，其后赶广东，在一内地常关服务，月薪60元，所入虽丰，似非兴趣所集，乃于服务之余，注意出入货物。见面粉过关，无需纳税，且为民食所系，渐感兴趣，便留心其生产方法，年余辞去常关职务，回至无锡，自念重回钱庄服务，仍赚月薪8元，了无意味，乃决心创办面粉厂，当集资2万元购办制粉机械。其时制粉机，计日出300包、800包、1200包三种，余以本短力微，仅购出粉300包之机械，即在惠山浜（应为"太保墩"）购地建厂，此为余生平从事事业之嚆矢。其后与先兄宗锦共同戮力，乃成战前之局面。

余年贡献事业　以代学道救济

自念平生，颇得力于美国十大富豪之传记。此十人之传记，计有八种传记，至今尚能背诵无讹。数十年来，个人固不事私蓄，苟有所入，悉投诸事业。即余家庭中人，亦鲜蓄金钻饰物。余今年已72岁，原已达学道之年。可以不问外事。惟抗战八载，国家元气亟待恢复，先兄与余经营之事业亦损毁过半，而社会遭此巨劫尤迫待救济。不但尚非余学道之时，且对国家社会公共事业，更有余应负之艰困任务及应尽之巨大义务。余将以余之余年及一切，继续贡献于事业。以事业为余之学道，以事业为社会之救济。至余对于事业努力以目标，简言之：不外"复兴"二字。其实施将分为二阶段：第一阶段为"复"，第二阶段为"兴"。所谓"复"，即恢复战前事业之原状；所谓"兴"，即恢复原状后，更需求其作可能及正常之发展。

复兴应分两阶段　努力尚须十六年

抗战虽只八年，而战争所加于事业者，为摧毁及后退。故今后八年之努力，仅能恢复战时八年之后退。设更欲补足战时八年应有之进展，自更非再加八年之努力不可。以是今后吾人之任务，异常艰巨，绝非等闲可比也。

荣氏谈至此，即缕述其有关各厂抗战前后之情况，及今后渐谋恢复之计划。大致谓：纱厂方面，战前共有申新九厂，计纱锭65万，今则仅余40万锭；粉厂部分，计茂新、福新共12厂，日可出粉20余万包，今则开工者不及半数。善救总署对于工业虽负救济之责，而缓不济急，只能以各厂之盈余自谋恢复，预计循序以进，当可渐达恢复，并进一步自谋发展之目的也。

工业艰困环境　今后必可转佳

记者聆荣氏所谈，深谋其雄心毅力，当即提出，目前工业环境，工资高而外汇低，是否于荣氏之复兴计划有所妨碍。荣氏当谓：吾人对于复兴，暂时只能埋首作本位之能力，不计其他。至于工业环境，目前虽极艰困，深信今后必可转佳。中国已列为世界五强之一。国际间对于政治经济，均已奠定联系，而国内所有战时之紊乱，未能完全澄清，故不能与国际间已奠定之联系，衔接通气。一旦完全澄清，一切皆复原状，环境之艰困，自可解除。此中关键，厥为货币之整理。战前之国家预算，每岁为法币10万万元，今则假定预算已需2500万万元。如言外汇，则2000余元易一美金，此等现象不改善，一切不易澄清。

盖币值不平等，即难言经济平等。经济不平等，自难与国际已安排好之各种联系，获得正常之沟通。现在此种现象未澄清，故社会间极少企业家，而独多资本家。以余所知，国内资本家有累积黄金至2890条者。累积此多数黄金，自将感觉难于处理，而与企业背道而驰。

描绘未来好环境　企盼增多事业迷

将来经济如上轨道，黄金必归公有。国库中累累皆黄白物，以此做准备，发行金券。有一文做准备，即可发行金券二文。而此金券有此准备，亦必信用卓著，为人所乐用。此金券流通社会，更可发生积极作用，则原值一文之黄金，将可作三四文用。如此，社会上资本家日少而至于无，所有将全为企业家，工业环境自亦随之转换。果至此境地，则国家所得于企业家者，为数甚丰，以之施政整军，必可措置裕如。盖以今日言之，余一家所有关之事业，每日向国家所纳之税，日需3000万元。余一家如斯，全国内皆企业家，又何愁国用不足乎！

最后荣氏又言：以余生平从事企业之经验，深感从事企业者未必为"事业迷"，大都仅以企业为发财之过渡；既已发财，便不再谋企业之发展。无锡除余兄弟外，唐、薛等均有"事业迷"，故能促成工业之发展。今后"事业迷"倘能增多，亦足转移工业艰困之环境，使即于坦途也。

（原载无锡《人报》1946年6月13日第二版）

振兴实业　发展经济　以惠民生计划书

荣德生

　　吾国幅员之广，人民之众，物产之丰，设有清明之政治，具体之建设，干戈载戢，朝野合作，策久远之规，跻大同之治，岂不甚善！无如天祸吾国，洪水为灾，灾区16省，灾民5000万，造成空前之浩劫。举国皇皇，呼号奔走，筹赈机关，联络进行，办赈人员，勤奋将事。而我政府知非宽筹食品，无以救垂毙之人民；非借助他邦，无由得大众之接济，爰有向美国购麦之举。美国总统胡佛一视同仁，立允所请，45万吨合同业已签订，救灾恤邻，善意可感。吾人何能作无餍之求，抱过奢之望。无如以5000万之灾民，摊派45万吨之小麦，灾民纵沾实惠，于民众食品犹少裨益。美国种植精良，农产丰稔，输出45万吨，等于九牛一毛。鄙意宜向美国续购，利率及价格，以前订合同为准，付款之期，须商请放宽。美国当局救助灾区之心，已昭然若揭，苟诚恳继续协商，当无拒绝之理。如能达到目的，美麦源源而来，粮食之价格借以抑平，我政府对于民食恐慌问题，亦得以从容解决。此计划之应行商榷者一也。

　　衣食同为生活要素，有果腹之粮，无章身之具，于民生主义仍得其偏。查吾国产棉之区，占地不广，纺织业平时恒借外棉接济应用。此次水灾遍地，棉田亦同受影响，即有收获，亦当减色。美国棉产既丰，积贮亦厚。是宜援订购小麦之例，向美国订购棉花，以济厂用。俾原料无虞缺乏，工人生计亦得维持。由我政府与美国磋商条件，订立合同，付款之期须较美麦延长，俾得次第偿还，维持国际间信用。此计划之应行商榷者二也。

进而言之，就今日而言，建设工业实为要图。即以纺织一业而论，吾国人口四万万，只有纱锭200余万枚，较诸欧美各国人口与纱锭之比例，我国现有之纱锭，实不能供国民之需求。唯其如此，是以他国在吾国设厂，以遂其经济侵略之野心，而使我纺织业受重大之打击。纱布为人生必需之品，乃至仰给他人，痛心之事，无逾于此！为今之计，莫如由厂商自动向英国订购纱锭60万枚，注重纺制细纱细线，就原有纱厂力图扩充，以冀供求相应。应请我政府为之担保，其利率应特别减轻，偿清之期，多则15年，少则10年。在彼方贷出机器，属于营业性质，所处地位，绝无利害冲突。且有我政府担保，宜无不乐从。吾国如骤增纱锭60万枚，加紧工作，出数至为可观。我政府振兴实业之苦心，庶几见诸实事。否则，空言抵制，力竭声嘶，于事奚济！此计划之应行商榷者三也。

至于吾国经济状况，自庚款退还，已减轻一部分担负。所欠外债，历年陆续付与，少数已经偿清；其余外债，距偿清之期不远。厘金数十年积弊，亦已一律铲除。关税实行自主，统计收入，为数不赀。连年发行公债，均有确实担保，且额数并不过巨。以故市上无须巨额之纸币流通，而金融自臻稳固之地位。此皆事实问题，而无待晓晓者也。

更言吾国工业状况，在昔工业幼稚，生产落后，无可讳言。谋国之士，无不知富强之策，舍振兴实业，其道无由。自1895年美国创始科学管理法，各国咸相则效，风行一时。去年，吾国实业部会同工商界组织工商管理协会于上海，上海各厂遂试行科学管理法，果能增多效能，减少消耗。生产事业之合理化，已为吾国办工厂者所公认，则他日工业之蒸蒸日上，自在意中。

而工厂之添购机器，诚为刻不容缓之举。

经济状况如彼，工业状况如此，吾国前途正可乐观。唯外交吃紧，为目前最重要问题。然公理必能战胜强权，况有四万万人民为我政府之后盾乎！诚能一德一心，群策群力，采用所陈计划，使灾民无冻馁之虞，实业有蓬勃之象，裕经济即所以杜侵略，兴工业始可以抵外货。愿我贤明当局及国人共勉图之。

（原载《人钟月刊》第3期，1931年11月）

纺织业与金融界

陈光甫

荣宗敬先生是我国纺织界的巨子，现在抽暇为本刊写成《纺织业与金融界》一文，把纺织业现在所有的困难情形和造成这种局面的原因，分析得清清楚楚，很可以供吾们的参考。

上海银行以《海光月刊》见贻，展读一过，因得略知其政策之一斑。光甫先生复询予对于《海光》之意见。光甫先生为银行家，所言自多关于银行方面，然银行与各种事业俱有连带关系。予业纱，故言纱厂。纱厂与银行，关系尤密切，言纱厂，不能不兼及银行也。

就纱厂言，在过去半年中，无日不在愁城惨雾之中。花贵纱贱，不敷成本；织纱成布，布价亦仅及纱价。销路不动，存货山积。昔在市况不振之际，稍肯牺牲，犹可活动，今则纱、布愈贱，愈无销路，乃至于无可牺牲。厂家欲减少生产，则有碍工人生计；欲忍痛维持，则又无补救方法。盖自办纱厂以来，未有如今年之痛苦者也。

考其原因，则由于外商设厂，日事侵略所致。试观日人于劫夺东北之时，复以全力倾销日货，遂致北方纱厂几无营业可言，不能不以出品运至南方，贬价脱售。即在山东，日货亦占百分之八十以上。至于汉口各厂，因长江流域金融不能流通，商业因而停滞，积货既多，相率歇业。湖南、江西，在昔每日可销三数百包，今则减为百件，以至数十件。安徽近亦减半。四川本销华纱，每日四五百包，今以内乱频仍，不及百包。唯南部尚能维持原状耳。

销路既滞，积货益多，纱、布皆发现最低之新价格。然设卖价贱而成本亦贱，则厂家犹可暂时维持，乃业花者每多不识利害，常受日商之利用，每见其放价掠收，以为日商看高，相率抬价，遂致实在用花之各厂大受其害，而造成花贵纱贱之矛盾现象。所谓"汉奸"不除，纱厂终无生路也。

金融界立于全国各种事业之最前线，不能舍各业而独立；纱厂亦居全国工业最重要之地位，年来得金融界之种种援助，不可谓不与日俱进。然试察在华日厂，其生产力已与华厂相埒，日纱自由营销各地，皆有通汇机关贩运转输，处处便利；而华商无之，即有亦未能充分联络，遂使各厂长年困顿，而日即于衰落。金融业与纺织业，休戚与共，若不亟图以有效之方法互相援助，恐江河日下，终有不可收拾之一日耳。

政府对于纺织业，虽有救济之表示，然迂缓延滞，迄无切实之行动。国民经济至今日而凋敝甚矣，纺织业为国民经济之根本，若待狂澜既倒，而后谋挽救之道，噬脐何及？此则不得不有望于金融界之贤达，先为亡羊补牢之计。光甫先生，有心人也，其以鄙言为何如？幸有以教我！

（原载《海光》第5卷第8期，上海商业

储蓄银行编印，1933年8月）

"天元计划"的提出和实施

林庆亚　陈文源

日本帝国主义的侵略，使荣家企业遭到了空前的浩劫；1938年2月荣宗敬的逝世，又使统一的荣家企业集团开始解体。面对无情的现实，荣德生痛心，但没有灰心。他期待太平盛世早日到来，使他们兄弟创设的事业得到恢复，并进一步做新的开拓。"天元计划"的提出和实施，就是他在生命的最后十年间为发展我国民族工业作出的又一贡献；而"天元计划"的最终流产，又再一次证明要想在半殖民地半封建的旧中国发展资本主义，只能是一种难以实现的主观愿望。

一

荣宗敬是茂、福、申新总公司的总经理，是荣家企业经营活动的轴心。他独揽大权，在"举债扩充事业"的经营思想指导下，荣家企业在辛亥革命以后的20年间得到了飞速的发展，成为中国民族工业中的佼佼者。但同时也背上了沉重的债务包袱，充分暴露出这一"庞然大物"固有的虚弱性。荣宗敬溘然逝世，使荣家上下和企业内外都感到了震惊和慌乱。与荣家企业有债务关系的十几家银行、钱庄，从1938年3月起，不顾当时大多数企业陷于战火、无法开工的实际情况，纷纷追逼欠款，有的甚至向法院提出诉讼，企图拍卖总公司财产，乘机搞垮荣家企业。那时荣德生避居武汉，在上海的子侄和股东难以对付，频频函电催促，敦请他早日返沪主持大计。荣德生却另有打算：他看到大半事业或毁于战火或被敌强占，自己掌握的几家企业也经营困难，哪来银钱偿还欠债？不如让子侄们暂时应付局面，并在风浪中得到锻炼；而他自己留居武汉，等待转机，以免被卷入旋涡。为了不使总公司大权旁落，荣德生明确指示：在新总经理接任之前，由大侄荣鸿元和长子荣伟仁任协理、二侄荣鸿三和次子荣尔仁任襄理，主持总公司事务。自此，一场围绕总经理人选和债务摊派的矛盾趋向公开化了。

　　1938年6月底，荣德生由武汉回到上海，第一个感觉就是"事权全非，远异吾兄在日"[1]，过去那种同心协力，苦渡难关、共谋发展的情景已经不复存在。由于无锡申新三厂和茂新面粉厂已大部毁于战火，他在总公司失去了指挥别人的实力。荣德生思考再三，他终于没有接任总经理职务，对总公司事务也似乎不多过问，平时深居简出，以古玩、字画、诗文为消遣。其实，他并非是在偷闲，而十分关心时局的变化和企业的状况。每逢关键时刻，他都出面指点；一些重大决策，子侄们也仍请他拍板。同时，他在进行着深入的反思，回顾荣氏先辈和他们兄弟创业的艰难历程，系统地总结经验教训，筹划未来的恢复与发展。荣德生领悟到，在社会生活中，农业生产、工业制造和商业运销，三者不可缺一。从事实业，要不投机、不奢侈，从基础做起，步步为营；要注意培养人才和企业用人，成功了不张扬，失败了不气馁，时时开阔胸怀，放大眼界。只有这样，才能保证事业永久昌盛。据

---

　　① 荣宗铨：《乐农自订行年纪事续编》。

此，荣德生从1941至1942年间提出了有生之年的最后理想："大农业计划"和"天元计划"。

所谓"大农业计划"，实际上是荣德生心目中勾画的"理想国"，是他的社会政治经济思想的集中表现。他设想：以户作为基本的社会细胞，每户授田50亩。每十户为一村，十村为一乡，十乡为一镇，十镇为一区。区是基本的行政组织，设区长管理行政，建街市互易有无，有交通、电信，有学校、图书馆、医院和文化娱乐场所，有工厂企业，还有农业机械，供全区农民轮流租用耕种。农村要大力发展副业生产，小城镇可开设一些季节性工厂，吸收农民农闲时进厂做工，使他们"一年四季不为闲游"，从而增加收入，改善生活。在区以上设县，专区和省，每十区为一县，十县为一行政专区，又有若干专区成为一省。各县要对人民的衣食住行统筹安排，建立起由小学、初中、高中而至专科、大学的教育体系，培养适合本地需要的实用人才。这个"计划"，可在人口稀少的边远地区首先推行，使粮食获得丰收，一方面养活贫民，另一方面以原料支援沿海城市，那些人口繁密的沿海省份，则应大兴工业，制造民众衣食住行所需要的各种产品和机械，支援经济不发达的地区。各地区之间，修筑公路，铁路联结起来；沿路矿藏，集资合力开采。经过若干年努力，把我国建设成为一个农工商全面发展、林牧副各业兴旺、交通邮电便利、人民生活富足的新国家[①]。

所谓"天元计划"，实际上是荣德生制订的荣家企业战后复兴计划。荣德生说：自从抗战开始，荣宗敬作古以后，荣家企业"即另成一新时代，从前一切告一段落"。因此，他计划另创一个规模宏大、门类也较为齐全的"天元实业公司"。先将他名下的"茂福申新资金划分股份"，由他自

---

① 荣宗铨：《乐农自订行年纪事续编》。

任总经理，七个儿子①分任副经理，"专营实业，不可做投机买卖，立下禁例。"经营范围包括金、木、水、火、土、食品、纺织七大门类和采矿、煤炭、电力、冶金、机器制造、化学、塑胶、水泥、石灰、砖瓦等数十个行业。食品、纺织两大门类要发展深加工，如食品工业要由面粉扩大至饼干、点心之类，纺织工业应包括棉、麻、毛、丝、人造纤维的纺、织、染整和服装加工。为了实现这一"计划"，荣德生说：一定要"量力而行"，"可进则进，不可进则守"；所有企业，都要建在靠近原料产地和交通方便之处，实行"工人自治"，注重培养人才。"待时世和平，兴办事业，即以为法。"②

这两个"计划"的提出，表明了荣德生这位饱经风霜的爱国实业家奋进不息的鸿鹄之志和勇于求索的赤子之心。他所想的做的，并不是只为着个人和家族的发财享受，同时也是为着国家和民族的兴旺发达。

二

抗日战争胜利后，深受帝国主义侵略之苦的中国民族工商业者，期待国家出现一个民族工业发展的新时期。荣德生也"心怀兴奋"，希望"政府给予协助"，"庶几东山再起，复我被毁事业严"③。1943年底，他指示荣尔仁专程前往重庆，着手"天元计划"的实施。经过将近两年的筹备，1945年11

---

① 荣德生的七个儿子依次为：荣伟仁、荣尔仁、荣伊仁（一心）、荣毅仁、荣研仁、荣纪仁、荣鸿仁。长子荣伟仁于1939年7月20日病逝，享年34岁。在伟仁之前，荣德生还有一个儿子，名清和，1901年生下不久即夭折。

② 荣宗铨：《乐农自订行年纪事续编》。

③ 荣宗铨：《乐农自订行年纪事续编》。

月21日，由荣尔仁主持，在重庆民族路蓝家巷特5号举行了"天元实业公司"股东成立会，共有股东12人，决定集资5000万元，设5000股，每股1万元，分两次收足；其中荣德生、荣尔仁各1000股，荣伊仁、荣毅仁、荣研仁、荣鸿仁和荣孙熙仁各500股，宋美扬，李翼曜、唐熊源、李国伟、顾鼎吉各100股。12月6日，重庆市社会局发给了社准（34）四字第1160号验资证明书；同年底，又获得国民党政府经济部颁发的新字第1783号营业执照，完成了备案手续。但直至1946年4月才在上海汇丰大楼正式挂牌，对外营业[①]。

"天元"一词，出于《易经》，原文为"大哉乾元，万物资始，乃统天"，其含义是天下万物皆赖以萌生。荣德生取这个名字，无非表示他创办这个企业是要为国家、民众谋利益的心愿。天元实业公司为股份有限公司，由荣德生任总经理，荣研仁为副总经理，下设生产、业务、财务三部，有职员50多人，由荣研仁统管。在国内各地建厂，由业务部负责；在纽约、伦敦、曼谷、香港等地设立分公司，经营进出口贸易。进口货物包括人造丝、金属制品、橡胶制品、卡车和各种机器，以自用为主；出口则以纱、布为大宗，从中赚取外汇。

按照荣德生原来的设想，天元实业公司应分为两部分：一是"有限公司"，主要经营重工业，包括采矿、冶炼、铁工铸造、水泥等；二是"天元家庭工艺社"，主要经营轻工业，包括麻纺织、棉纺织、毛麻丝交织、丝织、面粉和苞米粉及其食品等[②]。其中有些企业已经开始筹建，如：煤矿在陕西蒲城白水岭；水泥厂在南京马当附近，并聘请水泥专家杜虎候、张念德拟就了年产量54万桶的水泥厂计划书；嫘萦纱（人造纤维）厂在江苏吴江盛泽镇，已购得地基700余亩，并完成了水质分析；麻纺厂、棉纺厂都已向国

---

① 《天元麻毛棉纺织厂厂史》手稿，天元厂档案室提供。

② 《申新系统企业史料》第四编第一期第69页；《荣家企业史料》下册，第614页。

外订购了设备；公益铁工厂（后取名为开源机器工程公司）准备在无锡复建，并取得了联合国善后救济总署调拨的一批较先进的美国机器；其余原有老企业的修复和重建，也都在积极进行之中。

但是，1946年4月，国民党特务和黑社会匪徒密谋策划了震惊全国的"荣德生绑架案"，给"天元计划"的实施蒙上了不祥的阴影。年逾古稀的荣德生，被关押在四面无窗、又无照明的黑屋子里34天，身心遭到严重摧残；被勒索去的"赎金"和"破案酬金"超过60万美元，这笔巨款由申新各厂摊派分担，经济上蒙受了重大损失。而国民党蒋介石政府不断强化法西斯统治，实行恶性通货膨胀的反动政策，巧取豪夺，加紧搜括，更使民族工商业的处境每况愈下。荣德生曾多次愤慨地写道：自从抗战胜利以后，国民党政府"忘了民生疾苦，不顾人民负担，一贯其高物价和重税政策，以致民怨沸腾"。"事事限制，不啻无形之桎梏；层层苛税，何异万民之锁链！""若不从根本彻底解决，甚难见效，数年之后，势将无法收拾。"①

客观形势迫使荣德生不得不把"天元计划"的实施范围加以收缩，原已开始筹建的煤田、水泥厂、嫘萦纱厂等一律停止，而把力量集中到创建麻纺织事业上。从1947年8月至10月，天元实业公司接连召开三次董事会，决定将原有股本5000万元扩充为200亿元，并修改公司章程，成立新的董事会，股东由原来12人减至7人，荣德生投资60亿元，荣尔仁、荣一心、荣毅仁、荣研仁、荣纪仁、荣鸿仁和荣孙熙仁各投资20亿元，向经济部重新登记备案。12月5日得到新字第2712号执照②。一个完全按照"天元计划"设想组建、由荣德生父子独资经营的新企业取得了合法地位。

创建麻纺织事业，荣德生酝酿已久。抗日战争时期，他目睹江浙地区

---

① 荣宗铨：《乐农自订行年纪事续编》。

② 《天元麻毛棉纺织厂厂史》手稿，天元厂档案室提供。

蚕桑事业损失惨重，就想开发利用我国的苎麻资源以资弥补。荣德生认为："麻纺织品盛销于南洋及热带各地，原料年产三熟，纺成出口，外人难于竞胜。""吾邑如能植麻十万亩，即可抵昔日全县之蚕桑生产。此系真正土产，出口换外汇，挽回漏卮。"①为此，他在1943年就委托内地大学进行麻纺织试验，并叮嘱当时在美国留学的荣研仁和去重庆的荣尔仁关心此项事业。

根据荣德生的指示，荣尔仁于1944年初在重庆创办了苎麻实验室。他聘请了一批纺织专家，以吕德宽为首，研究改进苎麻加工技术，以求部分解决当时棉纺织厂原料供应不足的问题，并为战后人民衣着需要开辟新途径。经过几个月摸索试验，苎麻脱胶和纺织的许多技术问题一一得到解决。在此基础上，荣尔仁请李国伟从重庆申新四厂拨出一部分设备，建立了苎麻纺织实验工场，进行小规模试生产获得成功。1945年，为战时生产局特制过一批麻织品，并有少量产品供应重庆市场②。这个苎麻纺织实验工场，是我国第一家用脱胶棉型苎麻为原料的麻纺织厂，规模虽小，但摸索了一些符合我国国情的麻纺织生产经验。它不仅为后来开办天元麻毛棉纺织厂做了技术上的准备，而且为我国麻纺织事业的发展作出了具有开创意义的贡献。

尽管"天元计划"的实施"已缩至最小限度"，荣德生对"计划未成，抱负未抒，深觉痛心"，但他创办麻纺织厂的信念从未动摇。荣德生说："麻纺事业在吾国尚是新创，决定先从试验做起，然后逐渐扩大，此为余晚年唯一之理想。"③1948年春，荣德生父子终于克服重重困难，在家乡无锡建成了"天元麻毛棉纺织厂"。这是在"天元计划"的具体实施中由天元实业公司完成的唯一建设项目。

---

① 荣宗铨：《乐农自订行年纪事续编》。

② 《荣家企业史料》下册，第280页。

③ 荣宗铨：《乐农自订行年纪事续编》。

三

天元麻毛棉纺织厂从1945年11月开始筹建，到1947年10月和1948年4月麻、棉工场先后开工，历时两年多。建厂速度之缓慢，在荣家企业发展史上是少见的。其主要原因：一是购买厂基遇到障碍，有人听说荣德生又要建新厂，便将土地"视为奇货"，索要高价，甚至有意不让，经再三辗转托人说情，才购得土地97.9亩，白白耗费了一年多时间；二是通货膨胀，货币贬值，物价成百倍的上涨，原定各项"预算计划，一一打破"，建厂资金从5000万元猛增到200亿元，仍然不敷支出；三是从国外订购的麻纺织机器交货不齐，缺少头道苎麻脱胶设备，不能纺麻，只得改纺羊毛，但毛条又限制进口，原料供应困难，无法连续生产。因此，荣德生伤心地说："此次创造，大吃苦头，小企业化却大资本，造成亦无大利益，若照拆息计之，大亏本矣。"[1]

当时，正值中国共产党领导的人民解放战争节节胜利，蒋介石政权面临穷途末日，民族资本主义企业大批停工、减产、倒闭，工业生产急剧下降。国民党统治区大多数民族工商业者不了解共产党的政策而疑虑重重，不少资本家逃资迁厂，移居海外。荣家企业集团中有些人也大量抽逃资金、原料、设备，到香港地区、台湾地区乃至泰国、巴西、美国等地投资设厂，并竭力劝说荣德生也去海外，另谋出路。但他从半个多世纪的坎坷经历中，对帝国主义和国民党政府已经绝望，在中国共产党统一战线政策的感召和地下党组

---

[1] 荣宗铨：《乐农自订行年纪事续编》。

织的耐心说服下，作出了符合历史潮流的明智抉择。荣德生表示：他非但不
离沪，也决不离乡，决心留在无锡，迎接人民解放军南下；并坚决制止了荣
氏家族中某些人迁厂逃资的错误行动，在极端困难的形势下，把一个拥有
10092枚棉纺锭、2400枚麻纺锭、70台麻织机和全套苎麻脱胶设备的新建工
厂，完整地留给了新中国。

　　天元麻毛棉纺织厂坐落在无锡西门外夹城里，三面环水，一面直通市
区，交通方便；又同申新三厂毗连，与开源机器厂隔河相望，易于调度和相
互照应。

　　天元厂从1947年1月起动工兴建，由上海兴业建筑事务所测绘厂基、
设计厂房，许顺昌营造厂承建办公室和机物料库；主厂房39790平方尺（合
3700平方米）的麻纺工场、34272平方尺（合3200平方米）的棉纺工场由韩
永记营造厂包建，于1947年9月和11月先后竣工。与此同时，仓库、食堂、
女工宿舍、职员宿舍等也相继建成。全厂建筑总面积为10.7万平方尺（合
9800平方米），约占厂基面积的14%[1]。为了加快建设速度，早日开工生
产，提高投资效益，尽量减少因通货膨胀造成的经济损失，天元厂房除麻
纺、棉纺两个主要生产车间采用砖墙、瓦顶、水泥地面的砖木结构以外，辅
助用房全部采用随机器设备从美国进口的瓦楞铁皮圆顶简易房。

　　天元厂的麻纺织设备，早在1944年春就通过怡和洋行向英国订购，其中
麻纺织机式样较为陈旧，而苎麻脱胶设备和精干麻烘燥设备较为先进，属
国内领先，为新中国成立以后我国自行设计制造同类设备提供了重要依据。
棉纺设备在1946年以申新名义向美国萨克罗威尔厂直接订购，系1947年的最
新出品，构造简单，式样新颖，自动化、电气化程度较高。各项设备于1946
年春至1947年底陆续经上海运到无锡，待厂房落成后立即安装。因为脱胶设

---

① 《天元麻毛棉纺织厂厂史》手稿，天元厂档案室提供。

备迟迟未到，麻纺工场只得于1947年10月用进口毛条进行试生产，至1948年7月才开始纺麻。由于原料短缺，设备不配套，机器故障多，工人操作不熟练和电力供应不足等原因，麻纺生产一直没有走上正轨。棉纺工场于1948年4月17日举行开工典礼，先开2000锭，5月增至5000锭，7月10092锭全部开齐，生产比较正常。建厂初期所需动力总计1070匹马力，由申新三厂供给，并自置600kVA变压器2台，供麻毛工场和棉纺工场分别使用[①]。

麻纺工场和棉纺工场是天元厂的两个主要生产车间，由总工程师杨同德统管全厂生产，并兼管麻纺工场；棉纺工场则由李石安负责。他们都是造诣颇深的纺织专家。无锡解放前夕，天元厂共有职工606人，其中麻纺131人、棉纺300人、机电工38人、脱胶工10人、外场工70人、职员57人[②]。主要产品有本色毛线、皮鞋缝制线、麻袋、帆布、高支苎麻纱、麻交布、麻平布、嫘萦纱、嫘萦绸、嫘萦哔叽等。产品一律采用"双熊猫"商标，在市场上很受欢迎。皮鞋缝制线、高支苎麻纱和嫘萦纱的纺制成功，都是我国纺织史上的先行者。

由于当时时局动荡，经济衰退，人心浮动，天元厂初期的经营十分困难。特别是副总经理荣研仁认为"工不如商"，无心经营实业，不听父兄劝告，热衷于股票投机和推销美国货，连连亏蚀；之后又抽逃资金，出走国外，更加剧了企业的艰窘。1949年4月23日无锡解放后，国营苏南建中贸易公司和苏南人民银行考虑到麻纺织是我国纺织工业中的新兴行业，立即通过调拨原料、提供贷款、加工订货、代纺代织等方式，使天元厂的生产得以维持和逐步发展。随着厂内党、团、工会组织的相继成立，广大工人群众积极参加抗美援朝、增产节约、爱国劳动竞赛、"五反"、民主改革等一系列运

---

① 《天元麻毛棉纺织厂厂史》手稿，天元厂档案室提供。

② 《天元麻毛棉纺织厂厂史》手稿，天元厂档案室提供。

动，团结资方，改善经营管理，加强统计监督，注意安全卫生，改进福利设施，优化劳动条件，使企业面貌日新月异，生产蒸蒸日上。1954年7月22日，经无锡市人民政府批准，天元麻毛棉纺织厂实行公私合营，在它的发展进程中，树起了一块崭新的里程碑。

（原载《江南大学学报》1991年第10期）

第 七 章

教育救国：荣氏兄弟教育办学

交通大学添设纺织科之我见

荣宗敬

创办实业之要素，曰人才，曰经济。人才之于纺织业，尤为重要。何则？制造管理，必须有相当学识与技术，而后可以胜任愉快。鄙人创办纺织业垂三十余年，经济之未能余裕固无待言，人才缺乏，尤时时引以为虑。南通虽有纺织学校，而求过于供，于纺织业无如何影响。交通大学有悠久之历史，校誉播中外，人才遍国中，黎校长要沟通教育与实业，特添设纺织科，为吾业造就专门人才，远谋卓识，不啻为纺织业奠复兴基础，而予以无上之助力。

溯自欧战而后，吾国纺织业虽在萌芽时代，而营业方面，获利颇丰，殊见蓬勃气象。自外人经济侵略日甚一日，以吾国为推销纱、布市场，又因时局不靖，水旱频仍，农村无购买力，都市不景气，纺织业遂一落千丈，停机歇业，时有所闻。上年棉产增进，农村复兴，又承币制改革，实行法币之后，纺织业渐有起色。然以人口与纱锭比例，目前华厂纱锭相差犹远。若不急起直追，纺织业仍无立足之地。政府及金融界有见于此，是以在各省陆续添设纱厂。虽杯水车薪，无济于事，而纺织业既为政府及纺织界所重视，以后之发展，即以此为起点，而未可限其前程。职是之故，造就专门人才，尤为当今第一要义。

自东瀛参观纺织厂归者，佥谓出品如何精良，人事如何周密，不知纯系人才问题。得人，则陈旧机器可制造精良之出品；不得人，则机器虽极精良，出品依然落伍。至工厂管理，其责任并不下于制造。一厂范围之内，大而整个原料，小而竹头木屑，以及人事之纷纭复杂，何一而非管理之责任！此所以管理重科学化，而于时间经济，均应有严密之注意也。

在数载前，鄙人曾于无锡申新三厂办养成所，延聘专家教授，并予学生以实习机会，毕业后，大都服务于敝公司各厂，亦能知机器原理与纺织常识，惜受业时间有限，未能深造。现在敝公司各厂正添设纱锭，扩充至相当程度，于纺织专门人才，尤急需罗致。或谓造就纺织人才，非留学国外不可，不知留学习纺织，未易得大量人才。官费固有限制，私费岂易担负。学成归国，用其所学，学理经验未必相符，或有食而不化之苦。则何如借材他国，化吾国一部分之优秀分子为技术人才，此鄙人所以于交通大学添设纺织科极表同情也。鄙人所办之纺织厂，在上海者居多数，随时可参观或实习，俾学理经验合一，当为诸同学所乐闻。一得之愚，敢以质诸校长、教授及同学诸君。

略述办学之经过

荣德生

癸巳，侍先父旅粤，习账席。先父常督阅《曾文正公家书》，并以立身、齐家、睦族、爱乡为训；行有余力，方涉世务，并以虚言伪行为戒。22岁设钱庄，26岁创办面粉厂，30岁业务渐有头绪。立身处世，当以30岁为负责之始期矣。会族中先觉，群起提倡新学，将原有私塾改称公益小学，筹集经费，予兄弟附焉，是为创设学校之始。

当时，学者叹吾国人因学文而弱，致败于甲午，思变法，而有戊戌政变庚子排外祸起，外人胜，我赔款之巨，人人痛心、日俄为东清铁路又起战争，日竟胜俄。吾国人观邻国维新十余年而强盛若此，朝野一致以维新改革为已任。

予兄弟从事实业，无暇文学。早晚之间，时与族叔吉人及诸长辈筹办族中教务，以切于实用为主，经费则力任之。由初小而高小，而初中，至高中等，即由幼稚逐渐可升至高中，男女并进，分级分校，年年进行，以此为爱乡之一端。而转瞬间，已历30年于兹矣。此时之学生，均已为早班学生之子侄矣。其间，人事纷更，聘任教师均由族叔吉人、鄂生推荐为多。近年，则由少章先生任之。今高小校长朱、初中校长叶、高中主任钱，诸位教师欲以办学30年艰难之经历，拟于4月12日、13日开纪念会，并展览成绩，嘱予叙始末，爰略述其梗概焉。

1935年春

（原载《无锡私立公益第一小学三十周年纪念刊》

1935年刊印本）

百年中國記憶
BAINIAN
ZHONGGUO
JIYI

第 八 章

亲友任职：荣氏家族成员成长记

李国伟与荣家企业

龚培卿[*]

知识分子出身

李国伟，1893年9月8日生于江苏无锡。祖父系一个饱学的名孝廉，以设私塾授徒为生。其父名皓修，前清进士出身，分发在广东海南岛，因瘴气死于岭南。其母秦氏，青年守寡，姊弟二人。李自幼孤苦，生活来源除祖父教书束脩收入外，赖其母十指女红。李1900—1906年在祖父私塾读书。1907年15岁时，靠叔父李静涵资助，到上海求学。1907—1910年，先后在虹口澄衷中学及震旦学院读书。1911年考入唐山路矿学院土木工程系。1915年7月毕业后，曾任山海关柳江煤矿测量员、陇海铁路徐州工段副工程师。1916年10月，李由堂姑丈——无锡商会会长华艺珊的介绍和无锡荣德生的长女荣慕蕴结婚。当时正值第一次世界大战爆发，英美帝国主义暂时退出了中国的市场。荣家经营的面粉纺织事业得到空前的发展，福新从一到四厂，茂新从一到三厂，申新从一到二厂，正处在全盛时代，很想挑选一位有为的青年知识

---

* 1923年进入汉口荣家企业，负责计核工作近30年。

分子，作为他们可以托付重任的得力助手。婚后不久，李调郑州陇海总工程局任设计工程师兼绘图员，到职后便将母亲和妻子接到郑州。

荣氏兄弟在上海开设了福新一到四厂后，认为汉口地处长江中游，汉水、湘江之会，是粮食棉花的集散地。如在汉口设厂，可以就地取材，不愁原料缺汇。1918年荣德生决定先在汉口设立福新第五面粉厂，集资30万元，聘请其族兄荣月泉为经理，并通过其女荣慕蕴，劝其婿就该厂协理兼总工程师。是年9月，李辞去陇海铁路工程师职务，全家由郑州迁到汉口。

协助荣家在汉办厂

（一）创立汉口福新第五面粉厂

李国伟到汉后，会同荣宗敬、荣月泉及杨少棠，购进汉口宗关基地40亩。该地南临汉水，东和京汉路基地毗连，又为京汉铁路砳口岔道的终点，水陆交通便利。荣月泉做过交通部电政督办、电政司司长、上海电报局长、陇海铁路总收支等职务。1917年荣氏租进无锡宝新粉厂，他受聘任经理。两年后宝新结束，转任汉口福新第五面粉厂经理。即向美国爱立斯机器厂订购粉机两套，日产粉6400包（每包重445斤）。当时荣月泉因代申新三厂订购纺纱机到英国接洽，迄1919年9月才回国来汉。在此期间，全厂房屋布置设计，以及机器安装都由李国伟负责。该厂于1918年10月开始破土，主厂房系五层砖木结构，四周用水泥钢筋加固。其余房屋，如公事房、仓库、职工宿舍以及原动、机修等辅助车间次第兴工。1919年6月，厂房完成，开始装机，当年装机完毕。原动系500匹马力的蒸汽引擎，用绳子传动主机。另设一个修机间，专供机器修理及磨棍拉丝。1920年初正式开工。李国伟对土建是内行，对制粉是外行，不得不假手于面粉师。所幸粉机都是连续自动化的生产方式，两班直接工人只需38人，全厂用工不到100人，易于管理。同时，该厂非常注意原料质量，潮麦不进，砂麦则用人工拣净，而且每班定时试验粉色和经线。因此，福新第五厂的红绿牡丹牌面粉具有色泽洁白、筋力长、无牙尘等特点，立即受到用户的欢迎，很快以绝对的优势压倒汉口其他厂的面粉，在市场上经常供不应求。所出兵舰牌面粉畅销华北天津。

1925年扩充新厂，建立钢筋水泥的第二车间，仍向美国爱立斯厂购进粉机两套，日产粉4800包。新厂于当年底正式开工。两厂最高产量可达1.2万包。福五开工后，年有盈余。除发给股东部分股红息外，大部分作为增资，扩大再生产。

（二）创立汉口申新第四纺织厂

荣宗敬看到申、福各厂获利大，又想谋求汉口福新五厂的袋布自给自足，1921年初在汉口筹设申新第四纺织厂，拟集资50万元。结果只集资28.5万元，其中荣宗敬15万元。该厂仍由荣月泉任经理，李国伟任协理，杨少棠为营业部经理。两厂经理室统一，下面两厂行政完全分开。该厂于1921年初开始筹备，先用福新名义在福新厂后毗连处，购入基地50多亩。同时购进美国萨克洛威纺纱机器14784锭。原动用600匹蒸汽引擎，用绳子传动。1921年4月开始土建。同年8月，一座砖木结构的锯齿式主厂房完成，由上海申新一厂派工头率领装机工人10多人来汉安装机器。1922年3月，申四开机生产，并聘请上海马耀忠为总管，李的同学邵心冶为建筑工程师。

李因不懂纺织，不得不摸索前进，开始不得不实行工头制，由工头装机和调度。机器运转和工人进退，皆归其把持。但李事业观念很强，喜欢钻研技术，向美国万国函授学校纺织科订购整套纺织教材，由该校陆续寄来纤维、织物、纺织机械、机器传动和保全保养知识教材百数十册。李和后来进厂的中专生，都曾自学结业，并乘车间停车时对照机器学习，取得纺织学的基本知识。申四开厂之初,适遇花贵纱贱。同时,由于资本不足,基建设备就先用去150多万元,因而开工生产时就欠总公司及福五厂内债153万元;又曾向日商东亚兴业银行借款350万元,以申一、申二厂基抵押,以资营运,利息高达1.15%。申四开办之初,就先天不足,要负高额利息。不仅如此,由于工头老式管理,用棉量很高,棉纱单产很低,16支纱只0.9磅,因而成本更高。纱厂连年大亏。1923年总管马耀忠辞职。李逐步认识到工头制的弱点,便逐渐使用专科毕业生来管理车间。1923年李回锡带回公益工商中学毕业生章剑慧(李的表弟)、龚培卿两人,分派在车间及会计科为练习生。1924年,请川、湘籍纺织教师丁作霖、李春波、郑家朴等七人来厂。丁任总技师,李任保全技师。由于加强了技术管理和操作方法,产品质量和机器保全都有显著的进步,引起了封建把头的敌视和恐慌。丁等人和其他职员也有矛盾,不到一年,辞职他去。接着由章剑慧等管理工人。李国伟经常下车间,对一切事物都要研究一下。当时他特别注意原棉和棉纱产量的关系。纱厂以前配棉,为了照顾色泽,总是粗细绒搭配;产量低,16支总在1磅以下。1924年黄梅季节,因纺纱操作难,降低配用粗绒至1:9时,虽较好操作,而产量仍不能突破1磅。于是改为不搭粗绒,纯用细绒。两天后,16支纱产量就突然跃进到1.2磅。此后,该厂全用细绒纺16支纱,出数大增。纱支强力也从70多磅增至130多磅。

申、福两厂过去都用蒸汽引擎,绳子传动,机器容易损坏,一停全停。1925年夏天,申、福两厂合购1000千瓦透平发电机一台,水管式锅炉两台。福新第二车间改用500匹同步马达传动,余电输送申新,使申新陆续增添的纱锭,可以改用马达单独传动。是年夏末,申四筹设布厂。在纱厂西边空地建筑钢筋混凝土的锯齿式车间一座,购进日本丰田厂的电力织机273台,又添置240匹马力的柴油机一台传动布机。布厂于1926年春开工。除供给福五袋布外,还做各种粗细布供应市场。是年又添美机纱锭4416锭,连前共为

19200锭。

1926—1927年，由于工人运动高涨的影响，申、福两厂生产都有不同程度的下降。申新尤为严重。16支纱由日产50件，下降到10多件。1927年7—8月间，由于政局变动，各种货币大量贬值，两厂损失很大。以致造成1927年底，申新亏损累计102万元，为是年账面资本的3.6倍。1927年10月，申新资金及原棉枯竭，以致停工。营业经理杨少棠引咎辞职。总公司总经理荣宗敬亲自偕华栋臣、肖松立来汉。华继任营业部经理，肖为总工程师；并以福五厂基向上海银行抵借300万元，以申四厂基向中国银行抵借140万元，又做营运借款300万元。申四即于10月底恢复生产。

申四开业就受着市面不景气影响，加以资本不足，负担利息过重，不得不由上海总公司和汉口福新垫款。因此，上海福新一些保守股东，唯恐申四拖垮福五，便建议总公司出卖申四。当时日本帝国主义正谋操纵华中纱布市场。设在申新四厂毗邻的日本泰安纱厂，便趁机四出活动，企图吞并申四。李国伟和申四多数职工，觉悟到这不是一厂一业的兴衰问题，而是关系着整个民族工业前途的问题。由李到上海向荣宗敬陈说利害。荣宗敬也说："我生平只有买进厂，没有卖过厂。"申四才未被日商侵吞。

1929年申四又添购纱锭10584枚，布机127台。至此共有纱锭25784枚，布机400台。棉纱产量由1927年的8542件，上升至1930年的19587件。工人由1200人增为2600人。申四过去虽然连年亏损，但仍不断扩充纱锭布机。李国伟曾说过，"由于我厂规模太小，别厂获利时，我厂仍无利。别厂无利时，我厂已亏本"，认为"纱厂至少要在3万锭以上，才有竞争力"。由于增添了设备，从而增加了产量，加以肖松立进厂后，用两年时间整理纱、布两厂，1928年、1929年两年共获利40多万元。

1930年章剑慧升为工程师。1931年4月，李国伟参加总公司组织的赴日经济考察团，考察日本老厂改造和新设备、新技术，特别是学习管理知识，

5月回抵上海。从此打开了眼界，在着着老厂改造的同时，陆续购入换梭式、换纾式自动布机12台，为建立自动布机车间做准备。

1930年冬，李命龚培卿在全厂范围内改用西式会计。经两个月的准备，于1931年1月实行。同时订立了各种规章制度。通过这次改账，既健全了经济核算，又堵塞了一切漏洞，解决了多年不能解决的布厂亏布问题和回佣问题，消灭了账外物资和账外资金，为企业扭亏为盈创造了有利条件。第二年福新亦改用了新账。1931年荣月泉年老退休，由李国伟续任两厂经理，华栋臣为副经理。

与水火灾害搏斗

1931年，长江流域洪水为灾；武汉水位高涨，7月20日江水已近厂前汉水岸边。李国伟立即召集两厂高级职员开会，动员大家和洪水搏斗，并按前后方分配了任务，边生产，边防汛，组织两厂部分职工上堤巡视，督促民工过河取土筑堤。在这个宗关区，有申新、泰安两个纱厂和福新、胜新两个粉厂；地形前高后低，除西北两面原有堤防外，东南两面都无堤防。申、福两厂东面的福新段，长1000多公尺，只有路基，而无堤防，平日亦无水，赖江边皇经堂堤为屏障。7月30日，汉口丹水池决堤，江水包抄市区。8月2日京汉路单洞门决口，全市被淹。李鉴于东面皇经堂堤单薄，又无专人守护，特别注意第二防线的福新路堤，赶筑厂前及福新路沿线堤防，并资助和督促宗关士绅修筑宗关堤的胜新和泰安两厂间的结合部分。8月5日起，江水暴涨，福新路堤告急。遂决定就地取土，在该堤堤面，筑一子堤，高2尺，宽3尺。13日，涨水8寸，福新路堤已比水位低五六寸。15日起，李悬赏抢险，将该子堤加高至1公尺半，限17日天明前将子堤合龙。当晚皇经堂堤决口，堤外居民纷纷自水中逃入该厂空地。皇经堂堤决口宽7—8丈，水如瀑布冲入，仅半小时，江水已平福新路堤面。由于人多，子堤被踏出许多缺口。水从缺口处渗入。李等紧急动员堤内居民用门板挡住。但堤下有一涵洞，事前仅用一袋泥巴堵口。江水从涵洞涌入，并侵蚀堤身。投下细麦100袋，无效，不得已悬赏400元抢险。有一工人将棉絮一床，汩水塞入涵洞，水流即止。但堤面忽然发现裂缝，长数丈，宽尺许。李急命人在堤内打木桩一排。因水压太重，未几，整个堤身，连同堤内合抱粗的大杨树数株，向内移动1公尺多。刚打下的木桩纷纷倒下。当时溃决之势已在眉睫。幸皇经堂决堤时，章剑慧亲自押着泥船两艘，不顾危险，从皇经堂决口处滑入堤内，开到福新堤沿线。厂中即利用此土，投入两侧水中。这样使堤身加宽两倍以上。堤身得暂时保留；但仍一日数惊。紧接着李又通过私人关系，向市政府调来一个刚从前线撤回的筑堤工程队，将福新路整个堤防交给他们。经一日夜的奋战，使福新路堤加宽加固。计自5日至18日，共涨水5.1尺。厂后之水离张公堤面仅7—8寸，又将这段堤防加高两个麻包，筑一子堤，共1160多尺。18日夜间，泰安厂前宗关堤决口。泰安用人工抢险，向福新强索去细麦1万袋，幸经堵住。其后又遇大北风，巨浪侵袭张公堤身，不及半小时，堤身已塌方1公尺。李连夜派人乘船到堤外打长板桩，并用成捆芦苇，掩护堤身，幸天明风息。19日起，水厂阴井泛滥成灾，宗关区几成泽国。李即约四厂及地方知名人士，到水厂交涉四小时，毫无结果。不得已由四厂成立堤防处，于胜新环绕阴井用麻包筑一夹堤，将水厂回水引向江中，费用由各厂分摊。至此各种危险完全解除。

总计此次防汛为时40多天，福新用去麻袋10万条，细麦2万多包，两厂共用去防汛费10多万元。但福五始终未停生产，申四仅停工20多天。当时武汉三镇已全部被淹。江汉路一带，陆地行舟。而此弹丸之地幸免陆沉，是和李国伟的决心和调度，以及平时上下诚信相孚分不开的。

1933年黄花岗纪念日，申新四厂例假停电。机工在修理天轴油领时，用洋烛照明，不慎，洋烛从上面跌下，延烧地面和墙上飞花。顷刻蔓延全厂，不可收拾。不到两小时，3万锭纱厂全部被焚。此事当时震动汉口。警备司令部怀疑有所谓破坏分子（共产党）纵火，逮捕了5名工人作为嫌疑犯审讯。李国伟以火头罪名被拘禁一天。该厂保有火险，如为纵火，就不能取得赔款。由两厂律师据理辩护，才得保释。李国伟一面向荣宗敬请罪，一面将全厂职工解散，酌留一小部分办理善后及复厂。荣氏兄弟对此意外表示谅解和支持，并慨允共同增资70万元，连前共100万元。但因申四连年亏损，部分股东已失去信心，又恐负连带清偿之责，自愿放弃，结果共收资本为92万元。

申新四厂的建筑费原为250多万元，保火险140万元。申四当时往来银行，只有中国银行一家，而保险公司又系该行附属机构。因此，中国银行也很同情和支持申四复兴。李国伟除投入火险赔款，还清中行基建贷款140万元之外，又用厂基抵借210万元；另向保险公司购进烬余机件，作价7万元。这时使用贷款重建钢筋水泥车间一座，另订购泼拉脱细纱机2万锭，3000千瓦透平发电机全套，水管式高压锅炉两座，订明机到后分期付款。对烬余机件，委托上海各机器厂派人来汉就地抢修或绘图在沪翻制。还在国外购进罗拉、锭子、钢领、钢丝针布等，修出2万多纱锭。1934年秋，申四开始复工，共有细纱锭4万枚。复工不久，肖松立辞职他就，由章剑慧以厂长名义兼总工程师。

该厂经过一年多停工，老工人绝大部分已另谋生计。申四从乡间另招一批青年女工为养成工，养成期三个月，养成期内不收膳宿费。在申四养成班毕业的，前后有1000多人。

申四这次全厂被焚，虽属不幸，但复工以后，企业得到进一步整顿。封建势力进一步铲除，职工比较年轻化，容易接受新的规章制度和操作方法。因此，开工以后，气象一新，富有朝气。16支纱常在1.2磅以上，20支纱1磅左右，并且创造了32支"彩四""平莲"名牌，和"绿双喜"轻质细布，单位成本大大降低。机间改为钢筋水泥，不虞火患。过去天轴传动，这时全部改为马达单独传动。过去车间机器纵横，连一条大路都没有，现时机器排列成行，巷道四通八达。可以说申四中兴之局已成。

1935年继续整理烬余，又装配出纱锭5000多枚，另向上海购得旧纱锭5000枚。至此，共有纱锭5万多枚。是年聘请黄亦清为布厂工务主任。1936年，李为筹设染厂，聘请章则汶为染厂工务主任。

1936年购进宝丰布厂旧布机150台，达丰布厂旧布机45台，美昌漂染机全套。同时，租进厂旁京汉路基地约30亩，建造第二布厂和染厂。添购蒸缸2只，拉幅机1台，轧丝光机全套，多滚筒轧光机1台及刮绒机2台充实漂染厂的后处理。又向无锡公益铁工厂购入新布机80台，向美国购入旧布机200台。第二布场装机475台，连第一布场的412台，共有布机887台。日产各种棉布1500匹。染厂每日整理各种漂白色布2000匹。其中有新新蓝布、各色阴丹士林布、漂白细布、斜纹布、各色哔叽、直贡等，以及42／2支、60／2支白底蓝条府绸和呢布等，盛销西南各省，获利甚丰。1936年在重庆设庄，推销纱布。至此，申新四厂成为当时国内少有的华商纺织漂染联合企业之一。

抗战内迁

1937年"七七"事变，继之"八一三"之战，日军占领上海，武汉暂时繁荣。1936—1937年，申四纱、布两厂，虽获利230多万元，但终因南京沦陷，战事西移，不得不做内迁打算。

1937年11月，荣德生率无锡全家避难至汉口，住在申福新公司营业部。年底，李命人入川了解情况，规划内迁事。1938年4月，李国伟和他内弟荣一心前往四川重庆、成都等地考察。是月徐州沦陷，日军溯江而上，武汉震动，申新厂不得不抓紧内迁，但反对内迁者颇众。李国伟、章剑慧等力主内迁。6月初拆迁旧纱锭2300多锭，包怡和"嘉和"轮直运重庆，在重庆南岸猫背沱购进基地一块，建立1万锭的车间。7月间，李派人到陕西宝鸡，计划迁陕事宜。但当时申四反对内迁者，取观望态度。而李、章则已准备了大量木箱，做好了内迁准备。后来，市长吴国桢即召集武汉四大纱厂负责人开会，下达内迁命令。李立即决定迁陕4万锭，布机400台，日产3000包的粉机，3000千瓦发电机一套；迁川1万锭，布机80台，日产500包的粉机。8月底，李国伟赴宝鸡，决定购进斗鸡台基地，占地400亩。9月初回汉，向工矿调整处借款10万元，办理迁机事宜。李国伟当时命章剑慧、荣德新二人在汉主持拆迁运输事务。瞿冠英在陕，黄亦清、历元庆在川，主持接运和建厂事务。章在汉，设法向运输司令俞飞鹏调来车皮不下百列次，将两厂器材尽速运陕，同时，租用怡和洋行铁驳，将8000锭运到宜昌。

李国伟因迁厂工作大部已有眉目，于10月飞港转沪，向股东会报告。会上，由大股东决议：已装渝2304枚纱锭、布机80台，租与"庆新公司"，酌收租金。时局平静六个月后，机器仍由申四收回。在宜昌的机器不准运川。李当时孤掌难鸣，只能服从照办。11月李返汉准备乘海船取道海防、昆明回渝，不料右腿骨折，不能启行。1939年2月，李因在港医治无进步，乃再回申治疗，7月间才能扶杖而行。10月间李国伟取道香港，到达重庆。在此一年中，李虽在上海孤岛，对渝、宝后方仍通过号信遥控。

第二批运川的8000锭，以及大批机物料棉布等，上海股东虽不同意运川，然而当时宜昌已不能保，不得不继续运渝。在宜昌主持转运的为华煜卿。由于川江水急滩多，木船在途反复遇险，往往半年多才能到渝。运陕器材，也是冒着日机轰炸，历经辛苦，才运达目的地。

川陕建厂

（一）申四、福五重庆厂的创设

由于上海大股东反对用申新名义在渝设厂，因而内迁职工不得不用所得遣散费自筹资金，吸收少数有利于建厂的当地人士，集资15万元，创设庆新纺织厂。该厂于1938年开始土建，1939年1月12日先开工1200锭。从建厂到开工生产仅六个月。第二批的8000锭，从1939年起陆续到渝，随到随装。当时采取边生产、边建厂的措施，尽先建筑车间，职员办公及居住都在临时竹棚中。开工后生产规模陆续增至5500锭，每月仅出纱220件（每件430磅），供不应求。

1940年10月起，庆新纱厂改为汉口申新第四纺织厂重庆分厂。章剑慧任经理，黄亦清任厂长。福五重庆厂，设在申四重庆厂内，除生产和会计核算分开外，其余行政管理和申四合并。该厂于1939年5月开工，日产顺风牌面粉500包，销路畅旺。1942年完全代民食供应处磨制面粉，无自营业务。1940年初，李国伟从宝鸡回到重庆，因防日机轰炸渝厂，特在厂后二里许的苏家湾另建第二工场，将渝厂未装的4500锭进行疏散。是年8月11日，日机第一次轰炸南岸迁川工厂，一弹落在申四清花间墙外，将清花间屋顶及墙壁完全震倒，损失清花机一部。清花间墙外一个简易防空壕，内储紧俏物资，各种润滑油数十桶，因受挤压，油桶破裂，油大部漏光。当时苏家湾第二工场房屋竣工，即将未装的4500锭疏散到那里。8月13日，日机第二次轰炸申四投弹10多枚，损失不大。由于三天内两次轰炸，使该厂停工两月。所幸该厂筑有坚固的防空洞7—8个。每次警报时，居民都转入地下，全厂职工和家属都安然无恙。1940年8月11日，日机第三次轰炸该厂，投弹多枚，其中有一燃烧弹，流液四溅至百公尺外，幸未燃烧。渝厂三次轰炸，损失不小。幸均保兵险，及时得到赔偿。

（二）宝鸡厂的创设

1938年8月，李国伟决定在宝鸡县斗鸡台设厂。该地北依黄土高原，南沿陇海铁路，中间还有小高原，名谓"长乐原"。但宝鸡系一小城市，当时居民仅5000人，连电灯都没有，斗鸡台更是一片荒凉。申四开厂之初，不得不披荆斩棘，白手起家。又因斗鸡台车站很小，没有装卸机械和熟练的搬运工人，许多机箱只能从火车上翻滚下来，损失相当严重。机器到后，因无厂房，就在车站北面空地上用机箱围了一圈，作为临时围墙，在中间搭起一个布棚，作为办公及伙房。工人有的住在空地上，有的住在附近空窑洞中。资方和高级职员就住在宝鸡市区，早晚步行，后改骑马上班。由于灰狼和土匪经常出没，厂内组织武装以自卫。

当时西北建筑材料奇缺。由经济部工矿调整处拨给工厂一批水泥，又向陕西省政府借到一些钢筋。章剑慧以副经理名义赴宝鸡，主持申新宝鸡厂建厂事务。章考虑平原无防空设施，就在长乐原下建设窑洞车间。1940年7月开始动工，1941年春竣工。历经日机多次轰炸，原上房屋虽有被震倒的，但洞内竟无损失，可算奇迹。

1942年3月布场开工，至1943年8月共开出布机322台。同年，染厂亦开工，因无后处理设备，只能解决自用色布的需要。

福五宝鸡厂厂址在申四宝鸡厂内东面，1939年5月开始筹建。其间连续两次遭到日机轰炸，迟至1940年10月开工，日产面粉2000包，商标为牡丹牌。1942年1月该厂设立门售部，对外零售面粉。

（三）成都厂的创设

1942年，李国伟因宝鸡常受空袭影响，又因接近前线，受日军直接入侵威胁，决定将部分纱机、粉机疏散到成都、天水。是年夏天在成都三瓦窑勘定厂基，建设申四成都厂，将陕厂、渝厂纱锭、布机迁往。共计纱锭5000多枚，布机36台。李国伟委派他堂弟李冀曜主持申四成都厂事务。该厂于1942年8月开始土建，同年12月开工。所出四平莲牌纱布，销售于成都及四川西部的邛崃、雅安等地。

（四）天水厂的创设

1942年，李国伟将福五宝鸡厂未装的日产1000包的粉机迁往天水设厂，定名为汉口福新第五面粉公司天水分厂。厂址在天水城东五里铺，由龚一鸥任厂长。该厂于1942年初动工，秋末开工。除磨制民食面粉外，还代磨宝天铁路和天兰公路局的给养粉。日出粉750包，商标为牡丹牌。

（五）创办其他工业

申四、福五从1938年内迁，到1945年抗战结束，八年中发展很快，企业获得巨大的利润。经营范围，从纺织、面粉，扩展到机器制造、造币、煤矿、陶瓷、毛纺等行业。下面分别予以简述。

公益铁工厂

该厂原系荣家企业，名叫公益铁工厂，1937年由无锡内迁武汉。后因武汉紧张，又于1938年6月内迁重庆，改名为复兴铁工厂。该厂主要为国民党兵工署生产军火。1941年，荣一心到重庆，和李国伟商定，将该厂归申四接办，改名为公益纺织面粉机器股份有限公司，额定资本500万元，经营范围改为纺织面粉机器制造。李国伟任董事长，章剑慧任经理，聘楼震旦为厂长。楼辞职后由陶鼎勋继任厂长。厂址设在江北黑石子。全厂有各种车床近百台，工人400多名。主要产品有梳棉机、面粉机、梳毛机等。由于铁工厂本重利轻，周转慢，管理困难，加以人才不协调，1944年李在征得荣一心同意后，将公益铁工厂售与新中公司，留下1/4的机器，并入申四重庆厂修机车间，继续制造尚未完成的机器订货。

宝鸡铁工厂

1940年5月，李国伟乘参加唐山交通大学（原路矿学院）在贵州举行30周年校庆之便，顺道至贵定邀请其从弟李统劼赴宝鸡创办铁工厂。李统劼系北大采冶工程科毕业，往美国学习钢铁和水泥制作，回国后任山东大学工科教授、津浦和湖桂铁路工程师。李到宝后，利用汉运陕的旧工作母机10台，在一年中自制各式工作母机102台，并建厂房三排。开始制造环锭大牵伸细纺机，以及配套的前后纺机器。当时前后方完全断绝，申四福五系统所需的零配件，都由铁工厂制造。当时后方都是白口铁，不能切削，钢材犹缺。李国伟通过各种渠道，到重庆、海防、仰光，采购大量矽铁和钢材，以及后方报废的飞机，按一定比例加入白口铁，重新冶炼，变成灰口铁。关于钢材，除利用原材外，并到处收集废钢铁，如利用旧钢轨改制锭子，利用旧钢管制成钢领，利用旧油桶制成隔纱板等。细纱机初制时难度很大。特别是浇制梳棉机大小锡林时，最易发生气泡；浇制盖板时最易变形，造成废品。该厂经多次试验，技术过了关，产品都能合格。从1942年至1949年共制成细纱机27台、10800锭，梳棉机40台，并条机5台，单程粗纱机7台，清花车间及窑洞车间通风设备全套；改造湖北纱布局细纱机3台，二道粗纱机1台；建造宏文造纸厂造纸机2套，甘肃油矿局面粉机1套。这在当时算是一个了不起的成就。

成都面粉厂

1940年7月间，在成都市区设立成都办事处，作为渝、宝两厂的中转站。这时李国伟经常到郊区躲避警报，见到田间小麦粒子饱满，皮薄劲大，又调查到成都只一家面粉厂，日产量仅400包，不能满足市场需要。他便在成都东门外沙河堡大观堰，购进厂基15亩，集资100万元，吸收一部分外股，创设成都建成机制面粉股份有限公司。李任董事长，章剑慧任经理，何致中任厂长。粉机系由重庆公益铁工厂制造，日产粉1000包。该厂于1941年8月开工。因当地电力不足，实产粉600—800包。由于原料好，技术精，粉色和经丝俱佳，所产飞机牌面粉，很受当地饮食业的欢迎。

宝鸡宏文造纸厂

李国伟鉴于宝鸡申新厂所产废棉下脚无销路，而后方文化用纸又奇缺，决定利用废棉下脚创办造纸厂。1942年发起创办宝鸡宏文机器造纸股份有限公司。厂址在宝鸡斗鸡台车站南面，占地80亩，和申四宝鸡厂一轨之隔。全套造纸设备由四川于桂馨设计，1943年春申四宝鸡铁工厂凭图纸制造。当年秋，宏文开始土建。1944年纸机完成。4月26日，宏文纸厂正式开工，日产各种纸张2吨。同年冬，由铁工厂增制立式蒸缸一套，打浆机三台，日产量可达3吨。1945年，又由铁工厂续制造纸机、打浆机各一套，烘缸较第一次为大，因之宏文生产能力可达5吨。品种有印书纸、打字纸、道林纸、牛皮纸、书面纸、包纱纸等，产品畅旺西北各地。秦、宝、天、兰各地日报，都用一色的宏文报纸。包纱纸则由本系统纱厂自用。

宝兴煤矿公司

抗战时，内迁西北工厂很多，煤炭供不应求。申四宝鸡厂装有3000千瓦发电机，用煤量很大，常出现煤荒。李国伟为了解决宝鸡厂用煤问题，拟在陕西境内自己探矿，开设煤矿公司。1940年6月，聘请矿业专家吴伽毅到陕北勘探煤源。1941年吴在白水县西同镇，发现矿苗，灰轻硫少，认为是上等无烟煤，有开采价值。当向经济部备文申请，取得探矿执照。1943年，由申四垫款，组织宝兴煤矿公司。但因筑路问题始终无法解决，煤运不出来。因此，出煤不及3000吨，即于1944年停工结束。

筹设天水毛纺厂

1943年，李国伟拟利用西北羊毛在天水创设毛纺厂。先由重庆公益铁工厂，仿照民治毛纺厂的梳毛机，照制一套。该机运往天水，筹设天水民康毛纺厂，由刘益远任厂长。资金由申四投资，并已购置于厂房。终因内外各种矛盾的制约，未能按计划实现。

宝鸡陶瓷厂

1944年，李国伟在宏文厂旁空地上，筹设陶瓷厂。即由吴伽毅主持，动用当地的黏土，造成各种陶瓷制品数十种，供应宝鸡厂食堂和职工家庭需要的餐具。后因战事结束，交通恢复，该厂即行结束。

申、福两厂内迁后，在陕、渝、蓉、雍各地次第设立分厂。李国伟为了打破各厂之间的界限，统一调度物资，管理人事，互通信息，促进经营管理，于1941年6月1日在宝鸡成立总管理处。李自任总务组长，章映芬任副组长。1943年1月1日，总管理处机构具体化，订立组织大纲，统辖申四、福五、建成、公益、宏兴五公司。1944年宝兴煤矿结束，改辖宏文。1945年公益结束，改辖渝新。因这五公司都以李国伟为实际负责人，也可以说总管理处是李的总办事处。总管理处下设总务、计核、业务、计设、运输五组，组下面又设系的一级。李国伟自任处长，华栋臣、章剑慧、李冀曜任副处长。总务组长周伯符，计核组长龚培卿，业务组长瞿冠英，计设组长李统劫，运输组长华连英。此外还开设大量外庄及办事处，遍及13个省，50多个据点，国外还有6个代理店，自营收购原材料，推销成品和办理运输业务。当时自办水陆运输工具，自备卡车40辆，奔驰在川陕、川黔、滇缅、陕豫公路上；自置骡马大车数十辆，来往于川陕公路上；还雇有一大批木船，往返于嘉陵江上。

两厂内迁后，在陕、渝两厂仍招收养成工，建立男女工惠工宿舍、职工眷属宿舍、医务室、疗养所、子弟小学、文化学习班、俱乐部、合作社。陕厂并设有医院、电影院、托儿所，还与其他迁陕工厂合办惠工中学。

抗战胜利以后

1944年美军在西欧登陆，开辟第二战场，苏军反攻，战争胜负之势已见。李国伟在宝鸡拟定战后复兴计划，即恢复汉口申四厂、汉口福五厂，扩充宝厂，招收复兴股份，大量购置外国的先进设备。

1945年8月日本无条件投降后，李国伟立即由宝鸡飞渝，召开复员计划会议，然后会同章剑慧飞抵南京转往上海，布置标购敌伪产业，以及恢复汉口申、福两厂的具体办法。但是两厂厂房均在敌伪时期被日军占用，作为汽车修理厂。国民党接收后，又被占作后勤部第二汽车修理厂，不肯交还。而抗战时留汉的纱机2万锭、布机400台、染机80％，以及两厂大批机物料、粉麦袋均为日敌取去，全部损失。福五留汉日产1万包的粉机，虽未被运走，但已四分五裂，大部分被炸毁。李国伟为探明这批机器下落和收回厂房两件大事，指令重庆、宝鸡、上海派人去汉，设法得到日人劫去机器的全部档案。按照清单寻找，在金龙面粉厂等处找回部分粉机。至于纱厂机器，后知已被日军运走销毁。经再三交涉，托人疏通，直至1945年11月，面粉厂房始得陆续归还，纱厂厂房到1947年初才得归还。

还有留汉炸余粉机，经修整，于1946年夏末开始出粉。接着修理新机间南面的粉机，整理出日产3000包之粉机，于1947年夏天开工。1948年9月，新车间北面一套粉机修理完毕，并向美国添置爱立斯厂高方筛6只，日产量可达4500包。这时福五汉口厂只恢复9200包的生产能力。

申新2万新锭，迟至1948年7月才到厂，同年10月安装。申四汉口厂正式复工，先开新锭3200锭，以后陆续增加，至新中国成立前夕，共开出13200

锭。瑞士4000千瓦透平发电机和西德两套水管式锅炉，于1946年初到汉，因基建工程浩大，直至1948年4月才开工发电。

1946年李国伟将申四、福五等五公司总管理处从宝鸡迁回汉口。

抗战胜利，国民党政府接收全部敌伪产业，曾表示要交给民营。内迁工厂提出，在抗战时期贡献较大、迁建过程中损失严重的，应有优先标购敌伪工厂的权利，有希望得到日本战后赔偿物资。李国伟鉴于申四留汉器材全部损失，福五亦受损失严重，因而多方标购敌伪产业。

（1）建成面粉公司上海厂

1946年11月，由申四垫款11亿零800万元，标购日商的三兴粉厂，改名为建成面粉股份有限公司上海厂，日出粉4800包。李国伟任董事长，章剑慧任经理。

（2）大光化学公司

由李国伟、李冀曜发起，用申四名义垫款3亿元，购进上海日商前田洋行肥皂厂。购进后，因发现仓库内有许多账外资产，另组美华肥皂厂，由李长婿薛骥良任厂长，并以大光化学公司名义注册，不属总处。

（3）购进上海日商纸器厂

1946年秋，由申四垫款，购进敌产上海纸盒厂。同年11月开工。因该厂所用原料系纸板，因此和上海宏文纸板厂合并，作为后者的一个加工车间。

（4）创设宏文造纸股份有限公司上海厂

抗战胜利，外国纸张、纸板大量进口。李国伟认为宏文宝鸡厂规模太小，技术力量薄弱。同时，想利用江浙平原的稻草作为原料，在沪筹设纸板厂，作为宏文造纸公司的一个分厂。该厂坐落上海龙华港口镇，占地60多亩。机器系向美国山台希而莱厂定制，日产30吨的纸板机全套，打浆机4只，大蒸球5只，并配有2000千瓦发电机和给水排水设备全套。同时，订购活动圆形钢房445吨。该厂设备新颖，建筑宏伟，不仅压倒申四、福五系统内所有的厂，而且在当时全国造纸工业中亦是罕见的。战后造纸机很贵。该厂所用外汇，都由申四垫付，约占总处全部外汇的40%。该厂先由李冀曜任厂长，李志方任副厂长。李冀曜调港后，由李统劼任厂长。该厂因工程浩大，至新中国成立时尚有30%的工程未完成，直至1950年3月中旬才基本完成，日产纸板30吨。

（5）标购汉莹冰厂

1946年，在汉口以法币6110万元，购入一个日本制冰厂，改名为汉莹冰厂。由华煜卿任厂长。当年夏天在原地开工，但不到三个月就结束。

（6）建立福五芜湖分厂

1947年3月，李国伟由人介绍租进芜湖益新面粉厂，改名福五芜湖分厂。租期五年，日生产能力1800包。经理李国伟，厂长刘洪元，副厂长戴禹言。该厂由华迩英偕同刘洪源前去接收及改良机器，于5月开工，日出3200包。后因市面不景气，无利可图，于1948年11月提前退租结束。

（7）建立重庆渝新纺织股份有限公司

该厂原为汉口泰安纱厂。抗战前夕，由国民党政府接管，迁至重庆，更名为军政部第一纺织厂，专制军用布匹。因管理不善，至新中国成立时已奄奄一息。1947年底，国民党中央信托局武汉地区敌伪产业清理处，公开标售。李国伟派厉无咎飞渝以法币1555.5亿元的最高标购得。得标后，李志得意满地说："过去泰安想吞并申四，如今终归申四所有。"当即组织重庆渝新纺织股份有限公司，推荣鸿元为董事长，李国伟、华栋臣为正副总经理，章剑慧、黄亦清为正副经理。

新中国成立前后的出走与回归

（一）设立九龙纺织厂

新中国成立前夕，李国伟的思想是动荡不安的。适1944年为汉口订购的英国泼拉脱细纱机2万锭，1948年交货时无款结汇，李通过李冀曜向信昌洋行总经理高默思商议垫款。高表示对申四可以借款，唯须在香港设厂。这一点和李一拍即合，遂在香港成立九龙纺织工业股份有限公司，1948年3月向香港政府注册。股份先定港币300万元，后增至500万元。股名都系化名，实际是申四独家经营。1948年3月，李国伟第一次南飞香港，购定九龙新界深井镇基地25万平方米，并建设2万锭的厂房。李国伟自任董事长，后因不便，由高默思继任。李冀曜任经理，李启民任厂长。1949年6月开出2000纱锭，12月开至1.5万锭。

（二）设立福五广州分厂

李为实现南迁计划，先在长沙、广州成立办事处，将纱粉交易逐步南移，以便将资金南移港粤。1948年9月，李又将汉口粉机3000包和250千瓦透平发电机一套，拆迁广州，设立福五面粉厂广州分厂。同年12月，李国伟第二次南飞，在广州购定珠江南岸白蚬壳的大星皮革厂的空厂房，改建为面粉厂。1949年3月，李又至广州，布置建厂事务，调总处李有义为厂长。1949年9月正式开工，日产仅3000包。10月14日，广州即行解放。

1948年12月，李先将计核组南迁广州。1949年4月，战事迫近武汉，又将总务组迁至广州。1949年10月，总管理处全迁香港。

1949年10月，新中国成立。11月，中共中南局统战部孟处长率领华煜卿等人赴港，宣传党对私营工商业的政策，动员李国伟等工商界人士回汉口。12月李国伟偕华栋臣、瞿冠英、周伯符、华煜卿等经海道赴东北、天津、唐山和北京观光，在京得到董必武副主席、陈云副总理的接见，决定跟着共产党走。

接着他再至上海参观，转无锡探亲后，于1950年1月返抵汉口。不久，即将香港总管理处迁汉。

在李的主持下，1951年申四、福五所属宝鸡、天水各厂，向陕西人民政府申请公私合营，改称为公私合营新泰企业公司。1954年，李国伟又将他在汉的基本企业——申四厂、福五厂连同上海宏文造纸厂、渝新厂以及成都的申新厂、福新厂和广州福新厂申请公私合营。1956年重庆福新厂和成都、上海两地的建成面粉厂也进入公私合营。至此，李国伟所经营管理的全部企业完成了社会主义改造。李表示，他的全部企业，来之人民，而今全部交还人民，是平生最感愉快的大事。李在新中国成立初期看到祖国各项建设蓬勃发展，非常激动，一次就购买了28万元国家建设公债。

新中国成立后，李国伟积极参加各项政治活动，历任武汉市人民代表，湖北省政府副主席，全国人民代表大会第一、二、三届代表，全国政协第二届委员，第三、四、五届常务委员。他还担任过中国民主建国会中央委员，全国工商联常务委员等。又曾参加人大代表团，访问过苏联、捷克斯洛伐克、保加利亚、罗马尼亚、阿尔巴尼亚等国家。

"十年动乱"中，李国伟虽受到过冲击，但仍坚信共产党的领导。1978年10月1日，李国伟因病在北京逝世。他的亲属在清理遗物时，发现他把生前所购几十万元的公债券，都盖上了"支援建设，放弃兑现"的大图章，默默捐献给了国家。他生前还曾捐献给民建中央、全国工商联30万元，作为"两会"的教育基金。这些都体现了他热爱祖国、热心教育事业的拳拳赤子之心。

（原载《武汉工商经济史料》第2辑，有删节）

李国伟：荣氏在汉企业的开创者

刘佳佳

李国伟是一位对武汉近现代社会极具影响力的民族企业家，他本出生于江苏无锡的一个知识分子家庭，却成就于武汉的工商业界，其中传奇的人生经历值得品味。

早年经历锻造好学上进的品性

李国伟生在江苏无锡一个典型的知识分子家庭，其祖父是一位学识比较渊博的塾师，其父李皋秀是前清光绪年间进士，母亲秦郁亦出身名门。不幸的是在其童年时期父亲去世了，唯靠母亲的抚养与祖父的教育成长。受祖父的熏陶，他从6岁起开始读四书五经，学算术、历史、天文、地理等知识，逐渐养成了好学上进的优良品质。但以后的求学道路比较曲折。1907年他在叔父李静涵的资助下就读上海澄衷中学，又考入上海震旦大学，在1910年大学预科结束时，家里供应不了学费被迫退学。然而他并没放弃学习，坚持在家自学英语。功夫不负有心人，半年后恰逢唐山路矿学堂招收学膳免费生，李国伟便赶赴唐山参加考试，以优异成绩被录取，于是他开始了土木工程科的学习与从业生涯。

中途改行创佳业不愧为荣氏女婿

直到1917年，毕业后一直从事工程建设的李国伟的人生轨迹开始发生巨大的转变。那年他经堂姑丈华艺珊（时无锡商会会长）介绍，与荣德生长女荣慕蕴结为连理。因这段婚姻而成就了他与荣氏家族的不解之缘，成就了申新第四纺织厂（简称申四），更成就了一位优秀的民族企业家。

婚后的李国伟原先仍在陇海铁路工程总局和徐州铁路分局任工程绘图员，在荣宗敬的建议、劝说和亲友的敦促下，他才走进荣氏企业，改行跨入轻工业。最初他协助荣家在汉口筹办的福新第五面粉厂（简称福五）经营得有声有色，跃居华中面粉厂之首，成为荣氏企业的重要门户。为解决该厂对面袋需求日益增长的问题，他提议并负责在汉口筹建申新第四纺织厂。在李国伟的带领下，这两家隶属于荣氏上海总公司的工厂发展成为武汉地区极具规模与影响力的企业。"申四福五全盛时期，解决了半个中国的吃穿问题"，申四在汉口最后一位经理厉无咎之子厉宗煌如是说，"那时候，汉口是洋人眼中的东方芝加哥，成为比肩上海的大都会，民族工业是最重要的原因，而申四福五是其中的佼佼者"。

心系民族命运勇越难关险阻

然而，申四的发展并不是一帆风顺的，尤其在那个充斥着封建势力、帝国主义势力和官僚资本主义势力的时代，再加上天灾人祸，所有的民族企业一样都在夹缝中求生存。李国伟曾说："我从事企业40年，其中在1949年前的30年，就是在这个环境中挣扎着度过来的。"的确，有的企业早早坚持不住夭折了，有的抵挡不了诱惑变质了，有的依然在顽强的抗争中崛起。武汉申四厂就是其中一个坚强并优秀的成员，它就像李国伟的孩子一样，从出生到最后公私合营，经历数次险滩并能化险为夷，基本得益于李国伟的悉心照料、不离不弃，而这与他早年养成的好学上进、坚持不懈的优良品质是密不可分的。

起初他没有纺织业生产与管理的经验，常受到封建工头管理制的羁绊，效率低，质量差。而且列强肆虐，时汇率回升，鄂棉歉收导致花贵纱贱，成本上升，又赶上政局动荡。所以申四在开厂前几年，呈亏损状态，一直靠福新的支持存活，可福新五厂的保守派与中新的部分高层唯恐福新被拖垮，便向上海总公司提出卖掉申四。这时日本对华侵略也步步紧逼，他们在汉口与申四毗连的地方开设泰安纱厂，欲乘机买断申四，还削价倾销纱布，操纵华中的纱布市场。申四处于内忧外患的境地。李国伟没有被困难模糊神智，他清楚地意识到此时申四的安危不仅是一个厂的存亡问题，更重要的是整个民族工业前途的问题，决不能退缩。他立马派人赶赴上海向荣德生陈述其利弊，坚决反对卖厂，最后保住了这个襁褓中的婴儿。可以说如果没有李国伟，就没有申四，就没有后来申四的辉煌。

经历这场生死关后，李国伟成熟果断地提出了改革方案："死中求生，出奇制胜。"他亲自钻研改进纺织机器，到车间进行试验，改进生产方式，采用长纤维细绒棉花专纺16支纱，使产量提升，继而降低成本，增添设备，增加产量。革除落后的封建管理体制，引进一批批的专科毕业生来加强管理，提高生产技术。终于在1928年与1929年大获利，由此生产规模扩大很多，拥有2000多名工人，约3万锭纱锭，400多台布机。在荣氏申新系列的企业中崭露头角，获得上海总公司"成绩斐然"的大银盾，这是申四的荣誉，也是对李国伟业绩的肯定。同年他又赴日考察，学习先进的企业管理经验，回国后继续进行革新。

好景不长，或许是命运想再次考验李国伟，刚有起色的申四在1931年遭遇了武汉的大水。当时武汉关水位最高达到28.28米，丹水池决口，情形十分严峻。他没有被猛烈的水势吓退，没有扔下申四不管，而是携申四、福五两厂的职工奋起抗洪。他采纳厉无咎的建议，动员职工用面粉厂的麻袋和自备的几艘驳船，到对岸汉阳赫山挖土以绕两厂筑堤，再加高附近的张公堤和沿河堤。他亲自与职工日夜坚守，奋战了40多天，终于挡住洪水，申四、福五及附近得以幸免，也为三四千民众提供了避难场地。

不幸总是降临在这个命运多舛的"孩子"身上。1933年申四厂在例行检修时不慎失火，厂房、设备基本被毁，他也被汉口警备司令部以火头罪拘留，惨重的损失意味着申四与李国伟的破产。在获释后他又不屈不挠地行动起来，首先在硬件上，他通过荣氏兄弟的财力支持，利用申四的追加股金、保险赔款和银行的抵押贷款重建厂房，修复被毁纱机，订购新纱机、发电机和先进的英式纱锭，购置漂染机器，使申四在以前纺织基础上又添染整功能，直至1935年，申四被建为国内一流的大型纺织厂。其次在软件上，他对用工制进行了较大调整：与职工签订合同稳定队伍，定期举办员工培训班提高员工技能；注重工人福利，发放膳食补贴，建立职工宿舍、医院、消费合作社及储蓄所，等等。这些健全职工保障机制、促进企业人文关怀的措施加强了企业的凝聚力，因此重建后的申新第四纺织厂"浴火重生"，生产蒸蒸日上，利润连年攀升。

"天将降大任于斯人也"，随着抗日战争的爆发，又一场巨大的考验降临到这一对"患难父子"身上。李国伟顶住来自荣氏总部的保守责难，坚决主张武汉工厂内迁以防日军破坏。他亲自去宝鸡和重庆等地进行实地考察，最后将申四迁重庆，在宝鸡、成都、天水等地设分厂，在物资匮乏的情况下，他自办铁厂、造纸厂、毛纺厂、陶瓷厂等解决原料、设备供应问题，并设置了一个总管理处，亲任处长，统一调度。在宝鸡，工厂遭受到敌人频频袭击，李国伟不辞辛苦地建立窑洞厂房坚持生产，及时地解决了后方军民的需求问题，为抗战经济做出了一定的贡献。

抗日胜利后，李国伟开始了复兴计划，他以武汉为重心，在宝鸡、重庆、成都建立申新分厂，在宝鸡、重庆、天水、芜湖、广州设福新分厂，在宝鸡、上海创办宏文造纸厂等企业，还陆续在汉口、上海、重庆等购入多座敌伪厂矿，其中包括原在汉口欲吞并申四的日本泰安纱厂。李国伟曾强调说他并不是贪图泰安的那套陈旧生产设备，而是报复20多年前受日本泰安厂的欺侮，报申四险遭吞并之仇。在1947年购得该厂后就改名为渝新纺织厂，他经常激动地逢人便说："过去泰安想吞并申四，今泰安终归申四所有。"总之在李国伟的精心呵护下，申四、福五已发展成独立的企业群，成为荣氏企业三大系统之一。提到荣氏企业，少不了谈起荣家的乘龙快婿李国伟。

不过在解放战争期间，李国伟也走了些弯路。那时局势比较动荡，国统区内人心较混乱。他对党的解放政策不太了解，顺民族资本纷纷南迁的风潮也进行了南迁。1948年3月他将原为汉口订购的2万纱锭英国新机转在香港设立九龙纺织厂，1948年9月又将汉口3000袋粉机和250千瓦汽轮发动机一套迁往广州，设立福五广州分厂，将公司总管理处最后转到香港。随着中华人民共和国的成立，经党的宣传动员，他渐渐地认识了党的政策与宗旨。很快动身到首都，受到董必武、陈云的亲切接见，决心跟中国共产党走社会主义道路。1950年将香港总管理处迁回汉口，1951年开始将其经营的企业陆续申请公私合营，1956年彻底完成了这项伟大的时代任务。他高兴地说："我一生所经营的工厂都还之于人民，实是衷心最感愉快的一件大事。"至此，李国伟和申四这对生死"父子"结束了漂泊之路，终在新中国温暖、安定的怀抱中落地开花。

晚年参加政治活动为民造福

从1950年起，李国伟以民族工商业者的身份，积极参加各项社会政治活动。先后担任过武汉市人民代表、武汉市人民政府委员、武汉市第一届人大代表、武汉市民建常委；湖北政协委员、湖北省政府副主席、湖北省工商联副主任委员；全国人大第一、二、三届代表，全国政协第二届委员，第三、四、五届常委，民建中央委员，全国工商联常委等职。他为武汉当地发展贡献了晚年的力量，为新中国的经济、民生提出了诸多宝贵意见。

1978年10月1日，85岁的李国伟病逝于北京。这位伟大的民族企业家在临终之际不忘嘱咐家人把生前购得的公债如数归还国家，并把在"文革"后发还的30万元个人存款作为教育基金，捐献给民建中央和全国工商联，以发展祖国教育事业。

（原载《品读武汉工商名人》，2011年）

厉无咎：荣氏在汉企业的最后一任经理

唐庸章

汉口申新第四纺织厂（简称申四）和福新第五面粉厂（简称福五），系一代大实业家荣宗敬、荣德生兄弟集资创办的企业，是荣氏企业中一支举足轻重的力量。这两个厂始终由荣德生长婿李国伟主持，作为李国伟的得力助手和荣氏在汉企业最后一任经理，厉无咎为其发展作出了积极的贡献。

怀才不遇走南洋

厉无咎（1906—1993），字健行，江苏无锡人，1925年毕业于无锡荣氏私立公益工商中学，这所学校是荣德生为充实荣氏企业管理人员，于1919年拨资兴办的一所有工、商两科的专科学校。厉无咎学的是商科，他以第一名的优良成绩毕业后被派往上海茂、福、申新总公司会计科工作。他的上司财务主任许叔娱对下属严厉苛刻，无视这位高才生，到年终厉无咎既未加薪，也未提升。厉无咎是一个很有志向的青年人，眼看在总公司当练习生无前途，便想去英国半工半读学纺织。

1926年，厉无咎主动辞职，离开总公司前往新加坡，在一所华侨小学当老师，想先学好英语，积累川资再去英国半工半读。他当了两年老师，很有成绩，被校董事会提升为校长，这引起一位同事的妒忌和不满。这人托人从上海打电报给厉无咎，谎称"母病速回"。厉信以为真，匆匆回国返家，见母安然无恙，始知上当受骗。经家人劝说后未再去南洋。

应李国伟聘请到汉口申四工作

厉无咎回国后，即由同学孙翔凤介绍任无锡民众教育馆总务主任兼《国民导报》主笔。1931年春，厉接中学同学龚培卿、张之光的信，并附有李国伟的聘书一份，邀请厉去汉口申新第四纺织厂担任会计之职。

此前，申四经理李国伟深感申四生产管理方法陈旧，去日本考察学习新的管理知识回国后，对企业进行了一系列改革，命令龚培卿在全厂范围内改用西式会计制度。龚感到人手不够，乃推荐厉无咎前去协助。厉协助龚建立了必要的统计报表、核算生产成本等制度，使企业资产、成本、盈亏有了比较可靠的数据。

1931年夏，长江流域大雨成灾，江水泛滥，汉口市区已成泽国。申四、福五两厂地处汉水之滨，也有被水淹的危险，全厂惶惶不安，不知所措。一天，厉无咎因事去纺纱车间，见工程师肖松立等为预防江水浸入车间，正督促工人将主要机器吊在天轴上。厉想这办法不妥，即书面向李国伟建议，利用面粉厂备有的大量麻袋和自备的几艘驳船，到对岸汉阳赫山挖土，环绕两厂周围筑堤，并将附近的张公堤和沿河堤加高，以保证两厂不被洪水入侵。李国伟采纳了这一建议，动员大部分职工由厉无咎带头，日夜到赫山取土，在两厂周围筑起堤防。8月中旬，汉水暴涨，洪水冲至厂区时即为新筑堤防阻挡。经过一个多月与洪水的搏斗，用去麻袋10多万条、细麦（下脚麦）2万多包、费用10多万元，保住了两厂安全生产。从此，厉无咎受到李国伟赏识。

1933年3月29日，申四例假停电，工人点烛照明检修机器不慎引起大火，损失惨重，申四因此破产，除留一小部分人员办理善后外，其他职工被解散。厉无咎被保留厂籍，派去汉口宝隆洋行清理账目。

李国伟因申四火灾破产，对荣氏愧疚在心，提出了"死中求生，出奇制胜"的重建复厂计划。在荣氏兄弟大力支持下，重建厂房，订购新纱机、发电机，修复烬余纱机，增设整染色布工场，使申四成为一个具有纺、织、染整的全能企业，于1935年全面投入生产，并开始获得盈利。1936年，李国伟决定在重庆设置纱布批销处，派厉无咎前去担任会计工作，并嘱咐其要掌握销售职权和调查市场情况。厉到重庆后，专程前往川西、川北一带调查，顺便在川中各地深入了解市场情况，并听取用户意见，随时写成书面报告提供李国伟参考。

内迁重庆建厂立功

1938年，侵华日军相继占领南京、徐州，武汉危在旦夕。李国伟为了挽救民族工业不被日寇破坏利用，打算将两厂机器拆迁川、陕后方。李国伟偕内弟荣一心到四川，由厉无咎陪同视察了重庆、成都等地，并嘱咐厉无咎在重庆寻觅建厂基地。但由于上海股东和荣氏的反对，只拆迁纱机1万锭，布机100台和500包面粉机一组，千辛万苦将机器运到重庆后，上海方面又指示不准动用、不准使用申福新牌号。鉴于当时长江航运已无法通行，不得不将机器由铁路运往宝鸡。

厉无咎眼看重庆市场纱布缺乏紧俏，运到的机器又不能生产，非常着急，经与章剑慧商议，决定在重庆南岸猫背沱厂基上建筑简易厂房，安装机器。然后又到同事和亲友中筹集资金，再向银行贷款20万元，并商请经济部工矿调整处暂借8万元，组成庆新实业公司。章剑慧自任厂长，黄亦清为副厂长，蒋叔澄为工程师，厉无咎为营业主任，章映芬为总务主任，龚培卿为财务科长，华煜卿为材料科长，这批原汉口申新四厂的干将有了用武之地。从建厂到开工生产，仅六个月的时间，就于1939年1月12日出纱开始营业了，这是迁川工厂中最先开工生产的一个。从此，四川省才有机制棉纱，结束了依靠土纱、土布生产的落后状况。面粉厂也于同年5月开工生产，日产面粉500包，取名"顺风牌"。庆新实业公司规模虽小，产量不多，但当时重庆只此一家，产品销路旺盛，供不应求，获利丰厚。

上海股东和荣氏得知这些情况，后悔当初反对在重庆设厂，乃命李国伟强迫章剑慧、厉无咎立即解散庆新实业公司，将所筹集的入股资金，凡不属本厂职工的加上50%的息金全部退还；本厂职工的即转入申四股份，企业仍由荣氏收回，于1940年起改为汉口申四、福五重庆分厂。

厉无咎在重庆建厂中立下汗马功劳，1941年被提升为副厂长兼营业主任。他整日忙于收购原料、销售成品、银行借贷，活跃于重庆市场，在工商界、金融界享有很好的声誉，李国伟也称赞他"秉性正直无私"。

参与社会活动被特务拘捕威胁

抗战时，国民党中央党部屡次派员到申四、福五厂内活动，企图建立国民党组织。对此，厉无咎说宁可不当副厂长也坚决不愿参加国民党。国民党元老吴稚晖要介绍厉为特别党员，厉也婉言拒绝了。厉无咎由于业务关系，接触面广，社会活动多，经常与社会各界著名人士有往来，特别是与一些进步人士往来密切。如他与中共地下联络员冀朝鼎有往来，冀活动需款，厉曾捐赠支持。厉无咎还与胡厥文、章乃器、吴羹梅等组织"星五聚餐会"，曾邀请周恩来到会讲《新民主主义革命》。因此，他经常受到国民党特务们的监视。

1940年夏的一天，日机轰炸重庆郊区，厉无咎乘厂里的小汽车前去察看仓库存棉有无损失，途中被国民党特务挡车拘捕，不容申辩，被投入监狱。厂中得知后急请无锡同乡会会长薛明剑，转请国民党元老吴稚晖具保释放。

1945年，全国工业协会推选无党派人士出席旧政治协商会议，名单有胡厥文、章乃器、吴羹梅、潘仰山、厉无咎、李烛尘等六人。国民党中央只批准李烛尘一人出席，其余被认为是"左"倾危险分子。为此，章乃器在工业界人士组织的"星二聚餐会"上，建议成立一个以工业界人士为基础的政党，争取在政治上有发言地位。厉无咎和与会人员一致赞成。后来章乃器、胡厥文、黄炎培等酝酿成立民主建国会，黄炎培曾多次邀请厉无咎去座谈筹划。1945年11月，民主建国会即将在重庆迁川大厦公开正式成立，厉无咎也将出席会议，国民党有关当局探知厉无咎是筹组民主建国会的重要人物，警告厉无咎不许再参加民主建国会活动，否则将予逮捕。为了顾全民建组织活动的大局，厉没有出席会议，也未正式参加民主建国会的组织。

厉赵联姻结良缘

内迁到重庆的各厂为了联络感情，应付市场混乱和花纱布管制局，主要负责人联合组织一个聚餐会，每周聚餐一次，共同商讨对付办法。参加聚餐的以厉无咎年龄最小，职位较低，可他一表人才，风度翩翩，不卑不亢，能言善道，深得裕大华董事长苏汰余的赏识。苏汰余很想把厉无咎挖到裕华厂工作（当时工商界互相挖人是常有的事），曾私下与厉谈话，愿出高薪聘其为裕华的营业主任。

当苏得知厉尚是单身时，愿做媒以其姨妹许配，厉婉言谢辞了。然而苏汰余感到人才难得，再次由黄师让出面，聘请厉到裕华任经理亦被厉婉言谢辞。裕华厂内有一位美貌能干的江苏籍女职员赵蓉小姐，经裕华高级职员多次假借名义设法使厉无咎与赵见面会晤，使双方建立感情，最终喜结良缘。可是厉无咎始终未去裕华厂工作，为此，大家戏称裕华厂"赔了夫人又折兵"。

抗战胜利回汉复厂

抗战胜利后，厉无咎留恋重庆无心回汉。经李国伟发表厉任汉口申四厂厂长，并催促立即去汉口负责复厂工作，厉才于1946年6月由渝飞汉。厉到汉后，复厂工作仍是百废待举，工作繁忙，困难重重，更由于厂房和宿舍均被国民党后勤部汽车修理厂占据，迟迟未能收回，影响装机，至1948年7月才部分开工生产。

1947年，李国伟当选为汉口市工业会理事长，厉无咎被选为理事兼总干事。他曾被派往南京为李国伟竞选立法委员活动，但以失败告终。

1947年12月，重庆军政部纺织厂登报招标出售。这个厂原是汉口日本泰安纱厂，抗战时被国民党后勤部拆迁重庆。李国伟决定派厉无咎前往重庆投标，将军纺厂买下来。厉临行前，李国伟谈了自己购标军纺厂的动机，一再强调并不贪图那套陈旧生产设备，而是报复20多年前受日本泰安厂的欺侮，申四险遭并吞的仇恨，所以务必设法标得。厉无咎去重庆时，在飞机上巧遇中央信托局敌伪产业清理处处长钟朴生，钟正奉命去重庆处理军纺厂标售事宜。他们是老朋友了，厉探得标底和开标揭晓日期，终于以1555.5万元中标，并将该厂改名为渝新纺织厂。厉此行不辱使命，使李国伟扬眉吐气，李逢人便说："过去泰安想吞并申四，今泰安终归申四所有。"并赞称厉无咎办事干练。

因病去沪未能迎接武汉解放

1949年初，李国伟率领总管理处去香港前，任命厉无咎为汉口申四、福五两厂经理。李行前约厉无咎到家中谈话："武汉是兵家必争之地，现在红军已逼近武汉，很危险。"他邀厉一同去香港，两厂业务暂由华煜卿等代理。厉无咎答称"不拟去香港，愿意留汉与两厂职工共同维护生产"时，李勃然大怒说："不知好歹。"谈话不欢而散。厉无咎之所以不愿随李国伟去香港的原因很多，但主要的是曾与好友赵忍安（中共地下联络员，当时是汉口和成银行的经理）约定，共同留在武汉迎接解放。李去香港后，厉无咎因患肠结核和胃出血住院，后病情加剧，由夫人赵蓉陪同带领全家去上海治疗。在沪期间，李国伟又命其长子李志方特地送去飞机票再次邀厉赴港，厉仍婉言谢绝。

此间，厉的同乡施之铨（民建总会武汉推广会务代表之一），应中共邀请去香港拟转赴解放区参观，经过上海时，向民建总会地下负责人胡厥文汇报武汉情况，建议在武汉工商界吸收进步人士入会，建立民建组织，开展活动，迎接解放，并推荐厉无咎等入会。此事厉无咎因病在上海一无所知。1949年6月，上海解放后，武汉工商界组织以陈经畬为团长的访问团到上海，动员在沪武汉工商界人士回返武汉。赵忍安为访问团成员之一，行前曾电告厉先行向有关方面联系，并为访问团安排住宿等事宜。赵到上海后即与厉无咎会晤，并告以武汉的一切情况。当厉无咎得知武汉和平解放，并已有民建地下组织和申福新两厂安然无恙的消息，感到十分快慰。但他又对未能留在武汉参加民建组织和迎接解放深表遗憾。

新中国成立后的厉无咎

武汉解放初期，城乡交通不畅，市场凋敝。在此情况下，华煜卿、张之光函电催促厉无咎回汉主持，厉于1949年秋带病回汉。他回汉后立即投入厂务和处理劳资纠纷，并采取措施平衡产销，保证工厂正常生产。当时棉花价格上涨，厉为了保证原料供应，即抛售棉纱，并将纱价按花价上涨幅度提高20％左右抢购原棉。这是新中国成立后第一次物价高速上涨，1949年11月初，《长江日报》揭露裕华、申新提高售纱价格，影响物价波动，厉无咎受到严厉批评，并为此作了公开检讨。

1950年2月，厉无咎经余金堂（中共党员，当时尚未公开身份）动员，由华煜卿、孙运仁介绍正式加入中国民主建国会，弥补了过去两次失去参加民建的机会。厉无咎自参加民建后，被选为历届市委委员、常委、副主委和名誉副主委以及民建中央委员等职务，在武汉工商界中处处起到模范桥梁的作用。抗美援朝期间，他任武汉纺织工业同业公会主任委员，两次参加示威大游行，首先响应增产捐献飞机大炮保卫国家的号召，捐款名列各业之首，并光荣地参加中国人民赴朝慰问团。

"五反"运动是对工商业者的一次严峻考验和深刻教育。厉无咎作为荣氏在汉企业的资方代理人，大会小会接受职工检举揭发，运动中他被划为"基本守法户"。"五反"结束时，他建议李国伟将沙逊、怡和两处房地产作为退财补税，接受改造。

社会主义改造时期，厉无咎首先申请申四、福五于1954年实行公私合营。当1956年全行业公私合营完成，中共武汉市委第一书记、市长宋侃夫宣布，武汉市已经提前完成了第一个五年计划的社会主义改造任务时，武汉各界人士在漫天大雪中举行庆祝游行，厉无咎带头手拿镰刀斧头，兴高采烈地走在队伍前列。

　　厉无咎的一系列爱国爱党行动，得到党和政府的肯定，他先后当选为武汉市第一、二届人民代表，市二届政协副主席，全国政协特邀代表。他的夫人赵蓉亦当选为市第一、二届人民代表。

　　可是在1957年，厉无咎没有能逃脱"反右"斗争扩大化的厄运，被错划为右派，并连累搞社会工作的妻子也被划为右派。从此，他们走了20多年坎坷困苦的道路。

　　中共十一届三中全会后，厉无咎夫妇得到彻底平反。晚霞放晴，他不计名利荣辱，一如既往地为民建、工商联奔走，为统一战线事业作出了很大的贡献。值得钦佩的是厉无咎与夫人赵蓉，是一对"举案齐眉"、同甘共苦的模范夫妻，他们的家庭连年被评为"五好"家庭。厉无咎病重期间，赵蓉衣不解带，始终侍奉在侧。1993年5月23日，厉无咎在深圳病逝，享年88岁。

（原载《纵横》2006年第10期）

第 九 章

建设无锡：荣氏与无锡渊源

无锡之将来

荣德生

一、发端

　　无锡，为江苏六十县之一，地居沪宁之中心，水陆交通，商贾辐辏，出产有大宗之丝茧，贸易以米市为最盛。今则工厂林立，如纺纱厂、织布厂、面粉厂、缫丝厂、碾米厂等，不下数十处。其直接便利商店者，有电灯与电话焉。此商业之大较也。

　　溯自光复以来，辟新北门，由崇安寺筑马路直达车站，设车舆以便行人，此道路工程之进步者。锡邑城市中，于冲道每多坑厕，既有碍于卫生，亦不雅于观瞻，迩来或填塞，或修筑，大加改良。最近，更有锡人自创医院，以补救民生疾苦，此卫生事业之进步者。沿马路两旁，有图书馆，有公园，有教育会，俱能粗具规模，此社会教育之进步者。即如城中小商店，类皆整齐可观，窗饰等亦多改换式样，与昔之墨守成法者迥别，面目日新。苟免于奢侈淫佚之风，商务之发达，可操左券也。

　　综此言之，事事俱见进行，就此进行之象而扩大之，则二十年后之无锡，必有足以惊人者。予据现在之无锡而揣测后来，就其目的之可达者，恣笔记之，名曰《无锡之将来》，隐寓提倡之意焉。

二、无锡于数年内冀将实行拆城筑路

无锡现在之马路，距离甚短，局面狭隘。至城市中之街道，尤为狭窄。两面之商店，多阻于河道，已无可退缩。故街道亦无从扩张，则终为小街市而已。欲辟大市街，不可不拆城，就城脚筑一圆路，与现在之马路相接，而通行电车。将里城河填塞，以路旁之地售与商民，建筑工厂或市房。拆下之城砖，除用以筑砌驳岸外，余则卖给商民，用之建筑，创成一局面宏壮之新市场。主其事者为工程局，其权限略同于上海之工部局。如房屋之应如何构造，马路之应如何修整，一切唯工程局之命是听。是路既成，定名曰"里圆路"。

三、无锡于十年内将有大电气厂发现

无锡工厂约有数十处，而舍西门之振新纱厂、茂新粉厂用电力外，余俱用引擎锅炉，所费既巨，且不如用电力之轻便。上海工部局电气处，以电力供给厂家之用，仅须通一电线，装一马达，而原动力已具，占地既小，费亦较省，获益固甚大也。锡邑工厂日众，急宜仿用电力。欲用电力，又莫妙于有一大电气厂。电气厂立，而电车自必通行，工厂渐见扩充，资本较大，获利亦厚。不出十年，或可告成乎！

四、无锡于十五年内将有大商场发现

无锡就现在之商业情形及人民进取之心理揣测之，将来必有大商场发现。大商场之地址何在？曰：惠山浜之南北两面沿塘河一带空荒之地，即将来最繁盛之大商场也。年来已有提议，由车站经黄埠墩而至惠山筑马路以通之者，或不久即可见之事实。届大商场建筑时，同时筑成一外圆路，其路线即由里圆路经水仙墩，迤向西北，而与惠山通至车站之路相接者也。凡一地方经济之发展，首在地价之增高。自里圆路、外圆路筑成以后，凡与路附近之地，其地价必立增倍蓰无疑。就锡地现状观之，光复门一带沿路之地，今之地价，非较前已增数倍乎！

五、大商场创成后，龙山、锡山
之巅将有安乐乡出现

商场所在，工厂众多，喧阗烦杂，不适居处。唯山居则空气清新，高爽宜人。举凡工厂中人，市廛中人，工作则于厂于市，退息则在山林，为最适于人生。缘是龙山、锡山之上，从来寂寂之地，遂一变而成一极热闹之村落，日出而作，日入而息，各安其居，各乐其业，是村遂有安乐乡之名。山上房屋之建筑，有若香港，层层叠叠，盘旋而上。上下俱赖电车，居民便之。他如自来水、电灯之属，亦无不备。夕阳西下时，家家灯火齐放，远望之，若一极大之灯塔，洵奇观也。

山上辟有极大之公园以及种种游息之所，如弹子房、咖啡馆等悉备。每逢胜节及星期日，游人倍多焉。其间最特色者，莫如锡山之塔。塔今荒废，不足壮观瞻，而来日且将大变其面目，于塔之四周筑成转楼，而就塔中装设扶梯，塔楼陈设，精美整洁，并备茶点、烟酒以饷客。游人于此，品茗谈心，酌酒遣兴，最足开拓胸襟。至于炎暑之日，在此纳凉，尤属妙无伦比，诚一极好游眺处也。

六、商场创成后，五里湖、太湖之滨将见别墅山庄参差矗立，为世外之桃源

惠山、锡山之上固宜卜居，而五里湖、太湖尤足揽胜。达湖滨之马路有二：一起自西门，迤西南而至北犊山；一起自南门，过南桥、东绛而至石塘桥。乘摩托车往，仅须数分钟耳。临湖筑楼屋数间，开窗远眺，见湖水共长天而一色，远山如白云之在望，帆影幢幢，往来不绝。至于夕阳将下，遥见红日一轮，映入湖中，水波不兴，作金碧色。有山水之趣，无城市之喧，能爽人心神，益人智慧。故人咸欲于湖滨占地数方，而营居室焉。盖社会进化，生活程度增高，而生计则益困难，必竭其知虑，庶免于失败。故劳其身心，势不所免，要在时有以恢复之耳。暇时临湖远眺，能使胸中万斛愁尘，一时化为乌有。而身心之疲劳，恢复于俄倾，于养生之旨甚合。后来一人倡之，众人趋之，别墅山庄，远近相望，真不啻世外之桃源也！

七、中国开第三次博览会之会场
即在五里湖、太湖之滨

无锡以梁溪著，溯溪而西十里，遂达五里湖以及太湖。湖滨既有园亭，每逢胜节，恒有小汽船无数，聚集于此，共作赛船之戏以遣兴。盖其地胜景天然，一经点缀，簇簇生新，游人乐于苫止也。迄国中开第三次博览会时，政府欲于南方商务繁盛之地建设会场，通令各省，征求意见，则当有乐曲辰君者，献议于政府，谓南方商务繁盛，而交通便利、风景幽雅者，莫如江苏之无锡。无锡有五里湖与太湖，颇占形胜，若以湖滨为会场，各视地势而建馆，赏心悦目，无复过之。政府派员至锡实地调查，应亦赞成其议。迨各馆建既成，五步一楼，十步一阁，顿使湖光山色愈益壮丽。此美术，彼工艺，中外人士来观者，何止数十万人！咸啧啧称道出品之优良，而又震夫地势之特色，互相传播，于是中外人士咸晓然于中国国运之日进。而无锡一邑，亦卓然著名于世界矣。厥后异邦人士慕锡地之胜而来游者，必且实繁有徒。游毕，宜无不叹锡人能尽地理之妙，猗欤盛哉！

八、尾声

本篇尽从大处着眼，故琐碎之改革概未言及。诚以大处果能改革，则凡一切琐碎附属之事，不患其不改革也。予友有知予作此篇，而不深悉予意旨所在者，群各以其说进。或谓花丛之宜迁徙，迁徙场所，应规定也；或谓亮坝阻碍水道，不可不拆去也；或谓外城河河道已是狭窄，乃更有种种障碍物，如木排等充塞其间，河道几塞其半，不便行舟，不可不取缔也；或谓街道中坑厕，应填塞也。凡若此者，非所谓琐碎之改革乎！而予之心目中所想见者，里圆路也，外圆路也，大电气厂也，新市街也，大商场也，山上之安乐乡也，溪西之桃源地也，湖滨之内国博览会也，皆所谓大改革也。若群友之说，欲为之，可即为之，非难事也。予之说，非可仓促办者。诚以理论为事实之母，故先造此理论，以冀成为事实耳！吾中国之革命，非赖一二巨子笔舌之鼓动，而得奏成功者乎！可知天下无不能达到之事，要在使众人之心理一致。革命之得奏成功，以人民之心理一致，时机已熟故也。予作斯篇，即欲利用笔墨以代喉舌，使此说传播于吾邑之青年子弟、妇人孺子、贩夫走卒之间，使彼等深印此意想于脑筋中，而造成一致之心理者也。吾锡人心理一致之日，则去事实到达之期，当不远矣！

（原载《荣德生诞辰一百三十周年纪念册》）

谈建设大无锡

荣德生

著名实业家邑人荣德生氏，最近在沪被绑脱险后，即赴镇江出席省临参会。前日抽暇返里，一度邀晤各报记者，纵谈被绑经过及工业前途，已志本报。昨日记者再至四郎君庙巷中申福新办事处，访问荣氏，叩询关于繁荣无锡之意见。荣氏以充满乐观及自信之态度，娓娓而谈，描绘未来大无锡之轮廓，并以坚决之词，断言无锡目前之环境，为可建设而不建设，繁荣无锡为繁荣京（宁）沪、复苏江苏之先决要点。其言极为精警，兹缕记如下：

大无锡远景

并合苏常人口数百万　雄视京沪蔚成大都会

荣氏首言，无锡地据京沪，水陆交通，四通八达，其地理条件之优越，冠于沿京沪线各县。无锡如能繁荣，京沪沿线亦必继之繁荣。京沪沿线为江苏之奥区，江苏又为中国繁庶之省，故无锡繁荣之影响，直接间接将远及全国。就无锡之地形言，东邻苏州，西毗常州，逐步发展之结果，苏锡常可能打成一片。故就建设大无锡之远景言之，极度发展之大无锡，将为雄踞京沪线、并合苏常、人口数百万之大都市。但此自非可语之于今日。

建设大动脉

由江阴巷直达惠商桥　开辟新工商区住宅区

如就今日言之，无锡市区缺乏有规模之大动脉，故首宜从江阴巷经后祁里，直达惠商桥，辟为干路。路面至少连人行道为十公尺；路之两旁，小河应予填没。俾有大规模之商号行庄，逐渐在此区集中。现北门内外大街，已改名中山路；此新辟之干路，似可命名为中正路。此路衔接中山路，直达南门外之清名桥，逐步繁荣，自可成为新无锡完整之大动脉。此外，小三里桥经大田岸、顾桥下、小洒房弄，应辟为较宽之路，与锡澄路沟通，大河池则应予填塞。又自三里桥起，过黄埠墩至吴桥一带，整理道路，建设门面，适于作粮行之行基。双河尖及皋桥一带，则整理后适于开设工厂，宜辟为工厂区。社桥头及西门外棉花巷一带，均宜辟为新住宅区；其尤适于作住宅区者，则为锡山之南、公路之旁。今日之无锡，特别缺乏者，为舒适之旅馆，适当之商行门面，行基及厂址。无锡苟如上述各点加以整理建设，后二者之缺乏，即告解决。至于舒适之旅馆，初看似不重要，而实际则招徕外来客商，旅馆之关系颇为重要，故于建设时亦应注意及之。

五年内实现

建设由地方共同勠力　　远胜于纯由官方主持

余于民国初元，赴北平参加实业会议时，即感觉无锡有扩大发展之象征。当时曾著有《无锡之将来》一书，阅者咸认为书中所述为理想，讵未及十年，书中所言不特均见诸事实，且更多超过。故今之所言，虽似理想，实为趋势所必然，民国初年，无锡之建设大都为市公所所主持，今后之建设，亦宜由地方共同勠力，逐步求其实现。若纯由官厅主持，采取断然之措置，转足发生阻力，妨碍进展。目前地方患贫，前晤范县长，议及政费支绌、百事停顿之窘状，实财公家理财之法，于私人迥殊。私人或责保有田产，公家殊不需拥有多量之田地房屋，盖拥有多最之公产，出租采息，既为数无几，何知出售，变为现金，以资运用之为有利乎！

最后荣氏并以富于自信之口吻，力言无锡之繁荣及发展，如无阻力，五年内定可实现云。

（原载无锡《人报》1946年6月14日）

建设"太湖实业港"之大计划

近年来无锡实业异常发达，大小工厂，数几及百（纱、丝、面粉、织布、电气、碾米、油、豆饼、铁工、机器、翻砂、织袜等各厂一并在内），工人总数，在15万至18万之间，在内地各埠，可称首屈一指。

最近本邑富商荣德生君，以无锡目前地位，渐次成为实业都会之势，交通方面，陆路则有沪宁铁路，水运则有运河，颇称便利。唯距长江及海岸究尚窎远，较大之轮船不能直达，各工厂所需用之原料及出产之货物，运输均多周折，足为发展之障碍。即以运费一端而论，因运输之周折，故不能充量低减。举各厂必需之燃煤为例，目前来源，均由上海转运至无锡，或由火车自沪宁路转输，或由船只自运河转运，所需运费，为数均巨。设能沟通锡地与长江间之航路，设法扩充，使长江商轮直达锡地，则燃煤一吨，至少可节省二角。其他各厂需用之原料及输出之货物，节省之数，亦可称是。故前项计划设能实现，单就运费一项言，每年之利益，至少已有数十万元。此外，工商各业胥有突飞之发展，其利益自更难胜言。根据以上理由，荣君遂有"开浚澄锡运粮河，建设太湖实业港"之大计划，建议于无锡县建设局。

荣君以锡地与沿江各县，距离最近者，厥为江阴。澄锡间，又本有天然直达长江之河道，即为现在澄锡内河小轮作为航线之澄锡运粮河。该河系运河之支流，东南至无锡城北，与运河汇合，西北则流入大江，长70余华里。

唯宽度最阔处十余丈，最狭处仅有丈许。荣君之计划，拟将此河开阔，至少需100丈，浚深至少需20丈，俾江轮能往来通行，由长江直达无锡为度。同时，更浚深太湖，俾江轮可由无锡经行太湖而直达浙省，造成伟大之"太湖实业港"。将来果成为事实，无锡固将有意想不到之发展，同时濒临长江之江阴，濒临太湖之宜兴、长兴、吴兴及吴县、吴江等各地，均可成为极繁盛之商埠。

最近荣君曾切实计划，分派富有工程学识之人员，自江阴江边沿运粮河至无锡而达太湖，分段详细切实测勘，估计工程，结果以江流湍急，运粮河开阔后，泥沙混入，河床极易淤塞，欲矫此弊，须于运粮河口建筑一大水闸，调节水流，防止泥沙夹入。综计所需经费，浚河开闸，工程均甚伟大，约计至少需国币100万元。而浚湖工程，因太湖向极淤浅，最浅处不过四五尺，如欲浚深，至可容江轮行驶，工程亦甚巨大，至少亦需数十万元不办。荣君主张，此项计划，不仅关系锡地一隅，实涉及苏、浙两省，认为可由两省当局带征某种税款，或指定某项特种税款拨用。而于计划实现之后，两省人民每岁所占利益，至少可数百万元，或至千万元，故认为工程虽似伟大，需费虽甚浩繁，仍有赶速举办之必要。荣君私人并愿于必要时酌量垫款，以利进行。

前日，荣君曾将前项计划向本邑县建设局陈述，主张可分两步办理：第一步先浚运粮河，第二步再浚太湖。建设局长姚稚晖，对此异常赞同，并极表钦佩。唯以兹事体大，非一县建设局所能办理，故已根据荣君之陈述，赶制详细计划书，转呈苏省建设厅，请示核办。

荣君之友人，闻此计划者，大都深表赞同，并均认为于切身有重大关系，故多数亦均愿于相当时期借垫私资，促进此计划之进行。上海富商刘鸿生君，据闻亦系此计划赞成人之一。目前锡地各工厂所用之燃煤，多数均为刘君所包售。鉴于运输之不能直接，亦深感有改良之必要。自荣君发表此项计划，深冀其能早日实现。唯以工程过巨，绝非一朝一夕所能竣事，故于目前拟先为补救之策。上月中旬，特雇工于江阴江边，建筑趸船，以便江轮停靠，起卸货物（江阴向无趸船，江轮驶过，由划子驶至江心接送，旅客、重载货物无从起卸），不日即可竣工。此后，运输燃煤拟径由江轮运至江阴，再由船只取道运粮河，转输至锡。虽尚仍嫌周折，但七十里之运粮河，究较二百余华里沪锡间距离为短。即此一点，亦可知当锡邑实业日益发达之今日，运粮河实有开浚放宽之必要。而荣君之计划，确于事实上有相当之价值。在短时期内，必有实现之可能也。

（原载《锡报》1927年10月16日）

整理湖山　繁荣地方

世界各国之经济收入，或恃农产，或赖工业，或重经商，其道不同。然亦有别辟蹊径于农工商外，获得特殊之收入者。如瑞士，以风景美丽驰誉寰宇，号称"世界公园"。其国家之收入，大部有赖于风景，每岁吸收外国游客之消耗，举凡舟、车、宿、食，以及种种直接间接因游览而流播于瑞士国境内之金钱，年获2500万元之巨。其他如法、如意，关于风景区之收入，亦颇不赀。吾邑地据京（宁）沪之中，东有铁轨，西滨太湖，天然风景之雄伟秀丽，江浙数省中，西湖而外，无出其右。邑人士最近有广辟风景区，点缀名胜，吸收游客，繁荣地方之议，计划甚多，头绪蒙繁。兹择要摘记一二于后，以供关心地方者参考焉。

整理蠡湖：建筑环湖马路，便利游人交通

吾邑本为水乡，农田灌溉与养鱼植菱，皆有赖乎"水"。而风景区之驰名，亦以"水"胜，即太湖与五里湖是。太湖36000顷，滨临江、浙、皖三省，风景雄伟。五里湖直径可五里许，在本邑南乡，位于太湖之东，独山门之内，风景秀丽，又名漆湖，亦名蠡湖。曩年邑人孙揆伯（鸿哲）长苏建厅

时，曾主张建筑环湖马路，拟在太湖四周沿湖筑一环绕马路。其主旨在搜剿湖中绑匪，便利军警交通，而提倡风景则次之。以需费浩繁，兹事体大，卒未果行。最近邑人士荣德生、高践四、蔡子平、薛明剑等诸君，亦发起建筑环湖马路，乃沿五里湖滨环绕建筑，规模较小，易于集事。其目的事为点缀风景，吸收游客，与环绕太湖之巨大计划，盖小同而大异也。

辟筑动机：借以繁荣地方，冀使媲美西子

繁荣地方，不一其道。而赖山水名胜吸收游客，亦为繁荣地方之一道，盖可使他乡人士消耗金钱于风景区域。如舟车、饮食、旅舍，皆可借此获直接间接之收入，为数亦属匪细。据荣德生氏谈，西湖每年可吸收游客、香客之金钱2000万元。民元游于杭垣，其时湖边多属荒地，觉其地风景秀美，游客流连，归后即于民二建筑梅园。现梅园每年游客消费及售卖梅子，岁可吸收300万[①]之数。但近年再次游杭，则环湖筑路，景物宜人，交通便捷，游人若织，市面繁盛，社会经济赖此活动，由是而有辟筑五里湖环湖马路之动机，所以冀使媲美西子湖也。

全路路线：环绕里湖一周，地跨三四两区

五里湖，一名漆湖，地跨本邑西南扬名、开原、开化三乡，有里湖、外湖之分。外湖属扬名乡，通达开化乡之石塘等处。里湖则在开原、扬名之

---

① 本段记载杭州西湖每年吸收游客、香客金钱2000万元，梅园收入300万元，数字可能有误。

间，地形圆整，环湖山水，风景秀美，因此环湖路之辟筑，即环绕里湖。其路线计自北独山之万顷堂起，向东北沿管社山至大渲，入扬名乡界至槐树下，此地向南即属外湖。现拟筑堤跨湖，折向南首之宝界、漆塘，沿充山、鹿顶山，而环绕至南独山之鼋头渚。鼋头渚之对峰，即北独山之万顷堂，中隔中独山，矗立湖中。拟于鼋头渚、中独山及中独山、万顷堂之间，建筑两桥，庶路面成一圆形。

建筑桥梁：跨湖贯通南北，长堤点缀湖心

全路路线，既如上述，但以环绕湖山，地处水滨，必须多筑桥梁。经荣德生君等数度查勘，桥梁之必须建筑者凡七座，其间大小不一，工程亦大小悬殊。计万顷堂、管社山间小桥一座，管社山至大渲间小桥一座，大渲至槐树下间小桥一座，宝界、漆塘间小桥一座，共计小桥四座，尚属轻而易举。但自槐树下至宝界之间，以湖面辽阔、接通外湖，初拟筑一长堤，缀以小桥，形似西湖苏堤，工程当亦较大，但以水利关系，或将改建桥梁。至全部桥梁之工程最大者，厥为万顷堂与中独山间及中独山与鼋头渚间之两大桥梁，尤以万顷堂一面之桥梁为最，此处适当漆湖通达太湖之咽喉，湖面辽阔，工程之大，为各桥之最。

分配工程：县府辟筑道路，私人募建桥梁

环湖路开筑，自地方人士荣德生诸君发起后，严县长对于此事亦颇表赞同，当与地方人士数度洽商之下，决定将全部工程分两部进行。筑路部分，

决定由县政府负责，业由严县长令饬技术员室，依照图样，约略测量，拟开辟至环湖可以行驶汽车为度，预计工程经费7000余元，业已拟订计划，列入预算，拟呈请省建设厅于地方筑路亩捐项下动用，日内即将派员测量。至桥梁部分，由地方人士负责，荣德生等亦曾一度估计，除小桥需费不计外，万顷堂、中独山间之最大桥梁一座，至少需费十万元，中独山至鼋头渚间之桥梁，亦需三四万元，其他长堤桥梁，亦需七八万元。工款颇巨，但势在必行。现除由热心人士设法募集，万不得已，或将万顷堂、中独山间之最大桥梁暂缓建筑。

多辟寺院：吸收游客香金，造成杭州第二

又梅园主人荣德生君，以点缀名胜，寺院不可或缺。良以西湖之所以繁盛，半亦赖于寺院之林立，借以吸收游客香金，俾湖山生色。最近荣君在梅园辟筑开原寺，亦此意也，现已全部竣工。将来环湖路完成后，亦拟多筑寺院，庶不让灵隐、天竺专美于前云。

（原载《锡报》1933年12月2日）

第 十 章

荣氏家训：礼节当知　职业当勤　节俭当崇

荣宗敬、荣德生家训

　　荣宗敬、荣德生昆仲是近代中国著名的爱国实业家。他们是中国历史上一代企业家的楷模，为推动我国民族工业的发展作出了重要贡献。荣宗敬（1873—1938），原名宗锦，江苏无锡人；清光绪十三年到上海钱庄当学徒，光绪二十二年任上海广生钱庄经理。光绪二十六年在无锡兴建保兴面粉厂，后改组为茂兴面粉厂，任批发经理。光绪三十一年与弟荣德生在无锡办振兴纱厂，任董事长。1912年集资创立上海福新面粉厂，任总经理。1916年创办申新纱厂，任总经理。1921年集资创立上海茂新、福新、申新总公司任总经理。1925年参加"五卅运动"罢市斗争。1927年南京国民政府成立后，拒绝认购江海关二五附税库券，被蒋介石下令通缉和查封财产。20世纪30年代，荣氏企业曾陷入危机。抗日战争爆发后，为逃避日军胁迫，避居香港。他毕生致力于发展民族工业，后病逝于香港。荣德生（1875—1952），原名宗铨，号乐农氏居士，江苏无锡人。清光绪十五年（1889）到上海钱庄当学徒，光绪十九年到广东谋生。光绪二十二年在上海广生钱庄管账，兼无锡分庄经理。光绪二十六年与人合办保兴面粉厂，任经理。光绪三十一年在无锡办振兴纱厂，任经理。1912年出席全国工商会议，后创办上海福新面粉厂、二厂、三厂、四厂、六厂，茂新二厂，申新纱厂等。有"面粉大王""棉纱大王"之称，在中国民族资本企业中具有举足轻重的地位。20世纪30年代前期，企业面临危机，大部分厂家被抵押。抗日战争期间，1941年他拒绝与日本人"合作"经营。抗战胜利后，在上海遭绑架，被勒索巨款。1948年任荣氏企业总管理处总经理。新中国成立前夕，他制止将申新工厂机器拆迁台湾，与工人一起护厂，迎接解放。新中国成立后他任无锡申新纱厂总经理，全国政协委员、华东军政委员会委员和苏南行政公署副主任。

荣宗敬、荣德生兄弟虽然出生于无锡，在无锡等地开设工厂多家，但他们的实业主要还是以上海为主，荣家不仅是上海杰出的实业家，也是上海的一大望族。

荣氏昆仲之所以能在实业上取得成就，除了他们自己的努力之外，和荣氏家训是分不开的。兹将荣氏家训录之如下：

圣谕当遵

孝顺父母，尊敬长辈，和睦乡里，教训子孙，各安生理，毋作非为，此明太祖训辞也。只六句，已包尽为人道理。我朝圣谕广训十六条，天语煌煌，弥加详备，凡我士庶，宜各诵习，冀成善俗焉。

孝悌当先

孝也者，善事父母之谓；悌也者，善事兄长之谓。循此道，则为端人，为正士，即至圣贤不难；违此道，则为逆子，为恶人，虽与禽兽何异！世无愿为不孝不悌之人者，但其始起于忽微，而无人教正之，遂入于大恶矣。今后吾族子孙，如有不孝不悌者，众执而切责之，开其自新之路。倘仍怙恶不悛不可贷者，众鸣于公，以正典刑。

祠墓当展

祠，祖宗神灵所依；墓，祖宗体魄所藏。子孙思祖宗，不可不见所依所藏之处，如见祖宗一般。春秋祭祠，一岁不过两次。凡年在十六以上者，均宜衣冠往拜，必敬必诚。祭毕而燕，尤宜分别尊卑，挨次序坐，不可杂乱喧哗。至于墓祭，苟非远出及有病，必须亲往。有坏则葺，有漏则补，蓬棘则剪伐之，树木则爱惜之。其历代祖坟，或被侵害、盗卖、盗葬等情，则同心合力而复之。此事死如生、事亡如存之道，族人所宜急讲者。

族长当尊

古者宗法立，而事统于宗；今宗法不行，而事不可无统也。一族之人，有长而公正者焉，分莫逾而贤莫及也，何族宜尊敬而推重之，有事必察命焉，有司父母，斯民势分相悬，而情或不通。族长率领一族，耳目甚近，无不立辨其是非者。凡我族人，咸知敬信，庶事有所统，而里中不肖子弟稍知畏惧云。

宗族当睦

《书》曰：以亲九族。《诗》曰：本支百世。睦族者，圣王且重，况在众人乎！观于万石君家，子孙醇谨，过里必下车，此风犹有存焉者欤！末俗或以富贵骄，或以智力抗，或以顽泼欺凌，虽能争胜一时，实皆自作罪孽。况相角相仇，循环不辍，人恶之，天厌之，未有不败者，何苦如此！

尝谓睦族之要有三：曰尊尊，曰老老，曰贤贤。名分属尊行者尊也，则恭顺退逊，不敢触犯；分属虽卑，而年齿迈众者老也，则扶持保护，事以年高之礼；有德行者贤也，贤乃木宗之桢干，则亲炙之，景仰之，每事效法，忘分忘年以敬之。此之谓"三要"。又有"四务"：曰矜幼弱，曰恤孤寡，曰周窘急，曰解忿兢。幼者无知，弱者鲜势，人所易欺，则矜之。一有怜悯之心，自随处为之效力矣。鳏寡孤独，王政所先，况我同族，得于耳闻目击者乎，则恤之。贫者恤之善言，富者恤之财谷，皆阴德也。衣食窘急，生计无聊，虽或自取，命运亦乖，则周之。量己量彼，可为则为，不必望其报，不必使人知，吾尽吾心焉可矣。人有忿，则争兢，得一人劝之，气遂平，遇一人助之，气愈激。然当局者自迷，居间而排解之，族人之责也，亦积善之事也。此之谓"四务"。引申触类，助义田，建义仓，立义学，筑义冢，周旋同族，使死生无所失，皆豪杰所当为者。善乎！

范文正公之言曰：宗族于吾，固有亲疏，自祖宗视之，均是子孙，固无亲疏。此先贤之格言也。人能以祖宗之念为念，自知宗族之当睦矣。

蒙养当豫

子弟是族中之根基。子弟出得好，族中便有兴隆气象；子弟出得不好，族中便有衰败气象；有志振兴者，宜急加意也。古人有胎教，又有能言之教，自小教起。

立法周详，是以子弟易于成才。今俗之教子弟，上者教之作文，取科第而已，文章以外不知也。次者教之杂书算术、市井狙诈之计，以便商贾营生。下者溺爱过甚，任其游荡，先人之目未瞑，而嫖赌之资已空，甚至流为乞丐，饥寒以死者往往而有，此虽子弟之不肖，抑亦父兄教之过也。吾族中各父兄须知，子弟之当教，又须知教法之当正，更须知教予弟之当豫。七岁便入乡学，读书多少，随其资质；渐长，有知便择端慤贤师，日课而外，将孝悌诸故事时加训诲，再令习礼仪，务笃实，近正士，远小人。庶先入为主，习惯自然。纵不能入学中举，就是为农为工为商贾，亦不失为醇谨之善人。

闺门当肃

男正位乎外，女正位乎内，人家之成败，女子关得一半。故君子正家，其闺门未有不严肃者。纵家道不齐，如汲井操臼之类，势所不免。而清白家风，仪度自别，事翁姑要顺，处妯娌要和，待邻里亲戚要敬要睦；勿贪吃着，勿怠纺织，勿离间叔伯，勿溺爱儿女；堂前勿闻妇人声，勿许六婆入门；勿出门看戏看灯，勿结拜姊妹，勿入庙烧香，勿留尼姑僧道在家看经。或不幸而寡居，则丹心铁石，白首冰霜，虽神明亦钦敬焉。如或不避嫌疑，不分内外，凶傲淫妒，诟谇时闻，维家之索可立诗也，谚曰：教妇初来，防微杜渐，尚其慎之。

礼节当知

先王制礼三百三千，何等繁重。吾辈士庶，亦宜粗知大概，方不受人耻笑。正衣冠，尊瞻视，言笑不苟，举止安详，此一身之礼也。重师傅，敬宾客，别内外，辨尊卑，庭阶几案，必整必洁，此一家之礼也。又最要者，莫如婚嫁丧祭诸礼。婚不可娶同姓，勿跻妾为妻，勿娶再醮妇女，未及笄不过门，夫亡不再嫁，不招赘。门第须辨良贱，勿贪下户财贸，将女许配玷辱。宗祊丧，则竭力于衣衾棺椁坟墓，莫作佛事，棺内不得用金银珍重之物，吊者款茶，途远待以素饭，不得用鸡豕酒筵。服未除，不嫁娶，不听乐，不与宴贺。衰经不入公门，葬必择善地，墓上必多栽树木。不得惑于风水，至有终身不葬、累世不葬者。祭则聚精神致，孝享器皿必洁，几筵必整，祭菜必精，尤须备一二时新嘉肴，内外一心，长幼整肃，吾祖庶来飨焉。总之，莫僭越，莫疏忽，斟酌得中，斯谓彬彬之君子。

职业当勤

士农工商，所业虽不同，皆有本职。惰则职业废，勤则职业修，内可慰父母妻子依赖之心，外可免姗笑于姻里。然所谓勤者，非徒尽力，亦要尽道。如为士者，必须先德行，次文艺，切勿因读书识字舞弄文法，颠倒是非，造歌谣作，匿名揭帖等。为农者，不得窃田水，盗树木，欺赖租粮。为工者，不得作淫巧，售敝伪器皿。为商者，不得纨绔冶游，酒色浪费。其或越在四民之外，不士不农不工不商，茶坊酒肆游荡终年者，是为国家之游民，是为天地之废人。倘更有为隶卒、为倡优者，廉耻既丧，族中当共逐之。

节俭当崇

人生福分，皆有限制，如饮食衣服、婚丧喜庆，尽可从俭，不必奢华。一喜奢华，便有许多不受用处，况多费多取。至于多取，不免锱铢必较，惹人憎怨；且不免奴颜婢膝，仰面求人。是节俭二字，非唯可以惜福，抑且可以养品也。昔人有诗云：常将有日思无日，莫到贫时忆富时。又俗语云：省吃省用省求人。言虽俚，可深思焉。

赋役当供

以下事上，古今通义。赋税力役之征，国家法度所系。若拖欠钱粮，躲避差役，便不是好百姓，且连累里长为我受苦，于心既不安，设或触怒官长，差提到县，被枷被杖，玷辱身家，却仍旧要办纳，不白吃了一场大亏耶！况今皇恩浩荡，力役之征，民几不知。所征银漕，每年每亩统计不过数百文，此外更无所及。百姓之好做，无如今日者。苟有天良，亦何忍不争先输纳哉！《朱子家训》曰：有钱先完正赋，横竖要完，只需早几日耳。不欠官钱，何等安逸。吾族田产不少，宜共知之。

争讼当息

做太平百姓，完赋役，无争讼，便是天堂世界。盖讼事有害无利，要盘缠，要奔走，再要势力；若伪造机关，又坏心术。无论官府廉明与否，一到衙门前，便被胥吏索诈，便受胥吏呵叱。今日探听，明日伺候，幸而见官，理直犹可，理曲到底吃亏，受笞杖，受罪罚，甚至破家亡身，冤仇相报，害及子孙。几曾见会打官司人家，有长进子孙否？以一朝之忿，成百世之仇，有识者不为也。即有万不得已，或关系祖宗、父母、兄弟、妻子事情，私下难处，不得已而鸣官，只宜从直禀诉。官府善察情由，自易剖白，切勿架桥捏词，弄巧成拙。又宜及早回头，不可得陇望蜀，定要争到十分。且须自作主张，切勿听讼师棍党刁唆撺掇，致贻后悔。讼则终凶，凛之戒之。

《荣氏家训》原载清同治十一年《荣氏宗谱》卷十六。从那时到荣氏昆仲，再到荣毅仁，荣家九代都严遵家训。《荣氏家训》对荣宗敬、荣德生和荣毅仁爱国思想的培养，道德的砥砺，门风的培养，起到了极为重要的作用。尤其是当荣宗敬、荣德生及荣毅仁等将实业的重心放在上海，在上海这个十里洋场，不曾被香风薰雨击倒，将民族工业越做越大，《荣氏家训》对他们父子的浸淫和影响是不言而喻的。1952年，荣德生年78岁，5月下旬患紫癜症，经多方医治无效，于7月29日（农历六月初八）在无锡四郎君庙巷寓所逝世，临终前口授遗嘱，全文如下：

余从事于纺织、面粉、机器等工业垂六十年，历经帝国主义、封建主义、官僚资本主义及反动统治的压迫，艰苦奋斗。幸中国共产党领导全国人民革命胜利，幸获解放，目睹民族工业从恢复走向发展，再由于今年"三反""五反"的胜利，工商界树立新道德，国家繁荣富强指日可期。余已年老，此次病症，恐将不起，不能目睹即将到来的工业大建设及世界和平，深以为憾！毅仁、鸿仁要积极生产，为祖国出力；尔仁、研仁再不可滞留海外，应迅速归来，共同参加祖国大建设。毋违余志，是所至嘱。七儿荣鸿仁敬录。

在遗嘱中，荣德生首先回顾了自己60年从事纺织、面粉、机器工业的经过，对有幸目睹中国共产党领导全国人民取得革命胜利，目睹了民族工业的发展，感到无比欣喜和激动。对国家繁荣富强充满期望和信心。面对自己终将不起，不能目睹国家更美好的未来充满遗憾之情。同时，对荣毅仁、荣鸿仁等子侄辈提出要求，要求他们努力生产，关心国家建设，为祖国出力。特别提出"尔仁、研仁再不可滞留海外，应迅速归来"。荣德生这份遗嘱，同《荣氏家训》一样，成为荣家家训的重要组成部分。

（原载上海市精神文明建设委员会编：《海上传家风》，2015年）

荣宗敬的四项原则

傅国涌

李国伟回忆，荣宗敬常对他们说："茂、福、申新各厂得力于建厂力求其快，设备力求其新，开工力求其足，扩展力求其多，因之无月不添新机，无时不在运转；人弃我取，将旧变新，以一文钱做三文钱的事，薄利多做，竞胜于市场，庶几其能成功。"李国伟主持的汉口申新四厂，清花、粗纱、精纺、摇纱四部日夜两班，分别以"和衷共济，力求进步"这八字作为班名，就是支持荣宗敬的经营作风。[①]

荣德生自述多年用功研究西方经济学说，调度经营超过一般工商界人，能预见市场的变化，稳妥地对付各种情况。辛亥革命前后，荣家兄弟北上南下，考察湖州、杭州、蚌埠、济南以及苏北、河南、湖北等许多地方，每到一处，对小麦、棉花的生产和面粉、纱布的销售都进行仔细调查。他经常自诩，自己经营的事业得力于原料的选择，在选择麦子、棉花上都很讲究。

茂新面粉的质量就是从原麦抓起，凡是受潮、可能起霉变的小麦全部不要，在比较了全国小麦之后，他觉得四川麦子质地最好，所以主要选用川麦

---

① 李国伟：《荣家经营纺织和制粉企业六十年》，《工商史料》（一），文史资料出版社1980年版，第6页。

做原料。选麦子的秘诀他是偶然发现的。1911年各地发生水灾，有一天他在无锡惠山喝茶回来，偶尔看到夕阳返照，墙上水痕有三四尺高，马上想到堆栈里有些麦子可能变坏了，取样一看，果然如此。从此，荣家麦庄、粉厂不收、不用潮坏麦子，掺杂石砂的麦子也要雇人逐粒剔除，决不苟且。

从1903年在江苏产麦区姜堰设立第一个麦庄起，荣家企业先后在安徽蚌埠、山东济宁以及江苏泰州、东台、扬州、常熟、镇江等地设立麦庄。面粉规模扩大后，一当新麦登场，就会大量收购，规模小的企业只能随购随做，等到市场上没有麦子，就只能停产，而茂新、福新不会有这个问题，可以长期生产。

国内小麦的市价行情也要看他们的出价，如果小厂先开价，等他们开价更低，小厂就吃亏了。如果他们开价低，各地粮行不肯卖，行情定不下来，他们可以指示不收货，迫使降价，因为内地粮行大都资金不多，不能大批存货，长期兜行情，小麦源源而来，每天大量吃进，必须放出，否则会把资金搁死，周转不动，所以，他们最多观望几天就会屈服。茂新面粉厂早就联合上海、无锡的七家面粉厂，组织了"办麦公会"，1908年他们集体确定"办麦规条"，一直保持共同进退，控制麦价和粉麦换价。

每当新麦登场时节，他们就有意抛售面粉，来压低粉价和麦价。上海的粉价一跌，各地粉价、麦价随之下跌，他们就可以买到廉价的原料，这是当年福新一厂厂长浦松泉透露的生意经。福新在各地设有自己的麦庄，但什么时候开始收麦以及价格、数量都要等上海总公司麦务部的电报，麦务部对各地麦庄的指示则根据上海面粉市场的起落，有利时就指示收，不利就指示停。收麦一般通过当地粮行，佣金不过1%到1.5%，粮行则通过乡行收麦，也不直接从农民手中收，因为需要量大，他们对乡行、农民又不够了解。

申新公司收棉花也是如此，在江苏太仓、常熟等产地都设有收花处。荣宗敬的一个过人之处是他能看出别人的弱点，抓住对自己有利的时机，市面银根紧时，他大量抛棉花，月底交割时逼对方收现货。如果手中没有现货，他便调大量车辆到申新各厂的仓库运存棉来交付。上海市场棉价一跌，全国行情跟着下滑，这时，他就命令各地分庄大量收花。上海抛出一万担，各地收进几万乃至十万担。到1929年以前，荣家企业办麦处、办花处和批发处遍布无锡、苏州、常州、镇江、南京、太仓、杭州、平湖、常熟、扬州、高邮、姜堰、泰州、济南、九江、汉口等地。

"建厂力求其快"，就是前面提到的"荣宗敬速度"。"设备力求其新"，就是实时重视更新机器，这一点即使实业部在1934年7月以贬为主的调查报告书中也承认，荣家无论是自办厂还是收买的厂，起初规模都不大，设备简陋，这是时代的原因，他们却能随时代的进化，逐渐更换。恒源昌、东方纱厂本来设备老旧，多年后再来看申新二、七两厂就大不一样了。荣宗敬本人虽不懂新设备、新技术，但他相信外国机器，早年他曾为振新纱厂买了先进的发电机，在当时内地工厂中第一家装了马达，安装后效能非常好。追随他多年的荣鄂生说："宗先生脑筋新，真是了不起。"在荣家兄弟心目中，原料好，机器新，就能赚钱。

荣宗敬经常以分期付款的方式向洋行订购机器。由于早年订购机器能严格按合同规定的期限分期付清，决不拖欠，从而建立起了良好信用。以后，他们就用这个办法大量买机器，不断更新设备、扩大规模。1916年，荣家派荣月泉到欧美实地考察面粉、纺织工业，在美国订购了最新式的面粉机器。

荣德生说哥哥"添机成癖"，其实两人在这一点上想法一致，他也喜欢新机器，他们都觉得与其留着现钱，不如多添机。他女儿荣漱仁回忆：

> 我父亲和伯父都具有兴办工业的信心和决心，所办各厂大多由小而大，从租地、租屋、欠机、添机入手。平日财无私蓄，一切资金除拨出一部分作为地方公益和建设之用外，全部放在企业的营

运上面，一有盈余就力图扩大再生产，从没有其他置产、谋利和奢侈享用的思想。

他两位老人家都时时刻刻不忘记添机建厂，更新设备，使用新式机器，同时又常常注意机械的维修保养。事实教训了他们，机器新，管理好，成本低，才能赚钱，否则就要亏本。就是使用外国机器，也要悉心研究体会，懂得它的性能，才能发挥机械的全部能力。[①]

在引进外国设备上，他们动足了脑子，重大项目一定派技术员前去考察，再三比较设备优劣、价格高低。和哥哥相比，德生求稳健，不赞成全部用外国的，认为都到外国买新机器是买不起的。为了节约，一般成套设备只引进外国的主机，配套的辅助设备力求自造，甚至按实际情况改进外国进口的机器设备，往往比原来效果还好。比如使用美国产的面粉机，产量、质量都上不去，荣德生组织工程师研究，发现该设备是针对美国小麦杂质少、清麦设备要求不高的特点设计的，而中国小麦杂质泥灰多，于是他们自己进行改进，加添5号直立打麦机和风箱等装置，同时加添自行仿造的圆筛，增置荞麦机。面粉日产量从2400包提高到3400—3500包，质量也提高了。1937年4月，荣宗敬在无锡申新三厂股东会上提议添机，德生知道财力不足，又不便当面违背兄意，就说预备自造。于是，他在无锡办了一家公益机器厂。

"扩展力求其多"，荣家企业像滚雪球一样壮大，但并无雄厚的大资本做后盾，而是靠一文钱做三文钱的事，靠他们在金融界的信用。1914年荣宗敬42岁生日时，弟弟到上海祝贺，他说办厂就和滚雪球一样，只能往前滚，不能停，这样，别人还在犹豫，自己已发展壮大。他的愿望是50岁时拥有50万纱锭，60岁时有60万纱锭，70岁时有70万纱锭，80岁时有80万纱锭，弟弟

① 荣漱仁：《我家经营面粉工业的回忆》，《工商史料》（二），文史资料出版社1981年版，第46—47页。

也认为"要拿大钱，所以要大量生产"。

办钱庄出身的荣宗敬，不断向行庄借款来扩大企业。他曾对金融界的人说："你有银子，我有锭子，我的锭子不怕你的银子。"他至少以个人名义在7个钱庄、2个银行、1家保险公司有投资，以公司名义在3家银行有投资，多的几千股，少则几十股，包括上海正大银行、中国国货银行等。他在上海储蓄银行一开始即投资20万元，后来增加到45万元，成为大股东。他也是中国银行的董事。对他喜欢在银行、钱庄搭一点股份，他弟弟和其他人都不大理解，他对身边的人说："他们要懂得这个道理还早呢，我搭上1万股子，就可以用上他们10万元、20万元的资金。"

1928年2月23日，荣宗敬对陈光甫有一些误会，但两人毕竟交情不同泛泛，陈写信给济南分行经理，后来做了福五、申四副经理兼营业部主任的华栋臣说，当初约荣宗敬入股上海商业储蓄银行，银行与实业家的这种结合完全是纯洁的，不存在其他念头，更不是交易，事实上，自己多年来对荣家企业越权帮忙太多了，七八年中的放款已超过本行资本一半就是证明。按银行章程，以本行股票在本行用款是大忌，如在国外一查出，就要受法律处分。①

除了寻求银行、钱庄的支持，荣宗敬解决资金的另一个秘诀是"肉烂在锅里"。有人问过他，为什么人家关厂，而你却一爿爿多起来，他回答："我是有钱就要开厂，人则有钱就分掉。"这道出了荣家企业发展的奥秘之一。申新总公司会计部的荣得其证实，申新除了股息，一般不发红利给股东，盈余不断滚下去，用来扩大再生产；就像烧肉，老汁水永远不倒出来。别的厂就不同，红利都分掉，所以积累不起来。

1913年福新一厂开办时就议定：三年不提取红利，用来扩充企业，股利也存在厂里生息，以扩大资本。福新系其他厂以后也按这个规则办。扩充

---

① 邢建榕、李培德编著：《陈光甫日记》，上海书店出版社2002年版，第29—30页。

企业基本上没有添什么新投资，就是靠滚雪球的办法。

申新一厂最初只有30万元股本，到1918年为止，把全部盈余红利30万元都加入股本，只给股东发了个收条；1919年的盈余红利有80万元，分掉了30万元，另50万元入了股本；1920年的盈余红利有97.5万元，只提出7.5万元的零头分派，其他90万元都加了股本；1921年的盈余60万元全部添了股本。

这与申新的无限公司形式有很大关系，荣家兄弟对有限公司的弊端有切肤之痛，荣德生到老都主张无限公司，坚决反对有限公司。有限公司一旦股东有分歧，就不能发展，而企业发展要迅速抓住时机，容不得半点迟疑和拖沓。荣氏企业后来都采取无限公司形式，荣家企业能不断扩大与这个组织形式密切相关，遭遇重大决策时，荣宗敬一个人在沙发床上常常就能决定，有限公司的权力不可能做到这样的高度集中。

1927年，荣家企业发出《劝告同仁储蓄宣言》，筹集100万银元作为基金，自办"同仁储蓄部"，吸收职工和外界存款，充分运用生息资本，采取定期储蓄、定期复利储蓄、定期取息储蓄、零存定期储蓄、零存整取、通知储蓄存款、活期储蓄存款、礼券储蓄存款、活期流通存券等形式。到1928年，它在南京、汉口、无锡、济南等地设立了37个分部。

1921年后，棉纺业的黄金时代迅速消逝，棉贵纱贱，许多企业包括穆藕初的德大、张謇的大生等纷纷衰落，被银团接管甚至倒闭、被拍卖。面粉业一度也出现了滑坡。1922年，茂新、福新各厂都出现亏损（约50万元）。1923年，茂新各厂继续亏损。从1922年到1924年，申新亏损累计已有130多万元。在纺织业不景气的时代，荣家反其道而行，申新继续扩大，到1931年达到顶点。市面不好，为什么他还要买别人办不下去的厂，不少人想不明白，荣宗敬却自有想法：

一、收买旧厂比新建厂便宜；二、对申新来说，添了一家厂，总公司只要添一本账即可，人手也不用添，工程师、职员都只要从各厂抽调，负担反而可以减轻（买下老厂，旧职员归原主资遣），小职员提升几个，薪水又不必马上提高；三、对总公司来说，只要添一本账簿，也不要另设一个经营管理机构；四、减少一家纱厂也可减少竞争对手，申新并进一家厂，力量更大，竞争更有利。

另有一点，他没有说出来，规模越大，就越不可能倒掉，因为它牵动社会越深，并且产额越多，进料、销货越便宜，管理、营业的费用也越节省。

1931年11月1日，厚生纱厂正式移交，当月23日就能开工，这就是申新厂多的优势，从其他厂分一些职员、技术人员过来，物料甚至连报表之类都可以随时挪移。何况，在收买或租用老厂时，荣家企业实际上没有付出多少现钱，主要是通过债务转移过户的办法，在银行、钱庄账上转一个户头而已。被租办和收买的企业往往都是经济困难，可以杀价。1929年，荣宗敬收买东方纱厂时向汇丰银行贷款200万元；1931年收买三新纱厂，对方开价40万两，可以欠款，但要先付5万两佣金，他手头没钱，就找开钱庄的亲家孙直斋贷款，孙说多的没有，只有5万两，他正好就要5万两；同年收买厚生纱厂，厚生急于出手，出价很低，他手头没钱，同样向原债主几家钱庄押款，实际上没有付款，只是转了个账户。钱庄老板相信荣家，不相信厚生，是因为荣家企业多，这个厂不好，还有别的厂，而厚生老板只有一个厂。

荣宗敬在买下三新纱厂后，常说："厂子不管好坏，只要肯卖，我就要买。我虽然没有钱，人家肯欠，我就要借。""多买一只锭子，就像多得一支枪"，早就成了他的一句名言。

在负债扩大这一点上，兄弟俩有共识，荣德生早年就提出"欠人赚下还钱"的想法，这和荣宗敬说的"先借后赚再还"是一致的。1931年底总公司负债超过了4000万元，荣德生将负债扩张称为"借鸡生蛋，以蛋孵鸡"。[①]

---

① 《纪念荣德生诞辰一百三十周年国际学术研讨会论文集》，第538页。

许多人不理解荣家兄弟拼命扩厂，他的解释冠冕堂皇："对外竞争，非扩大不能立足。况吾国人口众多，而工业生产落后，产品不敷供应，仰求外洋。近年失业者增多，无法找到工作。如此一想，非扩大不可。在别人看来，贪心不足，力小图大，风险堪虞，实皆不明余志也！"

1932年申新的营业报告书说，自1929年以来，申新在艰难困苦中仍添了25万枚纱锭，2400台布机。还有一个深层次的原因，不知他有没有意识到，或者意识到了没有说破，申新规模越大，银钱业就不得不给它放款。有人说，对于银行、钱庄，申新"真是食之无味，弃之可惜"。申新困难时，有一家银行借给它40万元，还不敢对外人讲；上海商业储蓄银行借给茂新的款非但不收回，仍继续借钱给它发工钱；即使1934年的那次大危机，银行其实也没有按借款合同严格执行，只是想维持申新不倒。申新债务官司最多时，法院给申新贴了很多封条，贴多了，也就没人当一回事。法院不敢把申新关门，是因为申新厂多人多，一旦倒下，那么多工人失业，不光是荣家的问题，还是一个严重的社会问题，将牵动整个上海。

但是拼命扩厂，负债经营，有利也有弊。申新到1931年负债已达4000多万元，其中原因，在4月18日中国工商管理协会的聚餐会上，荣宗敬说得很清楚，纺织业和面粉业近年来和日、英等国竞争日见剧烈，艰难备尝，加上税项负担过重，交通不便，运输过高，原料品质不佳，工厂管理不合科学，还有金融方面利率太高等因素，企业的处境越来越困难。其实，荣家企业的自身问题也不能忽略，申新短短十几年从一个厂扩大到九个厂，不是因为有充足的资本，而是靠借债，一旦金融不再输血就会出现重大风险。这是造成申新1934年搁浅的根本原因之一。

（原载中信出版社《大商人》，有删节）

纪念先父荣宗敬先生诞辰一百四十周年

荣鸿庆

　　早春二月，寒意未消，江南一带，柳树梢上，已见嫩绿，我利用清明节前回乡为父亲荣宗敬先生上香的机会，又走了一趟无锡梅园。这里原是我们荣家私人庭园，2006年由国务院公布为"全国重点文物保护单位"。漫步园内，只见满园花木扶疏，梅朵绽放；登高远望，太湖波光潋艳，鱼帆憧憧。回想当年父亲与家叔（荣德生）兴建梅园之时，恰逢民元肇始，他们正值精壮不惑之年，至今已过去整整一百年了。

　　父亲生于无锡，在上海创业，最后病逝于香港。我与父亲相处的时间不长，他过世时我才16岁，虽说已经懂事，脑海中深深地烙印着与父亲相处的美好回忆，但对父亲一生的行谊并无深切的了解，还很难讲出一个完整的脉络。我一直想着要在成年之后，对父亲的行传作一番详细的描述，以表达对父亲的追思。所以，1959年我写了一篇《重印〈茂新福新申新总公司三十周年纪念刊〉绪言》，第一次对父亲的生平做出简要的概述。2007年，我接受采访，出版了《独木不成舟》这本书，对父亲的生平作了较为详细的叙述。古人云："夫孝也者，善继人之志，善述人之事者也。"对于父亲生前打造的企业，我自承勠力经营，战战兢兢，谨慎从事，至今犹能守住并加以发扬光大；然则对父亲一生的行谊，却未能进行全面的、有系统的搜集和汇整。明年将是父亲140周岁诞辰，无锡的乡亲提议，在此具有重大纪念意义的时刻，希望我能为父亲的生平留下一部较为完整的记录，以资纪念，且流传后世。这也正是我多年企盼而尚未实现的夙愿，在此我要对乡亲的盛情深表谢意！

父亲谱名宗锦，字宗敬，以字行世，这就是在梅园内建造"宗敬别墅"，而题匾"宗锦别墅"之缘由。太湖被誉为"江南明珠"，无锡则称作"江南名城"，这里山水秀美，人杰地灵。就在这颗"明珠"北侧的五里湖畔，这座"名城"西郊的惠泉山麓，有个名叫"荣巷"的古镇，乃是父亲诞生的地方。父亲出身寒微，祖父熙泰公早岁进冶坊习艺，后来长年在浙江乌镇、广东三水河口及肇庆等地谋生；祖母石氏在家务农，哺育儿女，赡养老人。靠着数十年勤劳节俭，才过上了温饱而稍有盈裕的生活。

父亲诞生于清同治十二年农历八月初二（1873年9月23日），家叔比父亲小两岁。兄弟俩少时在乡里读私塾，并帮助祖母料理家务农事，从小互敬互爱，情谊深笃，邻里称羡。父亲14岁那年初夏，由祖父托人推荐到上海南市铁锚厂当学徒，翌年春转入永安街源豫钱庄习业；1889年，家叔也来到上海，由父亲托人介绍到通顺钱庄当学徒。兄弟俩尚在年少阶段，就离乡背井，走上了自立谋生之路。三年满师后，父亲留在上海，进入森泰蓉汇划字号做跑街，从事金融业务，他虚心研习，承揽生意，广结人缘；家叔满师后随祖父至广东，在厘金局做帮账。所有这些，都为日后事业的发展打下了坚实的基础。

1895年初（清光绪二十一年十二月），祖父因病在家叔陪同下从广东回到无锡，父亲那时也正巧从上海返回在家。春节后，祖父为了两个儿子的未来，与父亲一起前往上海寻求发展。当时考虑到父亲和家叔都是学钱庄出身，加上几位乡亲老友都曾因经营钱庄而致富，因此在祖父的筹划下，决定自出1500元，招股1500元，在上海鸿升码头租房，开办广生钱庄，由父亲任经理，家叔管账务，于农历二月初八开业；三月底在无锡设分庄，由家叔任经理。然而就在此后不久，祖父却因病于六月十一日辞世。他所留下的遗训："处事稳健，谨慎行事，不作投机，尽力社会"，我荣氏子弟至今仍奉为圭臬。父亲和家叔遵循祖父遗训，谨言慎行，诚笃守信，办事稳健，宽宏待人，所以他们的事业虽曾屡遭风险，但毕竟都能化险为夷，安稳度过，终致圆满结局。

广生钱庄的业务以汇兑为主，头两年营业平平，盈余无多，合伙人在1898年末撤股而去，遂由父亲与家叔兄弟俩独资经营。但就从这时起，汇兑转旺，连年获利。正是这个缘故，父亲在1928年主持编印《茂新福新申新总公司三十周年纪念册》时，将1898年标明为创业起始之年。也正是在此前后几年钱庄的汇兑业务中，父亲敏锐地察觉每年春夏之交，由上海汇往无锡、常州、苏州、宜兴等地的款项，以采购小麦为最多；那几年上海各业平淡，唯独面粉厂增裕、阜丰生意兴隆，年年有利，由此而萌生了兴办面粉厂的念头。家叔则从来往于上海、广州、香港途中和在粤办理税收业务中看出，每年有大批外国面粉进口，作为在华外人的食粮，条约规定可以免税，但外侨人数有限，哪需要进口如此多的面粉，实际上大部分卖给了中国人。中国的民生物资由此被西洋人所控制，如果能由国人自己设厂生产，不但能供应民间所需，更能促进民生工业之发展，由此也充分展现了父亲的远见卓识和富国裕民的雄心壮志。

父亲体认到，经营钱庄虽可获利，但终究只能赚取"汇水"；而由小麦磨成面粉之后，乃可营销全国，饱足天下人之口腹，中国是一个拥有四万万人口的大国，其发展不可估量！何况当年的有识之士，都已亲眼目睹，自甲午战争后，中国国势日见衰颓，外国货物源源而来，白银大量外流，入超日甚一日，提倡民族企业已刻不容缓，因此父亲决心将创业之路由金融转向实业，而且与家叔取得共识，首先从开办面粉厂着手。

"民以食为天"，是中国古训；"衣食住行"四大民生需求，衣食为先，人人都能朗朗上口。父亲和家叔毕生的事业，就是顺应古训与民心，从面粉起步，而后发展纺织，先后建立茂新面粉公司、福新面粉公司和申新纺织公司三大企业系统，经过30年奋斗拼搏，"三新"企业成为中国民营民生工业的第一大户！

根据记载，1900年秋，父亲和家叔与祖父在广东任职时的老上司朱仲甫合伙，决定创立一家面粉厂，分头招股，至年底共招得13股，每股3000元，父亲和家叔各占一股，厂址选在无锡西门外太保墩，购进土地17亩，于同年冬申请立案，取名"保兴"。因遭到地方旧势力的阻挠，建厂工作拖延了一年多，1902年3月17日（农历二月初八）才开机生产。但营业并不顺利，朱仲甫无意经营，一年多后他就退股又到广东做官去了，幸赖父亲招得新股，稳住了萌生不久的新事业，厂名改为"茂新"，这是父亲"三新事业"中的第一个"新"。

说起茂新面粉厂，开业之初规模很小，全厂仅有四座法国制造的炼石石磨，每天产粉300包。但万事起头难，这毕竟是父亲一生经营民生事业跨出的第一步。当年茂新使用的石磨，现在还摆放在梅园内供游人观赏。无锡的乡亲告诉我，一些外国友人前来参观后，对父亲和家叔当年艰苦创业的精神，以及100多年前的生产工具保存如此完好，无不表示兴叹。

茂新面粉厂起步后，父亲和家叔又于1905年与人合资，在无锡创办了振新纱厂。初期因经营不善，亏欠累累，之后改由父亲任董事长、家叔任总经理，企业面貌大为改观。他们一个驻守上海，一个坐镇无锡，经过十几个风雨春秋，两厂规模日渐扩大，生产设备逐步更新，产品质量不断提高，创立了风靡中国面粉市场近半个世纪的"兵船"名牌，在实业界站稳了脚跟，崭露头角。

就在这时，迎来了辛亥革命的成功和第一次世界大战的爆发，给我国民族工业发展带来了前所未有的有利环境。父亲抓住这个难得的历史机遇，审时度势，把创业的基地由无锡转向上海。1912年底，父亲、家叔与王尧臣王禹卿兄弟、浦文渭浦文汀兄弟合资4万元，用租地租屋欠机的方法，在上海创办福新面粉厂，1913年5月投入生产，这是父亲"三新事业"中的第二个"新"。

父亲宏图远谋，在福新创办时提出建议："各股东分得的红利三年内均不提取，用于扩充企业；各股东的股利也存厂生息，以厚资力。"得到合作者的一致赞同。正是在这强本健质的经营理念下，此后不到十年时间，父亲和家叔通过租办和收买旧厂、创建新厂等办法，茂新系统在无锡建立二厂、三厂，在济南建立四厂；福新系统在上海建立二、三、四、六、七、八厂，在汉口建立五厂。至1921年，茂新、福新系统12个面粉厂，拥有粉磨301座，日产面粉能力76000包，约占我国民族资本面粉厂生产能力的31.4%，全国（包括外商在华面粉厂）面粉生产能力的23.4%，产品不仅畅销全国，而且远销西欧、东南亚，"兵船""牡丹""宝星""天竹"等品牌蜚声海内外。1914年，民国大总统颁给茂新面粉公司"裕食推仁"的匾额，1918年，又颁给福新面粉公司"屑玉流辉"的匾额；1926年，美国费城博览会给茂福申新总公司颁发"优良面粉"奖状，父亲和家叔顿时成为中外闻名的"面粉大王"。对此，家叔在《乐农自订行年纪事》中写道："茂福新粉销之广，尝至伦敦，各处出粉之多，无出其上，至是有称以'大王'者。自维愧悚，不足当此盛名，仍思力谋扩充，造福人群。此点于美国杂志上曾有记载。"

根据茂新、福新的成功经验，父亲和家叔向振新董事会提议，以企业盈余，分别在上海、南京、郑州建立振新二、三、四厂，但董事会不表赞成，他们要实时提取现金分派红利。因创业理念不同，父亲和家叔于1915年春毅然退出振新，经人介绍，在上海周家桥购得一家织呢轧油厂的地基厂房，加以改建，装置英制细纱机12960锭，创办申新纱厂，当年投产，这就是父亲

"三新事业"中的第三个"新"。

申新系统的发展极为迅速，一厂创办不久，就加添纱锭，增设布机。1917年，父亲即在上海购买恒昌源纱厂，改为申新二厂；1919年在无锡筹建申新三厂，1921年在武汉创建申新四厂，两厂于1922年初同时建成开工。虽说在购买恒昌源纱厂和创办申新四厂时，家叔因嫌机器老旧和财力不足，表示不赞成，但最后他都遵从父亲决策，并亲自主持了申新三厂的创建。短短六年，申新由一个厂发展到四个厂，拥有纱锭134907枚，布机1615台，年产棉纱80356件、棉布359520匹，是当时国内棉纺织行业发展最快的企业。而且后来在抗日战争时期，申新二厂为维持生产和偿还债务，申新四厂为企业内迁，在财源上起了重要的资助作用。父亲经营企业的远见卓识，于此可见！

随着第一次世界大战结束，西方列强卷土重来和国内外形势的变化，中国民族工业又面临新的阻碍，父亲的事业却依然不断扩展。茂新、福新系统虽然没有再增设新厂，但各厂都相继更新和扩充了部分生产设备，至1932年，粉磨增至347座，日产面粉能力达96500包，年产面粉19994000包，约占全国（除东北外）机制面粉总产量的30.7％。申新系统则从四个厂扩展至九个厂。1925年4月，购买上海德大纱厂，改为申新五厂。同年6月租办常州纱厂，改为申新六厂，六年后归还原主，于1931年10月购买上海厚生纱厂，补申六之缺。1929年1月，购买上海英商东方纱厂，改为申新七厂，由中国人收购外国人的产业，在当时被视为奇迹！翌年，又在申新一厂旁新建申新八厂，设备之先进冠于沪渎。但仅仅过了八年，这个设备一流的新厂，在1937年10月27日就被侵华日军炸毁，父亲为此十分痛心！1931年，父亲又买下了由李鸿章创办，而后由盛宣怀经营的我国第一家机器纺织厂——上海三新纱厂的机器、厂房，租地经营，两年后迁往澳门路建立新厂，这就是申新九厂。现在这里已改建为"上海纺织博物馆"。至此，申新系统九个厂共有纱锭521552枚，线锭40400枚，布机5357台，年产棉纱306348件、棉布2798486

匹，分别约占全国民族资本棉纺织厂纱、布总产量的18.4％和29.3％，继"面粉大王"之后，父亲的事业又摘得了"棉纱大王"的桂冠！

但是，父亲并未以此为满足，他立下宏愿：50岁时有50万纱锭，60岁要达到60万纱锭，70岁达到70万纱锭，80岁达到80万纱锭。生命不息，奋斗不止，发展实业，富国裕民，这是父亲一贯的创业思想。可惜天不假年，父亲的目标没有来得及实现。

父亲少年时代就来上海习业谋生，对于上海作为全国经济中心和国际大都市的重要地位，他早有认识，所以在民元肇始就把创业基地从家乡转移到上海。而父亲在上海的事业，大多集中在苏州河畔，这又是为什么呢？苏州河向以"上海的母亲河"饮誉中外，对于荣家在上海的产业而言，其发端首选苏州河沿岸，主要原因就是便于运输。苏州河是长江下游太湖流域的重要河流，与长江、太湖相通。荣家的祖居在太湖之滨，父亲和家叔早年在无锡创办的茂新、振新和申新三厂，都紧靠梁溪河与京杭大运河，南通太湖，北达长江，同我国工农业生产最发达的江、浙、皖、赣、鄂、湘、川等省直接相连，小麦、棉花、煤炭和面粉、纱、布等原料、燃料、成品的进出运输，甚至人员往来，主要都是通过河道船舶。因此，上海的福新、申新各厂都坐落在苏州河畔、黄浦江边，1921年建成启用的江西中路茂福申新总公司大楼，也离苏州河不远。

父亲受西方影响，重视交易所。为了在原料采购、产品销售市场上占得先机，掌握主动，他与人共同在1920年成立"上海面粉交易所"，次年又筹组"上海华商纱布交易所"，茂福申新各厂生产的"兵船"牌面粉和"人钟"牌棉纱，曾被交易所指定为进行期货交易的标准粉和标准纱，建立崇隆商誉，由此获取不少利益。但因交易所本身带有投机性质，与当初发展民生工业之理念不同，加上外国人插足其中，也曾遭受过不少损失，遂逐渐与之疏远，不再涉入。

父亲曾在钱庄磨炼多年，对金融业务十分熟悉，更由于他在面粉、纺织两业的经营实践，深知实业与银行的密切关系。所以，当上海商业储蓄银行在1919年增资时，创办人陈光甫先生邀请父亲入股，父亲即欣然参股20万元，当时上海银行增资后资本额为100万元，父亲占股20%，当年就被推选为董事。后来父亲还应国民政府特聘，担任中央银行理事和中国银行董事。而正是由于父亲入选上海银行董事会，使得我和我们家与上海银行结下了不解之缘，直到今天。陈光甫先生曾写信给上海银行济南分行经理华栋臣（后转入荣氏企业，任汉口福新五厂、申新四厂副经理兼营业部主任）说："当初约荣宗敬先生入股上海商业储蓄银行，银行方面与实业家的这种结合，完全是纯洁的，不存在其他念头，更不是交易。"由此可见光甫先生对父亲的尊敬与器重。父亲也曾在上海银行发行的《海光》月刊上发表专文，阐述企业与银行经营之关系。

常言道"花无百日红"，父亲与家叔白手起家创办的面粉、纺织两大民生实业，取得了举世瞩目的成绩，但创业的历程并非一帆风顺，而曾屡遭横逆，路途荆棘丛生，备受困厄煎熬。最严重的一次，就是1934年至1935年的申新财务危机，几乎使全部事业毁于一旦。回溯历史，我至今仍为父亲当时的艰难处境感到不寒而栗，思之凄哽！

1929年，发源于美国的经济大恐慌席卷东西方各国，风潮所至，中国也不免受到牵累；而在第一次世界大战前后崛起的日本，从经济上、政治上、军事上对我国的侵略步步紧逼，中国民族工业举步维艰。即以纺织一项来说，日商一方面收购我国中小型纱厂，同时在中国领土上大举设厂，华商纱厂受其压制，被迫停车者达十分之四，面临全业崩溃的边缘。1934年6、7月间，申新因资金短缺、银行钱庄不肯放款而搁浅，国民政府实业部长陈公博等人，以"整理"为名，扬言要将申新"收归国有"，企图乘机吞并申新；1935年2月，又因申新七厂到期还不出英商汇丰银行的抵押欠款，汇丰银行竟然伙同不法日商，公开低价拍卖申七。这两件事情，我至今记忆犹新。那时我还在读初中，但从大人的言谈中，也听懂了父亲为局势所困的窘迫；在我家上海西摩路住宅里，也看懂了父亲为解除困厄而日夜操劳的艰辛。由于父亲和家叔的共同努力，中国银行张公权先生和上海银行陈光甫先生的诚心维护，以及吴稚晖、薛明剑先生等人的多方斡旋，社会公正舆论的广泛支持，企业职工的坚决抵制，最终击碎了国内外两股势力试图鲸吞申新的野心，渡过难关，保护了中国最大的民营纺织企业——申新的产权不受侵害。

如果说企业遭遇财务困局，还可通过协商和各方支持来解决，而一旦发生战争，特别是外国入侵的战争，其破坏和损失那就无法弥补了！老一辈上海人都会记得，1932年的"一·二八事变"和1937年的"八一三事变"那两场日本军队发动的侵略战争，给上海整个城市和全体人民的生命财产造成的灾难，何等惨烈，已永远记录在中华史册上！

抗日战争爆发后，分布在租界外沪东、沪西和闸北的申新一、五、六、七、八厂，屡遭日机轰炸，生产完全停顿，尤其是一、八两厂被炸得最惨，纺机13万锭几告全毁，员工四处逃散，死伤100多人。申新五厂处在敌我交战地区，上有空袭，下有巷战，部分厂区几被夷为平地。申新六厂与申新七厂也中弹起火，毁损惨重。申新八厂拥有当时最新式的英国波拉脱大牵伸精纺机，是上海纱厂系统设备最新的一个厂，在全国棉纺行业也属罕见，时人称誉它为"厂房新、机器新、人员新、技术新、产品新"的"五新之厂"。该厂适与日商纱厂毗邻，日人觊觎已久。在惨遭轰炸之后，日商仍不死心，居然还派出浪人，至现场将残存的百余台精纺机通通捣毁，存厂的机物料和成品也被洗劫一空，手段之野蛮，莫此为甚！父亲目睹如此惨状，锥心泣血的悲愤心情，可想而知。即使回头收拾残局，重整旧业，也是险阻重重，遥遥无期，这对他的打击实在太大了！

在事业毁于战火之际，父亲还不断遭到精神上的干扰，令他心烦意乱。在日军占领区，几个毫无民族意识与爱国情操的所谓"名流"，成立了一个"上海市民协会"，打着"维护企业生产"的幌子，邀请一批企业界人士参加，父亲是拥有崇高声望的实业家，自然在邀请之列。所谓"上海市民协会"，实际上是一个"维持会"性质的组织，由日本人在幕后操纵。父亲平日致力于商业经营，并不过问政治，他从来深明大义，爱国爱民，有目共睹。所以，当这一组织的真相被揭露后，他毅然决定离开上海，暂时放下那些被战火荼毒的残破企业，将诸多要事一一托付主管，远走香港，待日后海晏河清之时，再回来重整旗鼓。而此时家叔已经安排好无锡的几家企业和家园，离开家乡，到武汉避难去了。

我清楚地记得，那是1938年1月4日（农历十二月初三）的夜晚，没有月光，寒风刺骨，父亲对他一手营造的家园做了最后的巡礼，带着我在英商通和洋行职员陪同下，搭车匆匆驶出西摩路宅院，一路疾驰，来到黄浦江边码头，登上了一艘外国轮船。开船后，父亲在甲板上驻足凝望，外滩灯火阑珊，渐行渐远，他默然无语，心中无限痛楚。父亲自1886年来上海当学徒，除了1895年因失业回家一年多以外，他在上海生活了整整50年，上海是他的第二故乡。没有想到这次出远门，竟是他最后一次凝视故土的夜景！

父亲于1月6日到达香港，心情仍不平静。他一方面痛感国土沦亡，事业毁损，家人离散，一方面又要时时面对社会上各种流言蜚语的干扰。悲愤抑郁，加上老年人初到异乡，水土不服，气候、生活一时都难适应，竟引至病发。虽说他秉气甚强，也善于摄养，无奈病情反复，年迈力衰，药石罔效，终告不治，1938年2月10日（农历戊寅正月十一日），在香港养和医院溘然长逝，享年65岁。

每当想起这段往事，都令我悲痛万分，不但是因为父亲手创的事业遭到了毁灭性的打击，更重要的是这场战争迫使我年迈的父亲远离故土，避居香港，最终客死异乡的不幸结局。但我有幸一路跟着父亲来到香港，陪侍在他老人家身旁，看着他走完了人生最后一程。

父亲逝世后，上海、武汉、无锡等地报纸纷纷刊文，表示悼念。2月15日，行政院第350次会议在张群副院长主持下通过决议，提请国民政府明令褒扬父亲的功绩；17日，国民政府颁发"褒扬令"，全文如下："荣宗敬兴办实业，历数十年，功效昭彰，民生利赖。此次日军侵入淞沪，复能不受威胁，避地远引，志节凛然，尤堪嘉尚。兹闻溘逝，悼惜殊深，应予明令褒扬，用昭激励。此令。"

3月8日，父亲的灵柩由加拿大"皇后"号轮船运回上海，离他到达香港之日，仅有两个月零两天。五年后的中秋节，1943年9月14日，安葬于太湖边张山口，离荣巷家宅大约五公里处。那时我已成年，记得安葬前一天，在梅园举行公祭，乡亲们感怀父亲的恩德，自发前来致祭，香炉内烟雾缭绕，哀凄肃穆。父亲终于叶落归根！

父亲的墓园背山面湖，环境幽雅，气势雄浑，一直受到乡亲们的景仰和保护，甚至在"文革"大动乱中，也未遭到破坏。后来在1985年修葺一次，被当地政府列为"无锡市文物保护单位"。1993年，父亲诞辰120周年之际，我和姊姊卓如出资，与地方合作，对墓园重新整修。墓道口新建花岗岩石牌坊一座，两柱一间，坊额上镌刻"泽被桑梓"四字，墓园背墙上镌刻"功在华夏"四个金字，系上海市前副市长张承宗先生题书。左右两边石柱上镌刻"民族经济先驱，创业精神楷模"楷书对联，墓碑上安吉吴东迈先生篆书"荣宗敬先生之墓"，为1943年旧题，字字规正，苍劲有力。"泽被桑梓"，"功在华夏"，"民族经济先驱，创业精神楷模"，简洁而通俗的20个字，完整而准确地概括了父亲一生的辉煌业绩，也正与父亲一生爱国爱乡、创业奉献的行谊相恰称！

无锡乡亲及族内长幼对父亲的追思，都是发自内心无上的尊崇，因为父亲的人格、精神和功业值得他们铭记。梅园诵豳堂正厅悬挂着一副对联："发上等愿，结中等缘，享下等福；择高处立，就平处坐，向宽处行。"非常有名，是清朝咸丰年间浙江人沈兆霖在1852年为静香斋所写。诵豳堂建成后，家叔把它制成板联，挂在厅内。这副对联，其实正是父亲和家叔毕生追求和践履的写照，是他们的座右铭；对我们荣氏后人，影响也很深远，激励我们以前辈为榜样，将它作为自己行事、处世与创业的准则。

在家庭内，父亲与家叔感情弥笃，兄弟携手共创事业，终其一生合作无间，不生龃龉。父亲思虑敏捷，果断而有魄力，长于捕捉商机，经常由他做成决策；家叔稳健缜密，治事有条有理，善于配合父亲主持厂务，让父亲无后顾之忧，兄弟俩乃是天生的绝配。早在50多年前，我的堂兄荣毅仁在一次有关荣家企业史的座谈会上，曾经对我父亲与家叔的关系做过一番精彩的发言，他说："我伯伯和我父亲的经营思想作风各有特点，但是他们两人要求发展事业是一样的，只是采取的方法有些不同。""老兄弟俩感情非常好，相依为命。虽然也有争论，最后我父亲还是听伯伯的决定。有重要事情，伯伯常从上海回无锡探视，与我父亲商谈，谈得很热烈。当时我年纪虽小，但也还清楚记得。"近年才按原样修复的无锡故宅中的"承余堂""承德堂"，毗邻而立，格局与布置几乎完全一致，彰显了兄弟二人手足相连、比肩共创事业的历史佳话！

我是三兄弟中最年幼者，父亲尤为宠爱，从我六岁开始，每当父亲于周末巡视设于上海的申新各厂时，必定呼唤我随他前往。此外，我亦每年伴随他前往无锡、汉口，察访茂新、福新面粉厂与申新纺织第三、第四厂之业务运作。借着这种机会，父亲总以"跟我巡访工厂，远胜于看几场电影"这样的话，对我多所慰勉。我当时虽还年幼，但长期亲聆父亲的教诲与训勉，耳濡目染的熏陶，奠定了我日后开创事业的精神源泉。

父亲逝世至今，74个年头过去了，我也从16岁的少年变成了九十老翁，但仍然无时无刻不在怀念着父亲与我相处的点点滴滴，只要是想到的，能去做的，我都竭尽所能去完成，以表示对父亲的缅怀追思之情。

在一个偶然的机会，我搜购到一本1925年出版的旧书《中华今代名人传》，里面选列了当时的202位名人，涵盖政治、军事、经济、文化、教育各个层面，以中英文对照叙述他们的事迹，还登出他们的照片，父亲亦在其中，名列第65位，可见他在民生实业方面的成就与贡献，在那时已为万方瞩目，备受各界肯定。我兴奋莫名，当即烦请同仁帮我复印，予以妥善保存。

2006年，配合梅园内宗敬别墅整修，我跟姊姊卓如都带着儿孙，专程返乡，参加落成典礼，悬挂"宗锦别墅"匾额，在别墅前竖立父亲的铜像，并亲撰"荣宗锦先生纪念碑"碑文，其中写道："先父中道崩逝，时我等仅及簪弱冠之年，既未能分忧解劳，复未能纾其悬念于万一，思之凄然。今重立先父铜像于梅园，以追怀遗范。梅园辟建迄今已历九十余寒暑，先父离世亦近七十载，然德昭天地，精神万古常青，犹与我辈共凌太湖万顷碧波，同赏梅园花团锦簇，世代绵延，福祚无疆，感念及兹，是为之记，以慰先父，并使后人瞻仰，永铭吾心。"

2007年，我接受中国时报陈雅慧小姐专访，出版了《独木不成舟》一书，乃是由荣氏家族子弟出面叙述父亲生平的第一本著作，不同于其他坊间文献，这是我以人子角度来阐述我与父亲的关系，重点在我年少时与父亲相处的回忆与追思，并叙述父亲的经营理念，兼及我在上海商业储蓄银行服务的履历。

2012年，适逢梅园创建100周年，2月18日，隆重举行"梅园百年庆典"，作为其中的一项重大内容，在宗锦别墅开辟"中国民族工业先驱荣宗敬生平业绩图片展"，这是一个永久性的布置，展出近200幅（件）珍贵的历史图照与文物，以及父亲的生平年表，内容很丰富。我虽因公无暇回到无锡老家参与，但特别嘱咐内人务必要代我出席。

2013年，将是父亲140周岁诞辰，这次我究竟要以何种方式来缅怀父亲呢？当然修葺他的墓园是计划中的事，毕竟距上次修葺已20年了。前面提到孝顺，其中一项就是要"善述人之事"。考虑起来，叙述父亲的故事，外界著作卷帙繁多，但尚无一本将父亲自身的谈话文稿、创业历程、经营理念、家世家训，以及历年来社会各界对他的描述、报道与评论汇总于一起的书，以全盘了解父亲的原本面貌。但距父亲辞世已70多年，众多文献资料浩瀚如海，且散见于各种报章书籍，如何发掘汇辑，自是相当困难。幸蒙江南大学陈文源教授，提供了他多年积累的几十万字文献资料和200多幅历史照片，并与无锡市荣巷古镇历史文化研究会荣华源会长一道，前往上海、南京、无锡的图书馆、档案馆以及上海纺织博物馆、上海社会科学院中国企业史资料研究中心，搜寻与父亲相关的各种历史资料，在上海商业储蓄银行文教基金会主持下，与孙国平、周维沛等先生一起，整理、筛选、校订，花了一年多时间，终于完成了父亲一生行谊专辑之编纂，定名为《中国民族工业先驱荣宗敬生平史料选编——荣宗敬先生诞辰一百四十周年纪念集》，收录各类资料文稿98篇，共约42万字，历史照片280多幅，分为"回忆父亲""文稿与言论""艰辛的创业历程""传记与年表""家世与家训""生平业绩图录"六个篇章，父亲一生的事业经历，巨细靡遗，尽在于斯矣。在此，我要对上述诸位参与和支持这次编纂工作的乡亲、朋友及有关单位，表达最诚挚的感谢！

"上山打虎亲兄弟，上阵还须父子兵"。回想自父亲与家叔创业至今，已超过百年，就以治理事业来说，也已历四代了，我的家族不就是父子兄弟携手合作，相互影响感召、代代相传的吗？回首往事，弘扬父志，为祖国建设和统一大业，多多贡献我们的绵薄之力，这也就是我们荣氏后人对父亲最好的纪念和缅怀！

2012年12月

（本文原系荣鸿庆先生为即将出版的《中国民族工业先驱荣宗敬生平史料选编——荣宗敬先生诞辰一百四十周年纪念集》一书所作"序言"）

图书在版编目（CIP）数据

荣氏兄弟：为天下人布芳馨/刘未鸣，詹红旗主编. —北京：中国文史
出版社，2018.12

（百年中国记忆·实业巨子）

ISBN 978 - 7 - 5205 - 0871 - 1

Ⅰ.①荣⋯　Ⅱ.①刘⋯②詹⋯　Ⅲ.①荣德生（1875—1952）—生平事迹
②荣宗敬（1873—1938）—生平事迹　Ⅳ.①K825.38

中国版本图书馆 CIP 数据核字（2018）第 267670 号

责任编辑：程　凤

出版发行：**中国文史出版社**

社　　址：北京市海淀区西八里庄 69 号院　　邮编：100142

电　　话：010 - 81136606　81136602　81136603（发行部）

传　　真：010 - 81136655

印　　装：北京新华印刷有限公司

经　　销：全国新华书店

开　　本：1/16　　　插页：4 页

印　　张：23.25　　　字数：301 千字

版　　次：2019 年 3 月北京第 1 版

印　　次：2019 年 3 月第 1 次印刷

定　　价：69.00 元